Reference and Reflexivity

(2nd Edition)

指称与自返

（原书第2版）

约翰·佩里（John Perry）◎著

娄永强◎译

科学出版社

北京

图字：01-2017-3125号

图书在版编目(CIP)数据

指称与自返：原书第2版 /（美）约翰·佩里（John Perry）著；娄永强译. —北京：科学出版社，2017.8

书名原文：Reference and Reflexivity（2nd Edition）

ISBN 978-7-03-054134-5

Ⅰ. ①指…　Ⅱ. ①约… ②娄…　Ⅲ. ①语言哲学-研究　Ⅳ. ①H0

中国版本图书馆 CIP 数据核字（2017）第 194006 号

责任编辑：邹　聪　刘　溪　张翠霞 / 责任校对：何艳萍

责任印制：李　彤 / 封面设计：有道文化

编辑部电话：010-64035853

Email：houjunlin@mail. sciencep.com

科学出版社 出版

北京东黄城根北街 16 号

邮政编码：100717

http://www.sciencep.com

北京厚诚则铭印刷科技有限公司 印刷

科学出版社发行　各地新华书店经销

*

2017 年 8 月第　一　版　开本：720 × 1000　B5

2022 年 1 月第二次印刷　印张：17 5/8

字数：316 000

定价：128.00元

（如有印装质量问题，我社负责调换）

谨以此书纪念

莫顿·弗伦奇（Merton French）

（1905—1995）

并致敬

友谊

激励

哲学

与

弗朗丽（Frenchie）

序　言

《指称与自返》的作者约翰·佩里（John Perry）教授是国际上著名的哲学家，在逻辑学、语言哲学、心理哲学等研究领域发表了大量有深远影响的论著；20世纪80年代初他与逻辑学家巴威斯（Jon Barwise）共同创建了情境语义学理论，至今在现代语义研究领域仍占有重要地位；他与计算机学者伊兹瑞尔（David Israel）的信息研究是信息哲学领域的重要组成部分。基于情境语义学及相关领域研究，佩里教授与巴威斯在斯坦福大学创办了语言与信息研究中心（Center of the Study of Language and Information，CSLI），为国际上哲学、语言学、逻辑学、计算机科学、心理学等领域的学者搭建起一个跨学科沟通交流的平台，极大地推动了这些相关学科之间的国际交往与合作。我在20世纪90年代中期开始接触巴威斯和佩里的论著，并尝试将情境语义学引入国内，之后对该理论及后续发展一直怀有兴趣。永强在南开大学博士学习和之后在中国社会科学院哲学研究所跟我做博士后期间对佩里教授的语义理论和语言哲学思想进行了深入研究，2015年他到斯坦福大学的语言与信息研究中心访学，在佩里教授指导下继续进行情境语义学的相关研究，并完成《指称与自返》的中文翻译。

如果现代语言哲学研究是一片海滩，指称主义则是这片海滩上的一颗耀眼的珍珠。对于人们使用语言如何表达意义，20世纪语言哲学的语义研究领域一直存在描述主义和指称主义两大传统阵营。指称主义认为我们使用语言进行指称，反事实条件和说话相同（samesaying）表明指称主义更符合我们对语言意义的直觉理解。但指称主义面临两个问题：使用不同语言表达指称相同事物的共指问题（co-reference）和一些语言表达在实际世界中没有指称对象的无指问题（no-reference）。一段时期以来，这两个问题一直困扰着诸多指称主义者，如果不能对这两个问题做出合理解释，指称主义就会丧失自身理论优势。在《指称与自返》中，佩里教授借鉴情境语义学的理论做法，融合描述主义立场，从话语自返性入手，提出语言意义的自返指称理论，分别使用话语的自返内容和网络内容对共指问题和无指问题给出令人信服的解释，为指称研究提供新的研究视角和方向。

跨学科的学术翻译是件吃力不讨好的事情。译者的外语水平和对原文研究领域的熟悉程度决定了翻译成果学术质量的高低。永强是英语语言文学学士和硕士，英语功底深厚，同时又是哲学博士，原著所涉及领域是他的研究兴趣所在，相信他能够将原著的学术价值较好地展现给国内读者。

国内对指称的研究多年来停留在指称主义和描述主义之间的争论，希望永强的这篇译作能够为国内指称研究注入新鲜血液。

是为序。

邹崇理

中国社会科学院哲学研究所研究员

2017 年 5 月

第 2 版前言

2001 年《指称与自返》（*Reference and Reflexivity*）第 1 版问世。那时我结束学术休假刚返回斯坦福大学担任哲学系主任。书中我并没有完成当初计划的所有内容。在最初计划中，书中应设一章来讨论语用学，另设一章讨论态度报告（attitude report）。问题不仅仅在于我没有完成所计划的内容，而且还在于我没有完成对相关问题的思考。另外，当时我想着在回归教学管理工作前完成此书，仓促之间，没能细致校对原稿，许多错误和不当之处也没能改正过来。

再版本书的最初计划是补充首版遗漏的那两章，此外再增加一章来讨论未言明构成成分（unarticulated constituents）。该计划在 2008 年前基本完成。林德赛·迈克里雷（Lindsay McLeary）工作认真细致，帮助我更正了印刷排版、文体及其他方面的很多错误。林德赛还提出了很多重要的改进建议，我基本上全盘接受。他还建议增加术语表部分并帮助完成该部分初稿。感谢林德赛的辛勤付出，他充满智慧、富于创新，与这样一位学生一起工作我感到非常愉快。

2008 年在加利福尼亚大学河滨分校（The University of California at Riverside）的一次会议上，马克·克里明斯（Mark Crimmins）就本书再版书稿作了一个报告。他的报告充满独特见解和赞扬之词，我心情大好，但他提出的一个意见表明我还有更多工作要做。他说，如果要真正理解我把对网络（network）、存在陈述（existence statement）和所言（what is said）的解释融为一体的想法，读者要做很多事情。于是我继续修改书稿想把问题讲得更清楚些，但我发现他看问题看得很准。还有一点，他虽然没有说出但肯定已认识到，那就是我留给读者来做的事情是不可能完成的。实际上，书中我所提出的这些理论部分并没有连贯地融为一体，在很多方面还是不完整的。

于是，我继续思考、继续修改 N- 指称（no-reference）与网络部分的内容。与之前想法相比，我认识到 N- 指称问题的解决不仅需要与朴素指称主义（straightforward referentialism）保持更远距离，而且还需要批判指称主义（critical referentialism）（我对自己观点的叫法）的概念。

与此同时，我正与克帕·卡塔（Kepa Korta）合写《批判语用学》（*Critical*

Pragmatics）。从与卡塔的合作中我学到了很多，所以那本书中的一些想法开始渗透到并影响到这本书。那时，我知道这两本书将会同时出版。当初的想法是打算把本书中讨论语用学和未言明构成成分的那两章作为《批判语用学》中相关内容的预先提示。但是，随着时间的推移，我最后决定把这两章的内容整体移至《批判语用学》中。这样，虽然本书再版舍弃了那两章的内容，但在《批判语用学》中对它们的讨论更加完整、更为充分。

如此，第二版对网络和 C- 指称（co-reference）部分进行了大范围改动，增加一章讨论态度报告，并添加了一个结论。本书分为两大部分，首版中的结论部分作为第一部分的结论在第二版中基本完整保留。

非常感谢克里明斯。虽然本书现在仍难称得上完整，甚至融贯，无疑仍遗留不少工作要读者自己去完成，但相比首版，再版在这些方面已有所改进。

感谢 CSLI 出版社的朋友们。感谢耐心的迪克伦 · 卡拉古尤因（Dikran Karagueuzian）和不辞辛苦的埃玛 · 皮斯（Emma Pease），感谢他们无时无刻的帮助和鼓励。

约翰 · 佩里（John Perry）

第 1 版前言

本书中我提出自返增补内容理论（theory of reflexive and incremental content），该理论最初出现在《基本索引词的问题》（*The Problem of the Essential Indexical*）所收录的几篇论文中。正如我在该书前言中所解释的那样，这个观点的理论源头包括我应用卡普兰（Kaplan）指示词（demonstratives）理论对涉及索引词的认识论问题和认知问题的研究、我与乔恩·巴威斯（Jon Barwise）的情境理论（situation theory）研究、我与马克·克里明斯的态度报告研究，以及我与戴维·伊兹瑞尔（David Israel）的信息研究。

卡普兰认为意义是特征（character），是从语境（contexts）到“主题内容”（subject matter content）的一个函项。根据我与巴威斯所提出的关系意义理论（the relational theory of meaning），意义是语篇情境（discourse situations）、联结情境（connective situations）、资源情境（resource situations）和描述情境（described situations）之间的关系，其中描述情境对应主题内容。这两个理论均是话语（utterance）的理论。本书中我把话语置于中心位置。一个话语的主题内容是它的诸多内容性质之一，语义学研究这些性质之间的相互联系以及它们与话语的其他性质之间的联系。我断言，这样的语义学能够解决已经困扰哲学语义学（philosophical semantics）一个世纪的 C- 指称问题和 N- 指称问题，能够为内容语言（contentful language）与认知科学其他部分之间提供一个丰富接口（interface）。

如果说我所提出的“自返指称”理论（the reflexive-referential theory）还有什么价值，当然它还能够解决其他许多问题，包括那些先前理论能够轻松处理的问题，如量化（quantification）和模态（modality）。本书没有涵盖这些问题，但我希望不久的将来可以就此做些研究。

除了我在《基本索引词的问题》致谢部分所提到的所有人外，还有一些人的帮助和研究使我在本书写作过程中受益匪浅，在此向他们表示感谢，他们是安东尼·艾弗里特（Anthony Everett）、斯泰西·弗兰德（Stacy Friend）、托马斯·霍夫韦伯（Thomas Hofweber）、迈克尔·奥罗尔克（Michael O’Rourke）等斯坦福大学的研究生，吉诺菲法 · 马蒂（Genoveva Marti），我 1999 年和 2000 年两个春季受洪堡基金会资助访学德国期间有过交流咨询的哲学家们，特别是阿尔伯特 · 纽因（Albert Newen）、丹尼尔 · 寇尼兹（Daniel Cohnitz）、菲利普 · 布肯斯（Filip Beukens）和雷马斯 · 库普林克斯（Rimas Cuplinkas）。书中一些内容首次发表于《索引词与指示词》（*Indexicals and Demonstratives*）（Perry，1997a）、《自返性、索引性与名称》（*Reflexivity, Indexicality and Names*）（Perry，1997b）和《语境与未言明构成成分》（*Contexts and Unarticulated Constituents*）（Perry，1998b）等论文中。

1960 年秋季我在内布拉斯加州克里特市（Crete，Nebraska）的多恩学院（Doane College）开始大学生涯，一门心思要做橄榄球运动员。但在橄榄球赛季结束前，在教练的帮助下，我决定放弃转而集中精力做学问。我至今还记得教练当时对我说的话："你个头不高，速度又太慢。算了吧！"忠言呀！我很快确定我今后的人生目标是做一名大学教师，决心将自己的余生奉献给大学三尺讲台。但教什么呢？如果痴迷小说可以选择教授文学，但诗歌对我来说高不可攀。我这个人条理性不强，做不了历史研究。数学有点意思——但还不是特别有意思。我在化学实验室连试剂都拿不稳。我热爱哲学的一切——但一个人真的能靠教授哲学养家糊口吗？

老天开眼。此时我爱上了一位年轻姑娘，巧合的是，她的父亲——莫顿 · B. 弗伦奇（Merton B. French），是堪萨斯州托皮卡市（Topeka，Kansas）沃什伯恩大学（Washburn University）哲学宗教系教授，讲授我最喜爱的课程。从 20 世纪 40 年代末一直到 70 年代中期，他在那里执教了 1/3 个世纪。大多数时间他是哲学宗教系系主任而且是那里唯一的一位全职教师。老莫在布朗大学（Brown University）获得宗教学博士学位，兼修哲学，成绩优秀，与查尔斯 · 贝利斯（Charles Baylis）一起念完《数学原理》（*Principia Mathematica*）。

老莫认准我是他女儿——我那时和现在都叫她"弗朗丽"（Frenchie）——的如意郎君，他鼓励我专修哲学并以教授哲学为终生事业。他为我献计献策：申请丹福斯学者（Danforth）；开车去林肯市参加鲍斯玛（Bouwsma）的研讨班；不要只阅读多恩学院的老师们所喜欢的大陆哲学，还要阅读分析哲学；要阅读摩尔（Moore）；要多读《数学原理》。他把他那本维特根斯坦（Wittgenstein）的《逻辑哲学论》（*Tractaus*）拿给我，说："这本书虽有些奇怪但非常重要，你应该用心去理解。"为了使我有自己的图书室，他把他书架上罗素（Russell）、摩尔、布罗德（Broad）、赖尔（Ryle）和其他伟大学者的书籍全部搬空。

我从来不是莫顿·弗伦奇的正式学生，但在托皮卡市的几次逗留期间我亲历了他的授课过程。从 1961 年我们第一次见面起直到他 1995 年过世，我无数次与他讨论我们共同的职业。他是一位善解人意的师长，几十年间沃什伯恩的学生也一直这样认为。在一次与他关于教学的谈话中，我匆忙记下了他的三个重要观点：

> 教师的工作不是让你的课堂充斥着知识和学识，而是要让你的学生理解。
>
> 不要只是如常提出问题、回答问题，要信任学生，鼓励他们敢于提出睿智易懂的问题。
>
> 该鼓励时鼓励，该测评时测评。不要把它们混淆在一起。

老莫是一位有想法的智者。他的微笑是一种意图行为，不仅表达感情而且传达想法：见到你我很高兴；祝贺你；我为你感到骄傲；不要担心，无论有什么问题，我们一起解决。我还记得在很多场合他总是以令人宽慰的微笑和热情的问候待人。他去世后，那样的微笑和问候时常浮现在我眼前。

约翰·佩里（John Perry）

凡　例[①]

（1）如无特殊说明，书中所使用的斜体、下划线与原书保持一致。

（2）原书加粗的部分，译文用黑体表示（黑体比宋体粗，容易区分开），因此，译文中的“粗体”“加粗”指的就是黑体部分。

（3）在命题表达中，斜体用于描述，表明识别性条件；粗体（黑体）用于指称，表明指称对象。

（4）书中下划线的使用分两种情况：多数情况下表示英语中属于一个名词性成分但中文翻译可能引发歧义或误解的部分；少数情况下仅表示中文翻译可能引发歧义或误解的部分。

（5）原书中双引号和单引号用于直接引语或需要解释说明的英语单词或短语。译文中，英语单词或短语不再使用引号，而且，除在双重引语中外，一般不使用单引号。

（6）原书中整句或大段引用使用字号较小的字体标出，译文中，字号不变，中文改用楷体（第（2）条所述的“黑体”则保持不变），英文改用Calibri字体，以示区别。

（7）为方便读者理解，书中保留英语例句（或短语、词语）和直接引语，并附加中文翻译。

（8）书中人名、地名，如果有具体所指则用中文翻译，如果仅表名称或名字则保留英语表达。

（9）书中语序在不造成理解困难或不引发歧义前提下尽量贴近原文语序，这对于读者了解并适应西方哲学话语有帮助。例如，原文中结果先于条件的语序在学术英文语体中较常见，译文尽量保持原语序不变，举例如下：

1.2 节中的

> What I said was true just in case a certain man, the one I wrongly thought to have those properties, that is, Bill Clinton, likes pickles with his hamburgers, and false if he does not.

---

① 凡例为译者所加。

翻译为：

> 我的这句话为真仅当某个人——我错误地认为他有这些性质——即克林顿喜欢吃腌菜汉堡包；我的这句话为假，如果他不喜欢吃腌菜汉堡包。

目　录

第二部分 网络与 N- 指称问题

第 1 章　指称的两个问题

不久前一天晚上，结束一段令人难以忍受的火车行程后，我非常疲累，这时我上了一趟公共汽车，与此同时我看到一个人从另一端上了车。“What a shabby pedagogue that is, that has just entered”（怎么上来一个这么邋遢的学究），我心里想。但我马上意识到那个人就是我自己，在我对面悬挂着一面大镜子。所以，相比我自己的面相，我更熟悉我同类的面相。

——恩斯特 · 马赫（Ernst Mach）（Mach，1914：4n）

1.1　马赫与邋遢学究

这则趣闻中，恩斯特 • 马赫（Ernst Mach）一开始在头脑中形成了一个信念（belief），我们可以设想他会把这个信念表述为

（1）That man is a shabby pedagogue.

（那个人是一个邋遢学究。）

最后他头脑中形成另一个信念，我们可以设想他会表述为

（2）I am a shabby pedagogue.

（我是一个邋遢学究。）

我们还容易设想马赫接着进行了明显推理（obvious inference），然后他说：

（3）Mach is a shabby pedagogue.

（马赫是一个邋遢学究。）

这三个陈述（statements）对应马赫头脑中可能产生的三个不同想法。（1）表达的是一个人对另一个人的想法，他正感知（perceive）那个人但可能并不知道那个人是谁或者叫什么名字。（3）表达的也是一个人对另一个人的想法，他从未见过那个人但通过阅读对他有所了解。对于其他人我们经常会有这两种想法。坐在公共汽车另一端的乘客可能会指着马赫说出（1）。维也纳各地的居民可能会在谈论当地名人逸闻趣事时说出（3）。

但（2）表达的想法非常特殊，是一个人对他自己的想法。虽然在本例中所有三个陈述为真仅当马赫本人是一个邋遢学究，但我们认为，（2）不同于其他两个陈述，它表达自我知识（self-knowledge）（注意，我使用这些带序号的例子表达陈述，这种用法是有歧义的。例如，在本段中，它们既指具体话语，也指这些话语所涉及的语句。但我认为这不会引起困惑）。

在我的另外两本相关著作《意义与自我》（*Meaning and the Self*）（待出）[①] 与《知识、可能性与意识》（*Knowledge, Possibility and Consciousness*）（Perry, 2001b）中，我为（2）所表达的这种自我知识给出了一个解释，并把它和关于自我与意识的问题联系起来。通过对（1）、（2）、（3）所表明的这种陈述内容和语句的意义给出我们的理解，本书旨在为这些问题的研究奠定基础。我们使用这样的语句，表达我们自己对人、事物、地点和时间等相对简单问题的信念，并影响他人关于这些问题的信念。这些语句是工具，根据其意义，它们在不同情境中以不同方式表达信息。我希望提出一种解释，使我们能够说明这些语句的意义与我们使用这些语句的时间、原因和方式之间的关系。虽然一个世纪以来名称（names）和代词（pronouns）备受关注，但在我看来，为了充分、彻底实现这个目标，语言哲学（philosophy of language）似乎还需为它们提出一种解释。

对我的解释感兴趣的应该不只是和我一样对自我知识充满好奇的人们。关于人、事物、地点和时间的简单陈述（simple statements）是语言的基础。它们是会话（conversation）、文学和实用语言的基本单位。科学理论可以回避它们，但科学家们需要用它们报告科学事实，计划、描述那些提出并验证理论的科学活动，制定、说明科学活动的预算。逻辑学家热衷于涉及变元（variables）和量词（quantifiers）的复杂问题；语言哲学家喜欢涉及副词（adverbs）和语句嵌入结构（sentence-embedding constructions）的问题。但我所研究的这类简单语句是原子逻辑语句（atomic sentences of logic）的模型，这些语句可以被量化、被修饰、被嵌入更大的结构。如果我们需要在语义工具箱中找出一些新的（或者被遗忘的）工具来解释如何使用这些简单语句，那么对于那些逻辑上更为复杂的语句也是如此。

我所讨论的问题主要涉及我们用来指称（refer）的简单手段，即专名（proper names）和代词，其中包括索引词（indexicals）。*索引词*是根据不同说话人、不同说话时间来指定（designate）不同对象的词语，如 I（我）、you（你）、

① 几年来我一直把这本书列为待出，但时至今日它仍没有出版，但一定会有问世的那一天。

he（他）、she（她）、that woman（那位女士）、here（这里）、now（现在）、today（今天）。例如，如果我说I，它指定我自己；如果你说I，它则指定你本人；每隔24小时，today指定新的一天。*指示词*（*demonstratives*）是索引词的一个子集，除了he和she的指示用法，还包括here、there（那里）和this man（这位男士）这样的复合表达。这些词语指定哪个对象在某种方式上取决于说话人关注或指示哪个对象。*专名*是被（大致）任意挑选出来指称具体对象特别是人、动物、事物和地点的词语，如Bill Clinton（比尔·克林顿）、New York City（纽约市）、Rockefeller Plaza（洛克菲勒广场）、David Israel（戴维·伊兹瑞尔）、Mach（马赫）。

对于含有名称和索引词的陈述，其信息内容（informational content）的理论主要包括两个范式（paradigms）、两个论据（arguments）和两个问题（problems）。我们首先来看这些方面对于名称如何相互作用，然后再看索引词的情况。

1.2　范式、论据与问题

对于专名的意义，主要的争论存在于*描述*（*descriptive*）分析和*指称*（*referential*）分析之间。指称主义者（referentialists）继承密尔（Mill）的观点，认为名称从根本上说只是对象的标签；语言惯例直接为对象指派（assign）名称，含有名称的陈述所表达的命题是关于这些对象的命题。如果我说，"Clinton likes pickles with his hamburgers"时，我说的是这样一个人，他是我写这些语句时的美国总统，并且他喜欢吃腌菜汉堡包。[①] 我的所言即我所表达的命题为真当且仅当这个人喜欢吃腌菜汉堡包。因此，无论谁说克林顿喜欢吃腌菜汉堡包，我们所说的相同。我可以将Clinton（克林顿）这个名字与不同摹状词联系起来，你可以把它与其他摹状词联系起来，但当我们每人说"Clinton likes pickles with his hamburgers"时，我们表达相同命题，它在相同世界中为真。成为我们这个命题一部分的是克林顿本人而不是关于他的任何摹状词。如果用戴维·卡普兰（Kaplan，1989b）的术语，我们话语的所言是克林顿本人作为其中一个成分的一个*单称命题*（*singular proposition*），而不是说符合说话人将之与Clinton这个名字相联系的那个摹状词的某个人喜欢吃腌菜汉堡包这样一个*普遍命题*（*general proposition*）。

① 当然，我写第2版时，美国总统是奥巴马而不是克林顿。似乎，克林顿已经成为一个素食主义者，或许甚至是一个严格的素食主义者。毫无疑问他现在还喜欢吃腌菜汉堡包。

虽然如此，这里我们应该非常小心。摹状词是语言学用语；实际上本书讨论的一个重要内容是与这样的摹状词相联系的*识别性条件*（*identifying conditions*）。

我用*识别性条件*表示只有一个事物可以满足的一元条件。[①] 经典的例子是用限定摹状词（definite descriptions）表达的条件，如 *being the king of France*（*是法国国王*）、*being the author of Waverley*（*是《威弗利》的作者*）等。我用斜体标识识别性条件。因此，如果使用这种方法，之前我对卡普兰术语的解释或许效果更好。上面以克林顿本人作为其中一个成分的单称命题可以用一个普遍命题来表达，该普遍命题含有一个识别性条件，说话人将该识别性条件与作为其中一个成分的 Clinton 这个名字相联系，整个命题大致意思是说满足这个条件的任何人都喜欢吃腌菜汉堡包。

描述主义认为是克林顿所满足的某识别性条件与我对这个名称的使用相关联，并成为我所表达的命题的一部分。这个识别性条件也许来自该说话人的信念，如 *being the current President*（*是现任总统*）、*being Hilary's husband*（*是希拉里的丈夫*）或者 *being the man who beat Dole*（*是击败多尔的那个人*）；也可能来自语言起作用的方式，如 *being the man the speaker has in mind when he uses "Clinton"*（*是说话人在使用 Clinton 时所想到的那个人*）。根据描述主义的观点，即使我们使用相同名称，我的所言与你的所言也不可能完全相同，至少在其最初的形式上。

有两个论据支持指称主义理论。第一个论据来自*反事实真值条件*。指称主义理论对这些条件似乎做出了正确解释——至少对于很多情况如此。也就是说，它似乎对那些使我们的话语在其中为真的可能世界或情境做出正确预测。与 Clinton 相联系的那些识别性条件似乎不是这其中的一个因素。假设我错误地认为克林顿是现任总统，而事实可能是在我写这些句子的几小时前他因丑闻已经辞职并且戈尔已经宣誓就职。那么需要谁喜欢腌菜汉堡包才会使我的陈述为真呢，是戈尔还是克林顿？显然是克林顿。我的这句话为真仅当某个人——我错误地认为他有这些性质——即克林顿喜欢吃腌菜汉堡包；我的这句话为假，如果他不喜欢吃腌菜汉堡包（译者注：原文中结果先于条件的语序在学术英文语体中较常见，译文保持原语序不变，下同）。关于他的其他事情都不重要。

第二个论据来自*说话相同*（*samesaying*）。指称主义的解释，在说出相同内

---

① 在其他地方，我使用弗雷格（Frege，1892）的术语“呈现模式”（mode of presentation）（*Art des Gegebenseins*）表示这个概念。

容的意义上，正确预测使两个人说出相同意思的条件。正是在这个意义上，无论我们选择如何指称对象，我们都会对同一对象做出相同论断。如果克林顿说“I like pickles on my hamburgers”（我喜欢吃腌菜汉堡包），我说“Clinton likes pickles on his hamburgers”（克林顿喜欢吃腌菜汉堡包），而你指着克林顿说“He likes pickles on his hamburgers”（他喜欢吃腌菜汉堡包），我们三人说的是同一个意思。在每一种情况中，我们每一个人所说的话语都为真如果克林顿喜欢吃腌菜汉堡包；为假如果他不喜欢。我们使用的名称或者索引词和碰巧与那些名称和索引词相联系的摹状词并不重要［可商榷的是，我们甚至还能使用一个摹状词说出相同意思。如果希拉里说“My husband likes pickles on his hamburgers”（我丈夫喜欢吃腌菜汉堡包），她这句话的内容与我们话语的内容相同，只要她说出这句话是要告诉我们关于比尔的事情，而不是要做出一个征婚声明］。

指称主义面临两个问题（它们都支持描述主义）的挑战：*C- 指称*和 *N- 指称*。C- 指称问题说的是包含相同个体的不同名称的陈述似乎在所谓“认知意义”（cognitive significance）方面有所不同。可能促使说话人做出这个陈述的信念和其他认知状态不会促使他做出那个陈述。听话人的信念表明他理解这个陈述但并不表明他理解那个陈述。假设我说“Bill Clinton likes pickles on his hamburgers”（比尔·克林顿喜欢吃腌菜汉堡包），而你说“Bill Blythe likes pickles on his hamburgers”（比尔·布莱斯喜欢吃腌菜汉堡包）。事实上，比尔·布莱斯就是比尔·克林顿，Bill Blythe 这个名字是他父亲给起的，另一个名字是他继父给起的；小时候他被叫做 Bill Blythe，而之后大多时间大家叫他 Bill Clinton。我们可以想象到他的一些儿时伙伴仍叫他 Bill Blythe，也许他们中的一些人甚至还不清楚他们的老朋友就是现在的美国总统。根据指称主义的解释，我和你所说相同；我们的陈述表达相同命题。但是，指称主义的解释自然还缺少了一些东西，因为在某种意义上这些陈述表达和传达了不同信息。对于许多人，你的陈述既不会改变也不会确认他们对于总统吃腌菜汉堡包这个习惯的已有看法，但我的陈述会。

N- 指称问题主要与存在空名称（empty names）这个事实相关，空名称不指定任何人或事物。例如，世上没有圣诞老人（Santa Claus），没有夏洛克·福尔摩斯（Sherlock Homes），也没有魁格船长（Captain Queeg）。但孩子们相信圣诞老人的故事，他们使用 Santa Claus 这个名字来表达他们的信念，这个名字似乎具有认知意义。不相信圣诞老人故事的成人在他们的话语中也用这个名字，意在影响他们孩子的信念。知道根本不存在魁格船长这个人的两个大人可能仍然会就马立克（Maryk）究竟是否应该在那次台风时解除他的指挥权（Wouk，1951）争论不休。根据对指称主义观点的字面理解，当我们说“Santa Claus has a white beard”（圣诞老人有白胡子）和当我们说“Sherlock Holmes has a white beard”（夏洛克·福尔摩斯有白胡子）或者“Captain Queeg has a white beard”（魁格船长有白胡子）时，似乎我们所说的意思相同，即什么也没有。因为既然不存在这些个体，也就没有以它们为构成成分的命题来作为这些陈述在这些情况中所要表达的意思。这个解释似乎是不可接受的。

对于索引词，指称主义与描述主义之间也有争论，但情况更为复杂。与名称的情况相同，指称主义认为含有索引词的陈述表达关于这些索引词所指定对象的命题。所以，对于名称和索引词，指称主义认为（4）和（5）表达相同命题。

（4）I am a computer scientist.（Said by David Israel.）

[我是一位计算机科学家。（戴维·伊兹瑞尔说。）]

（5）David Israel is a computer scientist.

（戴维·伊兹瑞尔是一位计算机科学家。）

指称主义观点似乎给出了正确真值条件。当戴维说出（4）时，他的话语在戴维·伊兹瑞尔是一位计算机科学的世界中为真。在那些世界中他不必说出（4）或其他任何话语；他不必满足戴维或他的听众对他的任何描述；他只需是一位计算机科学家即可。直觉上，说出（5）的那个人与说出（4）的戴维所表达意思相同。戴维·伊兹瑞尔是一位计算机科学家正是戴维说出（4）时要传达给听众的信息，而（5）是一位听众可能将该信息传递给其他人或在笔记中记录该信息的方式。

但是，与名称的情况一样，这里指称主义也有一个C-指称问题。假设你正在与戴维·伊兹瑞尔谈话，但你不知道他的名字。如果戴维对你说（4），你意识到你正在与一位计算机科学家谈话。如果他对你说（5），你不会知道你正在与一位计算机科学家谈话，但你会知道世界上至少存在一位名叫David Israel的计算机科学家。如果指称主义者认为这两个陈述表达相同命题，那他如何解释（4）和（5）在认知意义（即使用这两个语句可能表达或获取的信念）上的区别呢？

索引词（除了I）和指示词也有N-指称的例子。过道上有东西碰着门倒下发出声响，我在房间里以为门外有人敲门，随口说“You can come in”（你可以进来），这里我用了you，但却没有指称对象。

1.3 语义学依赖一个错误吗？

根据语义学的一个目标是解释认知意义或者至少为它提供素材这个假定，以上C-指称和N-指称的例子对指称主义提出一个问题。这个假定似乎至少可追溯到弗雷格《论意义和指称》(*Über Sinn und Bedeutung*)(Frege，1892)这篇论文的第一段。在这篇论文中，弗雷格对类似指称主义的一个观点进行了思考，并因为C-指称问题放弃了这个观点。弗雷格严格区分心理学和语义学，但仍接受肯尼斯·泰勒(Kenneth Taylor)所说的“对语义学的认知制约”(cognitive constraint on semantics)(Taylor，1995)。下面是该制约的直接形式。

> 如果一个人理解语言*L*中语句*S*和*S′*的意义并且因为一致性原因接受*S*但不接受*S′*，那么*S*和*S′*一定表达不同命题。

在《语义学是建立在错误基础之上吗》(*Has Semantic Rested on a Mistake*)这篇文章中，霍华德·韦特施泰因(Howard Wettstein)认为指称主义理论显然是正确的，但显然不能满足该制约。他的结论是该制约是一个方法论错误；而语义学则建立在一个错误基础之上(Wettstein，1986：1991)。语义学家的工作是正确给出真值条件，提供一个理论告诉我们各语句表达什么命题。但这一定会为我们提供一个认知意义理论这个假设则是一个错误。

本书中，我尝试接受弗雷格认知制约(或者其推导)和指称主义的观点。我认为，如果一个语义理论不能提供语句意义和我们为了激发并解释行为而使用语句来交流信念的方式之间的一个合适接口，它就不是一个正确的语义理论。一个语言学意义的理论应该使我们能够理解这样的语句性质，它们使我们在不同情境中生成语句或者使我们对其他人的话语做出适当反应。

但是，如果接受以上认知制约的直接构想，那就意味着放弃这种调解的希望。我认为，这只是表明这个构想过于强大，它是以下这个假定的一部分：一个话语所表达的命题是一个语义学所提供的唯一认知上重要的性质。但我认为这不是真的。认知制约的这个构想允许更大机动空间：

> 如果存在某意义方面，根据这个意义方面，*S*的话语*u*和*S′*的话语*u′*不同，使得理解*S*和*S′*的一个理性人(a rational person)可能接受*u*但不接受*u′*，那么一个充分合适的语义学应当说明为什么如此。

为了理解指称主义语义学如何可能做到这一点，我们回头再看索引词和指示词的描述主义理论。我认为这样一个理论才是解决我们困境的钥匙。

1.4 自返指称理论

与名称的情况类似，索引词和指示词的描述主义观点又分两类，它们都认为含有索引词的陈述表达含有识别性条件的命题。第一类观点认为这些识别性条件来自说话人对个体的信念。另一类观点认为这些识别性条件来自语言规则。对于索引词，第二类观点采用个例自返理论（theory of token-reflexives）的形式，证明更具吸引力。根据这种观点以及汉斯·赖兴巴赫（Hans Reichenbach）为之给出的形式，（4）所表达的命题是关于（4）中 I 这个个例的一个命题——所以是自返的；该命题是关于 I 这个个例*自身*的（Reichenbach，1947）。如果把（4）中 I 这个个例称为 ι，那么与（4）相联系的命题是

（P^x4）That ***the speaker of*** $\boldsymbol{\iota}$ is a computer scientist.

（***说出*** $\boldsymbol{\iota}$ ***的那个人***是一位计算机科学家。）

[P^x4 表示（4）的自返内容。如果上标换成 r 则表示指称内容。之前已说过，识别性条件用斜体标出，这里暂时忽略粗体（责任编辑注：为便于识别，原书中英文的粗体在译为中文后转为黑体加粗），下章再作解释。]

如果支持个例自返理论，一个人当然至少可以说：（P^x4）显然是一个能够熟练使用语言的说话人从（4）的话语中获知的*一件*事情。为了理解这一点，设想，当伊兹瑞尔说出（4）时，对方并没有看到他。也许一个会议急需一位计算机科学家解决一些特别棘手的运算问题，当伊兹瑞尔穿过大厅跑向会议室来处理这个紧急情况时，他对等候的人们大声说出（4）让他们放心。人虽还没到，但他的话语个例先传到了会议室。等候的与会人员听到这个话语个例，获知（P^x4），放下心，虽然这时他们并不知道谁在说话。那些具有完全语义识别能力的与会人员只要听到这个话语个例并识别它的类型就会得到（P^x4）。（P^x4）是根据该话语类型 I am a computer scientist 的意义只与（4）相联系的一个命题。

赖兴巴赫的理论是我在本书中所提出的自返指称理论的出发点 [这里出于开篇导论的需要，我暂把（P^x4）称为（4）的自返内容，虽然这种处理过于简化。在下文我将区分不同的自返内容]。（P^x4）是自返的，因为它是关于话语（4）*自身*的。自返内容是解答 C- 指称问题和 N- 指称问题的开始。假设，在戴维来到会

议室后，一个与会人员指着他说：

（6）You are a computer scientist.

（你是一位计算机科学家。）

我们可以区分（6）的自返内容和指称内容。如果把（6）中 you 这个个例称作 τ，那么（6）的自返内容是

（P^x6）That ***the addressee of the speaker of τ*** is a computer scientist.

（***τ 说话人的听话人***是一位计算科学家。）

而它指称内容是

（P^r6）That **David Israel** is a computer scientist.

（**戴维·伊兹瑞尔**是一位计算机科学家。）

（6）的指称内容与（4）的指称内容相同，但它们的自返内容不一样。即使 ι 的说话人是 τ 的听话人，（P^x4）也是一个不同于（P^x6）的命题；（P^x4）是关于 ι 的，而（P^x6）是关于 τ 的。所以，在自返内容层面上，不存在 C- 指称问题。

假设，戴维没有出现，而与会人员在座位上无奈地等着一位计算机科学家来帮助他们。这时外面有响动，一个与会人员以为是有人敲门。她满怀希望地说出（6）。但在这种情况下，无人应答，因为外面没人，那是冰柱落在门廊地面的声音。在这种情况下，她这次话语中的 you 就没有指称对象，那么她的这次话语就没有指称内容。但这并不意味着它没有自返内容，自返内容仍是（P^r6）。

在这种情况下，赖兴巴赫的观点体现出价值。它提供命题作为含有索引词的陈述的内容，这些命题通过意义直接与话语相联系且被具有完全语义识别能力的听话人清晰获取，它们还避免了 C- 指称和 N- 指称问题。但对于他的观点，也有一些反对意见。首先，（P^x4）显然不是戴维跑进大厅时说的话。他不是在谈论他自己的话语而是在谈论他自己。（P^x6）显然也*没有*捕获那位与会人员说出话语（6）的所言，无论是我们假设她在和戴维说话的情况下，还是在我们想象她没有听话对象的情况下。

其次，自返内容似乎只能解决索引词的 C- 指称和 N- 指称问题。名称不是索引词。一个名称的指称对象不是由使用情境的一些语境特征——如谁是说话人或她指着什么对象——所决定的。一个人可以用一个名称指称她用这个名称所想到的任何一个人；她不需要知道那个人与该个例之间的物理关系，因为这并不重要。似乎，对于索引词和名称，C- 指称和 N- 指称问题都有这种现象。特别是由于第一种反对意见，如果一种方法只能处理索引词的这两个问题但却不能用来解

决涉及名称的问题，那么接受这个方法似乎不是明智之举。

但我将认为这些反对意见能够得到满足。我的论证基于两个基本观点。

对于第一点，根据阿瑟·博克斯（Arthur Burks）的一篇重要论文（Burks, 1949），我认为含有索引词的陈述有两个重要内容，我把它们称为“索引内容”和“指称内容”。索引内容是一类自返内容，即它们是关于话语本身的命题。指称内容，至少在大多数情况下，是“正式内容”（official content）；它们是做出陈述的那个人的“所言”。它们是关于话语主题而不是关于话语本身。反事实论据和说话相同论据适用于指称内容。但指称内容单独并不足以为话语的认知意义提供一个解释。我们还需要自返内容。

对于第二点，我对特殊情况的索引性和一般情况的索引性做出区分。任何陈述，无论它是否含有索引词，都有与之相联系的多个自返内容，一个具有完全语义识别能力的听话人会获取这些自返内容，解释认知意义离不开它们。例如，假设你听到我说：

（5）David Israel is a computer scientist.

（戴维·伊兹瑞尔是一位计算机科学家。）

虽然你并不知道谁是戴维·伊兹瑞尔，但你知道如何使用专名。你知道我的话语为真（大致）仅当以下命题为真。

（P^x5）That ***the person referred to by* “*David Israel*” *in* (5)** is a computer scientist.

［**（5）*中 David Israel 所指称的那个人***是一位计算机科学家。］

（P^x5）当然不是（5）所表达的命题。但它为（5）给出一个具有完全语义识别能力的说话人能获取的自返性真值条件。在这种情况下，自返性不是来自索引性。索引性是自返性被意义所利用的一种特殊情况。但是，我认为，存在我们解释语言的认知意义时能够并且应该诉诸的许多自返内容。我认为，如果仔细思考 C- 指称和 N- 指称给语义理论所造成的问题，我们将会看出利用自返内容和适当时候引入的其他相关概念可以解决这些问题。

本书的基本观点是存在自返内容和指称内容，另外我们将看到，还存在许多中间性内容。指称主义者认为，“所言”，即陈述的正式内容，是指称内容，这一点他们是对的，至少在范式情况中。描述主义者认为，为了解释陈述的认知意义，我们需要将识别性条件与名称和索引词联系起来，这一点他们是对的。这些是自返内容部分。

1.5　网络内容

我认为这些工具可以令人满意地处理 C- 指称问题。自返内容使我们有多个方法来思考并指称同一对象。但为了处理 N- 指称问题，我们还需要另一个内容层面，我用“C-C- 指称网络”（coco-referring networks）和“文件网络”（file-networks）来解释这个内容层面，所以把它称为网络内容（network content）。

哲学家们用“意图性”（intentionality）这个词来解释与语言和思维的“对象指向性”（object-directedness）相关的现象，尤其是在没有对象的情况下的对象指向性现象。全世界的孩子们都期盼圣诞老人在圣诞夜现身。全世界善思考的读者都认为夏洛克·福尔摩斯是比因侦破辛普森（O. J. Simpson）案而名声大噪的前洛杉矶侦探马克·福曼（Mark Furman）更优秀的一个侦探。即使世界上不存在圣诞老人，不存在福尔摩斯，人们仍然能够以不同方式谈论思考他们。虽然我们可以用自返内容解释对同一对象的多种看法，自返内容并没有对人们关于不存在的对象的共享信念即所谓“意图性内容”（intentional content）给出一个解释。

我认为，这里问题的关键是要思考使用语言所引发的信息流和错误信息流究竟包括什么，特别是我们如何使用名称和代词指称那些*确实存在*的对象。我们使用名称，我们谈论那些与我们互不影响的对象，这些都依赖我们对吉齐（Geach）、卡普兰、克里普克（Kripke）、汤尼兰（Donnellan）、埃文斯（Evans）等人所提出因果链、历史链和信息链的参与。[①] 因为存在一个包括亚里士多德（Aristotle）的观念（notions）、名称和其他指称的网络，我可以思考和讨论亚里士多德，这个网络自从亚里士多德出生后一直延续。我对 Aristotle 这个名字的使用得到这个网络的支持。亚里士多德是这个网络的源点（origin）。我孙女艾尼萨（Anissa）和她的朋友也参与了一个网络，这个网络可以回溯至 19 世纪发生的一系列事件，它们促成这个没有源点的网络的建立，这个网络支持人们对 Santa Claus 这个名字的使用，无论他们相信与否。[②] 当我们说艾尼萨和艾弗里特（Everett）期待圣诞老人出现，或者说娜萨沙（Nathasha）不相信圣诞老人而艾尼萨和艾弗里特相信圣诞老人，我们只是在说他们的信念、怀疑、祈望和借口得到相同网络的支持。

一旦我们认识到网络的重要性，我们可以引入一个内容层面，即网络内容。

① 参见 Geach（1969）、Kripe（1980）、Donnellan（1974）和 Evans（1973）。

② 这个网络是一个舶来网络，可追溯至 18 世纪和圣尼古拉斯。参见《美国百科全书》（*Encyclopedia Americana*，1987）中词条 Santa Claus。

在某种意义上，网络内容介于自返内容和指称内容之间。网络是一个公共对象，它的存在不受使用它的任何具体话语的影响。我断言，正是这些网络提供了使我们可以谈论指向同一对象的信念的结构，即使这些信念指向的对象不存在。

1.6 计 划

除第 1 章外，本书分为两大部分，第一部分讨论 C- 指称问题，第二部分讨论 N- 指称问题、网络和态度报告。在第 2 章介绍一些观点和术语后，第 3 ～ 5 章给出索引词和指示词的自返指称解释。第 2 章中我首先讨论博克斯理论及其与自返指称理论之间的关系，然后讨论了索引词如何在语义和认知方面起作用。这需要区分个例和话语，需要考虑与不同表达相关的各种语境和语境特征。

在第 5 章中，我讨论了赖兴巴赫的观点，为含有索引词和指示词的陈述的意义、自返内容和指称内容做出解释，并应用这些观点解决索引词和指示词的 C- 指称问题。第 6 章中我将这些观点应用于专名。这包括对名称如何起作用的解释，该解释使我们将自返内容的工具应用于名称。我认为，内容的自返层面是与认知意义最为相关的内容层面，而指称内容通常被用来指正式内容，即关于我们所指称对象的"所言"。因此，自返内容被用来解决 C- 指称问题，而指称主义论据所关注的是主题内容。

第 7 章是第一部分的结论。我提出问题：至此我的观点真的能够为指称主义辩护吗？该章中我回头再看支持和反对指称主义和描述主义的论据。首先我讨论了弗雷格在《论意义和指称》（Frege，1892）一文第一段中给出的论据。然后我又开始讨论另一个问题：自返指称理论能否被用来为泰勒在《意义、指称与认知意义》（*Meaning, Reference and Cognitive Significance*）（Taylor，1995）中所提出的"心理化弗雷格"（the psychologized Fregean）做辩护，换句话说，自返指称理论能否在维护某种形式的指称主义同时又使我们遵守弗雷格的认知制约（cognitive constraint）。最后，我转而讨论卡普兰在其文《指示词》（*Demonstratives*）（Kaplan，1989b）中给出的直接指称的论据。我认为，自返指称理论在遵守一个合理形式的弗雷格认知制约同时又吸收了弗雷格和卡普兰论据的所有有效见解。

第二部分自第 8 章开始。第 8、9 两章讨论 N- 指称问题。我提出包含想法、观念、文件和网络的一个理论并引入"网络内容"的概念。这使得我们提出一个可以比第6章中的解释更强大的名称解释和一个N-指称问题的解决方法。

最后，在第10章中我转而开始讨论态度报告所带来的困难。我使用之前章节中提出的概念给出了一个解释，它被视为对马克·克里明斯和我在《王子和电话亭》（*The Prince and the Phone Booth*）（Crimmins，1989）这篇文章中所给出解释的发展。在那个解释中，观念被看作信念报告（belief-reports）的“未言明构成成分”；这里所给出的特殊类型的子网络——我把它们称为“线索”（threads）——扮演这个角色。这使得该解释可以被扩展至间接语篇，包括说话报告（saying-reports）和信念报告。

小　　结

指称主义认为，含有名称和索引词的陈述表达关于这些词语所指对象的命题。这些所指对象是这些陈述所表达命题的*构成成分*。指称主义与*描述主义*相对，后者认为，这样的陈述表达以与这些词语（名称和索引词）相联系的**识别性条件**而不是这些词语的所指对象为构成成分的命题。根据指称主义观点，当你和我说“Clinton likes pickles”（克林顿喜欢吃腌菜）时，我们所说意思相同，即使我们将克林顿与不同摹状词相联系。只要克林顿喜欢吃腌菜，我们说的话就为真，无论我们的描述是否真正能够识别他。指称主义似乎在一个广泛范围内对说话人说了什么和他们什么情况下所说相同给出了正确解释。

对于这种观点有两种重要反对意见。本书开篇第一个例子即说明了**C-指称问题**。马赫看到公共汽车上的镜子里有个人，他心里想，“That man is a shabby pedagogue”（那个人是一个邋遢学究）。至少在当时他心里想的不是“I am a shabby pedagogue”（我是一个邋遢学究）或者“Mach is a shabby pedagogue”（马赫是一个邋遢学究）。但是根据指称主义观点，如果他说出这三个不同的语句，它们用三种不同方法指称同一个人，所以它们表达相同命题。指称主义似乎遗漏了这三个不同陈述可能具有的不同“认知意义”。

N-指称问题涉及所谓的空名称，如Santa Claus（圣诞老人）和Nessie（尼斯湖水怪）。如果有人说“Nessie lives in Scotland”（尼斯湖水怪生活在苏格兰），他似乎的确说了*什么*，实际上有很多人相信他的话。但根据指称主义观点，如果尼斯湖水怪不存在，那么似乎他什么也没说。我们不难发现指示词语甚至某些索引词如you也有这个问题。

我在为一种合格的指称主义观点辩护，我称之为“批判指称主义”或者“自返指称理论”。其关键的想法是关于真值条件和内容的。如果我们想知道一个话语的**真值条件**，我们想知道为了使该话语为真这个世界还应该满足什么条件，假定该话语已发生并且满足某些条件。如果我说“Tully was a Roman orator”（图利是一位古罗马演说家），那么为了使我的话语为真，这个世界应该满足什么条件呢？假设我说英语，所用的词语表达它们的意思，Tully 代表某个人 X，那么还需要为真的是：X 是一位古罗马演说家。通过聚焦于“还有什么”需要为真，我们赞同以下指称主义观点：我说出 Tully 这个名字指称西塞罗这个事实不是真值条件的一部分，它是已知条件的一部分。其他需要为真的是 Tully 所代表的那个个体是一位古罗马演说家，并且这可能为真，即使他没有 Tully 这个名字或者我从未说过这句话。

但如果我们能够考虑已知这些事实为了使我的话语为真这个世界还应该满足什么条件，那么我们也能够考虑已知这些事实中的*一些*这个世界还应该满足什么条件。如果我们知道 Tully 这个名字代表西塞罗这个事实，那么我们得到该话语的说话人用 Tully 这个名字所指称的那个人是一位古罗马演说家这个*自返性*条件。这就是我所说的话语的**自返真值条件**，因为它们是话语*自身*的制约条件。如果我们如上把这些指称事实视为已知，我们有**指称真值条件**。如果我们把这两种真值条件编码于命题之中，我们就分别有该话语的自返内容和指称内容。

本书的主要观点是：指称主义的观点要求我们承认指称内容的重要性，但它们并不要求我们忽视自返内容和我们能够识别的其他内容层面的相关性和重要性。正是在自返内容层面上，我们能够解决 C- 指称问题。如果陈述的唯一不同在于它们有不同 C- 指称表达，这样的陈述有相同指称内容但有不同的自返内容。含有空名称的陈述缺少一个指称内容，但它们仍有自返内容和我所说的“网络内容”。

第一部分

自返性与 C- 指称问题

第 2 章　内容与命题

2.1　导　　言

对于名称与索引词的意义，指称主义方法与描述主义方法争论所涉及的主要概念是内容这个概念，即*所言*（*what is said*）与*所信*（*what is believed*）。指称主义者依赖对内容的直觉理解来给出解释。描述主义者则抱怨指称主义者对内容的解释不能处理 C- 指称和 N- 指称问题。我们书中方法的创新之处在于给出既能满足指称主义又能满足描述主义需要的一组内容。本章中，我对内容做出几点解释并对所用术语加以说明。本章结尾处我对吉诺菲法・马蒂所作的一个重要区分（Marti，1995）进行了发展，这有助于说明指称主义和描述主义之间的争论。

2.2　意义与内容

一个陈述的*内容*是对该陈述的真值条件加以编码的一个命题。我用“陈述”表示书面或口头陈述句的具体话语。陈述是我要重点讨论的话语类型，所以当我思考一个话语的成功条件时我通常想到的是它的真值。内容属于具体话语，不要把它与*意义*混淆，意义属于表达*类型*。意义是将内容指派给表达的使用——具体话语与子话语——的规则。它们是我们学习说一种语言时所学的一些规则。在关于语言的日常谈话中，“意义”与“内容”或许是近义词；在对这对术语做出这个重要区别时，我遵循了它们使用方面的一个时间不长的传统。子语句表达话语的内容反映它们对于含有这些子语句表达的陈述的真值条件的贡献。

例如，戴维・伊兹瑞尔说出（4），该话语的内容为他是一位计算机科学家，且该内容为真；但我若说出这个语句，意义不变可内容却变成我是一位计算机科学家，且这个内容为假。I am a computer scientist 这个语句在这两种情况下有相同的意义，但根据相同规则我们得到不同真值。

如果我们把数学语句和逻辑语句作为范例，我们会得到一个忽略意义和内容之间区分的语言解释，这个语言解释在语言哲学中的许多传统概念和逻辑的发展中非常重要。根据这个解释，表达应该是“同等重要”（equisignificant）的。[①] 根据我们的说法，一个同等重要的表达的意义完全决定其话语的内容。对于“同等重要”的表达，根本不值得去区分意义与内容。一个具体话语的语境可能与确定涉及什么表达和什么意义相关，但这是“前语义的”（pre-semantic）。一旦我们明确该话语的意义，就可以忽略该话语的具体因素。这种处理方法对于“2+2=4”这样的语句很实用。如果表达正常意义，似乎这个语句的任何两次使用都将会有完全相同的内容。

但索引词却把这种解释搞乱了。正如我之前所说，当戴维和我各自说出语句（4），我们话语的内容是不一样的，虽然我们语句的意义是相同的。[②] 因为索引词的原因，意义没变但每个话语的内容是不同的。为了把事情说明白，我们需要谨慎对待意义与内容之间的区别。除表达外，我们还需要在我们的语义学中引入话语和相关语境成分。如何做到这一点是第 3 ～ 5 章的话题。

2.3　常识与正式内容

陈述的“内容”是一个稳固的常识概念。根据我们最基本的理解，它是做出陈述之人的所言。但我认为这个概念需要扩展。说内容是一个稳固概念，我的意思是：如果稍加训练和思考，人们可以在许多情况下有信心给出关于它的较为一致的判断。例如，大多数人会说当戴维说出（4）时他的所言并不包括如下信息：他会说英语，他用了第一人称，他在说话。大多数人同意他是一位计算机科学家这个内容是他所言的一部分。

我们这里所言或陈述内容这个概念与其他常识概念——如信念内容，即所信——相连。我们假定说话人诚实、具有完全语义识别能力且头脑清晰，促使他做出一个陈述的那个信念的内容正是该陈述自身的内容。也就是说，我们假定一个诚实的说话人说出的是他所相信的事情。当然还有其他一些命题态度也经常与

① “同等重要”这个术语来自 Reichenbach（1947）。

② 正如我上文提到的，“（4）”这个标签有点歧义，有时表示所展示的语句类型，有时表示使用该语句所作的一个陈述。当我们讨论（4）的内容，如（$P^{r}4$）或（$P^{x}4$）中那样，我们头脑中想到的总是一个陈述的内容。这样的标记是哪种使用在语境中是清晰的。

信念相连，如愿望、恐惧、希望和期望等。我们往往从人们的话语中推断出他们命题态度的内容；他们的话语表达了他们的态度。如果我们考虑到人类大脑和人们生活的复杂性，我们使用语言来期待、计划、预测和控制人类活动的程度真是令人惊讶。命题态度和内容这个概念是处理非常复杂现象的有力工具。

我把内容这个常识性概念的核心——*所*言、*所*想——称为“正式内容”。总的来说，我认为指称主义观点是关于正式内容的，并认同它们对正式内容的结论。我要提出的其他内容概念并不是正式概念的可选择项，而是它的扩展，这有助于在一个系统中解释它并为它定位。我相信在这些其他概念中可以找到描述主义方法的直觉基础。所有这些内容将是借助一个具体陈述的意义和关于它的其他事实来体现与它相联系的真值条件。我们可以把这些其他事实称为“语境”，这是对这个词的宽泛用法。在这种宽泛用法下，语境不仅包括话语的说话人、地点和时间——与索引词使用密切相关的语境成分，而且还包括以下事实：说话人感知什么，对于一个名称他意图用什么常规，等等，甚至他用哪一种语言。当我们考虑一个陈述的真值，我们一方面固定一些事实，另一方面允许其他因素改变，对固定哪些事实和允许什么改变的选择决定不同内容层面。为了使话语为真，*已知*我们固定不变的事实，真值条件总是该世界必须满足的*其他*条件。

2.4　内容的分类概念

命题是一个抽象对象。因此，它没有任何因果影响（至少根据我看待事物的方式）。但是我们根据命题所识别的认知状态确有因果影响。当一个人被问到“What is the capital of Nebraska?”（内布拉斯加州首府是哪里？）时，如果他错误地相信奥马哈（Omaha）是内布拉斯加州首府，他会给出错误回答。这个错误信念会让想去参观著名首府建筑的人开车去奥马哈，等等，诸如此类。而认为林肯市是内布拉斯加州首府的信念涉及一个不同的认知状态，有不同的因果影响。在这个认知状态下，一个人会对以上问题给出正确回答，如果要去参观首府建筑他会驱车去林肯市。

一些哲学家，特别是弗雷格［在《思想》(*The Thought*)(Frege，1967b)中］，似乎认为命题是抽象对象，而且是一类非常特殊的对象，是柏拉图“第三领域”的成员。弗雷格的*思想*（*Gedanken*）似乎本质上包含于认知状态之中，并部分决定这些状态的因果影响，但它们本身并没有这样的影响。相反，有时命题会和内在表征——我们许多认知状态所涉及的想法综合体——混淆在一起。[①] 但我认为，命题是我们用来类分认知状态特别是涉及表征的状态的抽象对象。命题不是表征，而是我们根据它们的真值（或其他某种成功形式）施加于其他世界部分的要求用来类分状态和事件的抽象对象。表征不是抽象对象，而是有因果关系的具体物理对象、状态和事件。

如果命题可类比于重量和长度，它们所类分的状态可类比于构成一个有着一定重量和长度的对象的复杂具体物理因素。我体重 190 磅（译者注：1 磅≈ 0.4535924 千克）这个事实解释了为什么当我站在秤上时其指针向上移动，为什么我的几个孙子孙女需要一起坐在跷跷板上才能把我翘起来。190 磅是一个抽象对象，由它在含有这些对象的一个系统中的位置来定义，这些对象被系统地指派给具体对象，被用来描述和预测涉及这些对象的事件的性质。这些不同重量之间的数学关系对应它们所类分的事物之间的经验关系。我是一个非常具体的对象，我的活动造成各种各样的事情。如果我在跷跷板的一端，另一端是我的孙子孙女，他们体重总和为 185 磅，那么我这端就会下降。这是我身体的因果影响，是我身体各部分质量对我身体的因果影响，这使它被正确类分为重 190 磅。

我相信林肯市是内布拉斯加州首府，这个信念是由具体事物构成的这个世界的一部分，它在这个世界上起一定因果作用。当我处于这样一个认知状态时，如果被问到内布拉斯加州首府是哪里我会回答 Lincoln（林肯市），如果我想去看内布拉斯加州首府建筑我会驱车去林肯市。正确类分这个信念——也可被称为“我的信念”，虽然有点混乱——的命题是借助该信念的原因或因果影响，即它对我的推理和行为的影响做到正确类分的。

我认为话语所具有的这类内容应该是自然主义内容，从根本上它来自认知状态内容，而认知状态内容从根本上来自*状态与事件的信息性内容*和*行为的成功条件*。我并不打算在本书中解释这些内容之间的关系，但我会对这两个基本概念进行简要讨论，对它们延及的所有类型的自然主义内容的结构作简单说明。[②]

一个事件的信息性内容是*使该事件得以发生这个世界所必须满足的条件*。这样的内容与制约关联或法则相关：它们是“必须满足的条件”的源头。例如，早上我家门口地上扔着一份报纸。地上的报纸传递出——“反映”或“表明”——

① 参见 Fodor（1981）。
② 我在 Perry（2002）中对它们有更为细致的讨论。

送报人送来该报纸的信息。这件事一定发生过——此时此地我家门外的世界一定包含着这样一个先前事件。这件事一定发生过，如果我们知道世界上事情发生的方式：报纸不会无中生有；它们不是从飞机上掉落下来的；邮局邮递员不会早上送来报纸。通常扔在门口的报纸是由送报人放在那里的。我家门口的状态只相对于制约关联——法则、常规、习俗等——包含先前事件的信息。只有当我通过某种方式将这些制约关联内化并因此指导我的想法，我家门口的状态才会使我相信先前事件。只有在这种情况下，我家门口的情况对我来说才会*表明*关于先前事件的信息。

如果我知道或假设该世界的某些具体事实，我就可以进行更多具体推理。如果我知道送报人是埃尔伍德·弗里奇（Elwood Fritchey），那么看到我家门口地上的报纸，我知道*埃尔伍德曾经来过这里*，*埃尔伍德已在工作*，等等。由此，一个事件或状态的信息性内容不只与制约关联相关，而且还与具体事实相关。如果我认为"那表明*有人送来报纸*"，*根据*送发报纸的方式，通过使报纸出现在我家门口世界其他部分必须满足什么条件，我对我家门口的感知状态进行类分。如果我认为"那表明*埃尔伍德送来报纸*"，我是根据制约关联*和*埃尔伍德是送报人这个事实通过使报纸出现在我家门口世界其他部分必须满足什么条件来类分我家门口的状态。这些不是作为该事件的信息性内容的替代候选项，而是该事件的两个内容，每个与不同已知事情相关。

一个行为的成功条件不仅与制约关联有关而且也与目标或"选择目的状态"有关。一个行为的成功条件是为了使该行为取得选择目的状态该世界必须满足的条件。假设我要拍打桌子上一只苍蝇。相对于打死一只苍蝇的目标、已知的物理学知识和与苍蝇和蝇拍相关的一些基本事实或制约关联，这个行为将会成功，如果*在蝇拍击打桌面时在蝇拍运行轨道上有一只苍蝇*。该命题（即上句斜体部分）就是该行为相对于那些制约关联和该目标的成功条件。如果相对于把苍蝇从桌子上赶跑而不是拍死的目标，同一行为会有不同成功条件。

现在假设桌子上有一只苍蝇，我把它叫作密尔顿。我不仅要拍死这只苍蝇，还要拍死密尔顿。这两个目标是相容的。我想*通过*拍死这只苍蝇拍死密尔顿。我的意图有一个目标*架构*，它生成不同但系统相关且完美相容的成功条件。

用来触发行为的机械装置也有智能，如果满足它们的成功条件。获取驱动行为的信息这个信息性内容蕴涵该行为的成功条件（或至少使之更有可能）。一个简单的例子是我们常见的老鼠夹。老鼠夹会被成功触发，如果有只老鼠在其叶片轨道上。一个设计精巧的老鼠夹会释放该叶片，当有东西触碰挂有奶酪的触板。这个事件表明有只老鼠在奶酪触板前，即在叶片轨道上。相对于捕捉老鼠这个目标和只有老鼠会触碰奶酪触板这个制约关联，老鼠夹的设计充满智慧。如果我们把感知看作是对引发行为的信息的获取，那么我们可以把智能的这个解释拓展至人类和其他动物，这当然会非常复杂，也会产生很多问题。①

除了以上所述，我并不打算在本书中发展和维护这些观点。说了这么多，有两个方面的意义。首先，我想让自然主义者打消疑虑，相信我这里处理的*内容*的概念应该能够进行自然主义处理。其次，我建议：建立在信息性内容和成功条件两大支柱之上的所有类型自然主义内容都可以由一个*内容系统*来类分，而不仅仅由单一内容来类分。将这个观点应用于语言学内容是本书的核心观点。

我的解释不必与任何具体命题概念相结合。存在很多完全适合我们目的的方法来解释命题。在今天的文献中主要有两种方法来解释命题：作为可能世界集合的命题概念和一些结构化命题概念——在罗素思想中得到发展并成为其一部分的命题概念。② 我认为，命题是有结构的。但我会经常考虑一个给定命题在其中为真或为假的可能世界。我所需要的区别可以用任意数量更细致的方法来划分，并且为了说出我所需要的事情，我不需要提出一个复杂的形式化的本体论。另外，因为我只关注简单语句，我只需要这样一个理论部分，它使我们能够为了说出我们所需要的事情区分我们用这样的语句所做的陈述。

2.5　条件和命题

来看下例：

（7）Jim was born in Lincoln.

（吉姆出生在林肯市。）

（7）是我的一个陈述，其中两个名称分别指称我的儿子吉姆·佩里（Jim Perry）和内布拉斯加州林肯市。根据专名的指称主义观点，（7）表达一个*单称*命题，这是一个关于吉姆本人和林肯市那个地方的命题而不是关于它们的任何描述或属性的命题。③ 我会用以下方式表明这个命题：

---

① 参见 Dretske（1981）、Barwise 和 Perry（1983）、Perry（1990a）、Israel 和 Perry（1990, 1991）、Stalnaker（1984）、Perry（2002）。

② 参见 Perry（1990a）。

③ 这是我在 Perry（2000）中所说的“R- 命题”。

（P′7）That **Jim** was born in **Lincoln**.

（**吉姆**出生在**林肯市**。）

粗体部分是这个陈述的*主题*，也是它所表达的这个单称命题的*构成成分*。这个命题的真对吉姆和林肯市施以条件制约。在该命题为真的一些可能世界中吉姆的名字、样貌、举止、职业等与他现在实际情况不同。在一些世界中，林肯市也许被叫做"戴维市"（Davis）或"迈克柯林兰市"（McClellan）。在一些可能世界中，内布拉斯加州的首府或许是奥马哈或内布拉斯加市而不是林肯市。但是，只要在一个世界中，吉姆出生在林肯市，那么这个命题在那个世界中为真，无论在那个世界中他长什么样子，叫什么名字；无论在那个世界中林肯市是什么样子，叫什么名称。

根据命题的可能世界概念，这个命题就*是*吉姆出生在林肯市的世界的集合。[①] 根据这个概念，严格地说，"构成成分"一词并不准确。如果我们只恪守这个概念，在处理命题是关于一个对象这个直觉概念时我们会有一些问题（Perry，1986b）。根据命题的结构性概念，我们通常把（P′7）看作一种集合论对象，比如，把它看作是由一个条件 *being born in*（*出生在*）和一个对象序列 Jim and Lincoln（吉姆和林肯市）构成的一个有序对，那么这个命题为真当且仅当这些对象满足这个条件。根据这样一个结构性概念，自然可以说，吉姆本人是这个命题的一个构成成分。正如我之前所说，我把命题看作是抽象对象，或许是集合或许是为了哲学和逻辑的目的专门提出的对象。本书中什么也不会取决于*哪个*概念。另外，虽然，根据这个概念，我们没有将命题等同于世界集合，但我们仍可以自然地讨论一个命题为真或为假的世界。

实际上，吉姆是金口商店的经理[②]，林肯市是内布拉斯加州的首府。来看下例：

（8）The manager of Kinko's was born in the capital of Nebraska.

（金口商店的经理出生在内布拉斯加州首府。）

根据限定摹状词的标准解释，（8）表达卡普兰所说的一个*普遍*命题（Kaplan，1989b）。这个命题并非专门针对吉姆和林肯市，而是针对金口商店的经理和内布拉斯加州首府这两个摹状词。我将这个命题表示如下：

（P8）That ***the manager of Kinko's*** was born in ***the capital of Nebraska***.

（***金口商店的经理***出生在***内布拉斯加州首府***。）

---

① 或者从世界到真值的函项，对于吉姆出生在林肯市的世界则为真，对于其他世界则为假。

② 我用"金口商店"指林肯市 P 大街上的金口商店。虽然本书第一稿时吉姆是林肯市金口商店的经理，但当本书第 2 版接近完成时，他居住在加利福尼亚州考普洛普里斯市，去世界各地为公司提供员工培训咨询并品尝当地啤酒。

这里，粗体部分说明我们把什么作为主题，斜体部分告诉我们作为主题的是 *being the manager of Kinko's*（*是金口商店*）和 *being the capital of Nebraska*（*是内布拉斯加州首府*）这两个识别性条件，而不是它们所指明的对象。如果我们保留（P8）的文字与粗体但取消斜体，那么我们不指定（P8）而是以一种新的方式指定（designate）（P7），关于吉姆和林肯市的单称命题为：

（P7）That **the manager of Kinko's** was born in **the capital of Nebraska**.

（**金口商店的经理**出生在**内布拉斯加州首府**。）

（P8）不同于（P7）。（P8）在某人——不必是吉姆——是金口商店的经理和某座城市——不一定是林肯市——是内布拉斯加州首府并且这个人出生在这座城市的世界中为真。来考虑这样的世界，在其中吉姆出生在格兰德艾兰市（Grand Island），奥马哈是内布拉斯加州首府，马伦 · 布兰都 (Marlon Brando)［或者亨利 · 芬达（Henry Fonda），或者索尔 · 克里普克（Saul Kripke），或者其他某个奥马哈当地人］是林肯市金口商店经理。在这些世界中（P8）为真，而（P7）为假。[①]

我们可以用戴维 · 卡普兰的索引词“dthat（ψ）”替代粗体加斜体来解释（P7）和（P8）之间的不同（Kaplan，1979a）。[②] The manager of Kinko's 表示一个识别性条件，而 dthat（the manager of Kinko's）表示吉姆。这样，我们有

（P7）That dthat（The manager of Kinko's）was born in dthat（the capital of Nebraska）.

［dthat（金口商店的经理）出生在 dthat（内布拉斯加州首府）。］

（P8）That ***the manager of Kinko's*** was born in ***the capital of Nebraska***.

（***金口商店的经理***出生在***内布拉斯加州首府***。）

对于我们的目的，使用粗体加斜体会较为方便，因为这样我们可以使用比较接近日常英语的方式来谈论命题。方便的代价是可能造成误解的歧义。吉姆出生在林肯市，***金口商店的经理***出生在***内布拉斯加州首府***为真。但识别性条件不是出生的人或出生地。*出生在*这个关系（译者注：此处下划底线部分的英语原文为 the relation of *being born in*）不是*是金口商店经理*（译者注：此处下划底线部分的英语原文为 *being the manager of Kinko's*）和*是内布拉斯加州首府*（译者注：此处下划底线部分的英语原文为 *being the capital of Nebraska*）这两个识别性条件

① 这里我用粗体和斜体来帮助识别被展现的命题，但除了几处例外，在本书其他地方并不这样表示。

② 4.6 对 dthat 有更多解释。

之间的关系。（P8）告诉我们且意图捕获的是*适合第一个论元位置的某人出生在适合第二个论元位置的某地*这个关系（译者注：此处下划底线部分的英语原文为 the relation of *someone who fits the first was born in some place that fits the second*）在这两个识别性条件之间成立。我们可以时不时提醒自己注意这个歧义，但对这个歧义的处理基本上是一个自然结果，不会造成问题。

我认为，（P7）是用吉姆是金口商店经理和林肯市是内布拉斯加州首府这两个事实*填充*（*loading*）（P8）得到的结果。或者，更准确地说，（P7）是用吉姆是金口商店经理这个事实填充（P8）中第一个识别性条件、用林肯市是内布拉斯加州首府这个事实填充（P8）中第二个识别性条件得到的结果。

现在来看：

（9）Jim was born in the capital of Nebraska.

（吉姆出生在内布拉斯加州首府。）

（P9）That **Jim** was born in ***the capital of Nebraska***.

（**吉姆**出生在***内布拉斯加州首府***。）

（10）The manager of Kinko's was born in Lincoln.

（金口商店的经理出生在内布拉斯加州首府。）

（P10）That ***the manager of Kinko's*** was born in **Lincoln**.

（***金口商店的经理***出生在**林肯市**。）

陈述（9）表达（P9），即只填充（P8）中第一个识别性条件得到命题。① 陈述（10）表达（P10），即只填充（P8）中第二个识别性条件得到命题。

正如（9）和（10）所表明，单称命题和普遍命题之间的区别过于简单。通常会认为（9）在表达一个单称命题；*单称*是一个支配性特征，使得如果一个条件的至少一个论元角色被一个对象填充，那么其结果是单称的。即使其他论元角色由识别性条件填充这也成立。我会这样说，但我们需要记住基本的概念是一个对象或一个对象的识别性条件填充一个论元角色的概念，单称与普遍的两分只是一个有用但过于简单化的处理。②

我们也需要把条件视为有作为构成成分的个体或者识别性条件。来看两个条

---

① 我们也可以允许用一个事态——一个可能事实——来填充一个识别性条件。

② 我认为论元角色是一个相当直觉化的概念。首先，一个论元角色与条件之间的关系可类比一个变元与一个开放语句之间的关系。开放语句 x is a bachelor 为真或假根据是否给变元 x 指派合适对象，*α is a bachelor* 这个条件相对于来填充论元 α 的对象为真或假。情境语义学对论元角色这个话题有细致讨论（Bariwise and Perry, 1983；Barwise, 1989），但我这里的观点并不依赖对它们的成熟处理。

件，第一个条件来自（9），第二个条件来自（10）。

（C9）That *x* was born in ***the capital of Nebraska***.

（*x* 出生在***内布拉斯加州首府***。）

（C10）That *x* was born in **Lincoln**.

（*x* 出生在**林肯市**。）

（C9）是一个普遍条件，*the capital of Nebraska*（*内布拉斯加州首府*）这个识别性条件作为一个构成成分；而（C10）是一个单称条件，因为林肯这座城市是它的一个构成成分。

现在我们再回头来看（8）：

（8）The manager of Kinko's was born in the capital of Nebraska.

（金口商店的经理出生在内布拉斯加州首府。）

正如我们之前所看到的那样，（8）表达（P8），其中 *x was born in y*（*x 出生在 y*）这个条件的两个论元角色被识别性条件填充。

（P8）That ***the manager of Kinko's*** was born in ***the capital of Nebraska***.

（***金口商店的经理***出生在***内布拉斯加州首府***。）

但这些识别性条件本身是单称的，分别以金口商店和内布拉斯加州作为构成成分。使（P8）成立的世界之间的不同或许在于由不同的人经营林肯市金口商店。为了使（P8）为真，吉姆甚至不必一定出现在一个世界中。但林肯市金口商店一定在这样的世界中，因为它是为了使（P8）为真某人必须满足的条件的一个构成成分。（P8）在林肯市所在的那个地方还是靠近一条咸水河流的不毛之地（但有金口商店）的世界中为真。但这些世界中一定有内布拉斯加州，这是为了使（P8）为真某城市（作为内布拉斯加州首府）必须要满足的条件的一个构成成分。

借用卡普兰的另一个术语，我把一个命题或条件称为*纯质化的*（*purely qualitative*），如果我们在该命题或条件所涉及的条件层级中只有更多条件而没有对象；我称之为*起伏的*（*lumpy*），如果能在其条件等级中找到一个对象。（8）所表达的命题虽然是普遍命题，却是起伏的。我把识别性条件的构成成分称为命题的*隐形*（*covert*）构成成分。有时我也会不严格地把“普遍但起伏的”命题称为“单称”命题。

这尚不能算是一个命题理论，但我认为对于我们的目的它已够用。

2.6　指定的种类

再来看：

（8）The manager of Kinko's was born in the capital of Nebraska.

（金口商店的经理出生在内布拉斯加州首府。）

（9）Jim was born in the capital of Nebraska.

（吉姆出生在内布拉斯加州首府。）

我认为“单称项”不仅包括代词和专名，还包括限定摹状词。我把“指定”看作一个普通词语用来表示单称项和它们所代表的对象之间的关系。因此，（7）和（8）中的主题项*指定*同一个人，即吉姆·佩里。

在指定性单称项这个范畴内，我们需要做两个区分。①

指示与命名　第一个区分与指定的“机制”有关。我认为一个项用来*指示*（*denote*），如果语言惯例将它与一个识别性条件联系起来，并且该项指定满足这个条件的任何对象。一个项用来*命名*（*name*），如果语言惯例将它直接与它所指定的对象联系起来。

限定摹状词是用来指示的项的范例。语言把限定摹状词与识别性条件联系起来。限定摹状词只与它们所指定的对象间接相联系，这些对象是符合由意义与之相联的识别性条件的对象。所以，通过其意义，the manager of Kinko's 与某特定识别性条件相联系。它不是仅仅通过其意义而是通过其意义加上他的工作来指定吉姆·佩里。

对于名称，争议更多。一些哲学家认为名称用来指示；它们是“隐藏的”摹状词。但是，对于这个问题，指称主义观点对于很多人来说已经被证明很有说服力。标准理论和我在本书中的观点认为名称用来命名。当我用“吉姆”指称我的大儿子，我所用到的语言惯例不是将这个名称和吉姆所满足的一个条件联系起来的惯例。这个惯例只是说“吉姆”是他的名字，是他出生时在其出生证明上写下这个名字时建立起来的惯例。

这里很容易被误导。假设你在一次聚会上看到吉姆并问我他叫什么名字。我告诉了你并因此将一个命名惯例透漏给你，即“吉姆”这个名字可以被用来指你询问的那个人。这时你可能会把吉姆·佩里看作“现在站在我眼前，刚才想知

① Marti（1995）鲜明地提出这些区分（所用术语略有不同）。对于这个话题，我的其他论著从《直接指称》（*Direct Reference*）一书（Recanati，1993）中受益颇多，她的这本著作是任何与索引词和指称相关的话题的有益参考。

道他的名字并听他说了一些关于计算机的有趣事情的那个人”。所以，当我告诉你这个人的名称是“吉姆”后，在你头脑中在这个名字和他的一个识别性条件之间就建立起联系了。但这并不意味着，我透漏给你的这个语言*惯例*是将这个名称和那个或其他识别性条件联系在一起的惯例。这个惯例将这个名称和吉姆联系在一起；自从吉姆出生就有这个惯例，在他告诉你关于计算机的一些有趣事情之前的很长时间一直有这个惯例，这个识别性条件是相关的，只是因为你碰巧这样看待吉姆。

为什么项 t 指定对象 a？这个问题的回答会采取两个不同形式。如果 t 用来指示，对该问题的回答会有两部分：

（i）t 的意义将识别性条件 C 指派给 t;

（ii）a 是满足 C 的对象。

如果 t 用来命名，这个回答只有一部分：

t 的意义将 a 指派给 t。

描述与指称　我们的第二个区分与项对一个陈述的命题性内容（propositional content）——所言或“正式内容”——的贡献有关。

根据标准解释，（7）和（8）的命题性内容是不同的。（P7）是关于吉姆的一个单称命题，而（P8）是关于金口商店经理的一个普遍命题。正如我们之前看到的，它们是不同命题，在不同可能世界中为真。我用“描述”（describe）和“指称”（refer）来说明这个区分。我用这两个词来讨论个体项对它们作为其中一部分的陈述的正式命题性内容的贡献。[①] 名称的标准指称主义观点和我所维护的观点认为它们用来*指称*，即它们为（正式）命题性内容贡献它们所指定的个体。

几乎每个人都认同至少有时限定摹状词用来*描述*，即它们为正式内容贡献它们的意义与之相联系的识别性条件。[②] 汤尼兰（Donnellan，1966）对限定摹状词的指称用法和归属性用法的著名区分可以被解读为限定摹状词有时确实用来指称。

相对于一个项的范畴，指称主义认为这些项用来*指称*。它是关于一个项对于正式命题性内容所做贡献的观点，而不是关于指称机制的观点。我认为，名称用来命名和指称，索引词用来指示和指称。所以，我支持指称主义。但我所提出的

---

① 为了解释清晰，“指称”和“描述”这两个词将不用来讨论指定的*机制*。

② 如果使用下文引入的术语，更加准确地说，限定摹状词通过意义和语境即它们的内容 C 贡献将它们与之相连的条件。

解释是一种适度的、温和的指称主义，我称之为批判指称主义，它可以处理 C-指称和 N- 指称问题。

小　　结

具体事物和事件，包括话语、想法和认知状态，有不同种类的**内容**。范式内容是包含必须成立的条件的命题，假定事物存在或事件发生并且存在某些**制约关联**。制约关联是捕获事物发生或通常发生或者如果遵守各种习俗和惯例事物虚拟发生的方式的普遍原则。**意义**是通过一个具体话语所使用的表达及其结构决定（或至少约束）该话语内容的规则，所以有意义是表达类型的一个性质。本书中所提出的内容的概念是对隐含于人们使用 that 从句和相关手段表达想法的日常做法中这个概念的一个意图归纳。

指称主义的合理性来自我们日常对我所说的**指称内容**——给定关于意义的事实和关于指称的事实，为了使一个陈述为真该世界必须满足的条件——的关注。认识到这一点，我有时把指称内容称为**正式内容**。

我认为**命题**是以**条件**和事物作为**构成成分**的。我用粗体和斜体标识命题的这些构成成分。因此，**林肯市***是***内布拉斯加州***首府*（*that* **Lincoln** *is the capital of* **Nebraska**）这个命题是一个以林肯市和内布拉斯加州为构成成分的命题，所以，它为真，当且仅当，前者是后者的首府。而**林肯市***是***美国第十六大州***的首府*（*that* **Lincoln** *is the capital of* ***the sixteenth largest state in the U.S.***）这个命题的两个构成成分分别是林肯市和*是美国第十六大州*（*being the sixteenth largest state*）这个识别性条件。在阿拉斯加不是美国一州的世界中，第一个命题为真，但第二个命题为假，因为在这样世界中内布拉斯加成了美国的第五大州。

指称主义和描述主义在名称对包含它们的陈述所表达的命题所做贡献方面有不同看法。用我的说法，指称主义者认为名称用来**指称**，即贡献它们所指定的事物作为命题的构成成分，而描述主义者认为名称用来**描述**，即贡献那些事物的识别性条件。指称的*机制*是另一个问题。指称主义者通常认为名称用来**命名**。用我的说法就是，根据惯例，它们直接与它们所指定的事物相联系。但他们同样认为索引词用来**指示**；用我的说法就是，它们通过它们所指定的事物满足某些（与话语相关）条件——例如，是话语的说话人或在其发生的时间——与它们所指定的事物相联系。但名称和索引词都用来指称。

第 3 章　话语与语境

3.1 导　　言

当你使用 I，它指定你自己；当我使用这个词，它指定我自己。如果你使用 you 来谈论我，它指定我；当我使用它来谈论你，它指定你。I 和 you 是*索引词*。一个索引词的指定会因说话人、时间、地点的不同而*变化*。在不同话语中，相同索引词指定不同事物，因为它的指定不仅依赖与该表达相联系的意义，还依赖关于话语的事实。话语中 I 指定说出它的那个人，话语中 you 指定听话人，话语中 here 指定话语发生的地方，等等。因为索引词以这种方式变换指定，含有索引词的语句可以用来在不同场合谈论不同事情。假设，你对我说"You are wrong and I am right about reference"（关于指称，你错我对），我用相同语句来回答你。我们使用相同语句，它们意义相同，但我们说的是不同的、相互矛盾的事情。

除了 I 和 you，标准索引词还包括人称代词 me、he、his、she、it，指示代词 that 和 this，副词 here、now、today、yesterday、tomorrow，以及形容词 actual 和 present。这个索引词序列来自戴维・卡普兰的《指示词》这篇论文，这些话题成为语言哲学的中心研究领域主要归功于卡普兰在指示词和索引词语义方面的研究。表明时态的词语和词语的体也是索引性的。其他许多词语，如 local，似乎也有索引性成分。

哲学家发现索引词有趣，至少有两个原因。第一，像 I、now 和 this 这样的词语在关于哲学意义丰富的主题——诸如意识、自我、时间的性质和感知的性质——的论据和悖论中起关键作用。第二，虽然这些词语的意义似乎相对简单直接，但如何将这些意义融入语义理论并不那么明显。本书中我将集中讨论第二个问题，但即便相对于这个问题，我也只能讨论诸多值得关注的话题中的少数几个。另外，我这里不讨论时态和复数[①]，我集中关注卡普兰列出的那些词语，主

① 参见 Nunberg（1992，1993）和 Vallee（1996）。

要讨论作为单称项的那些词语。

3.2 自返指称理论

在其开创性论文《图标、索引词和标记》(*Icon, Index and Symbol*, 1949)中，阿瑟·博克斯区分了含有索引词的话语的以下五个方面：

(i) 作为出现在一个时空位置并属于某语言类型的一个个例的符号本身；

(ii) 个例与其他对象之间的存在关系；

(iii) 与该类型相联系的意义；

(iv) 对于含有索引词的个例，个例超出类型意义外的索引意义[①]；

(v) 符号所传达的信息。

例如，假设博克斯指着安阿伯市（Ann Arbor）门罗街上的一座房子说“I live in that house”（我住在那个房子里）。(i) *符号*本身是博克斯话语的声音个例，它是属于某一类型的英语语句即 I live in that house 的一个个例，并且它发生在某个时空位置。(ii) 这个个例有与其他对象之间的“存在关系”：*存在*说了这句话的一个人（博克斯）；*存在*一座房子，那人说话时正指着这座房子；等等。(iii) 英语将一个意义与这个类型联系在一起，这个意义对于该类型的所有个例都是一样的。大致可以说，I live in that house 的一个个例为真，如果其说话人住在生成该个例时他或她手指的那座房子里。这个普遍真值条件给出意义，这个真值条件是属于该类型的所有个例的共有条件。(iv) 每个个例还有*索引意义*，它是该具体个例和该普遍类型意义相结合的结果。该个例要么满足要么不满足该普遍真值条件，所以在这个层面上我们就有了为了得到一个真值所需要的材料。

我们把博克斯生成的这个个例称为 $\mathbf{t}_B$。[②] 现在我们来想象，戴维·卡普兰指着太平洋海崖的一座房子，生成相同语句 I live in that house 的一个个例 $\mathbf{t}_K$。$\mathbf{t}_B$ 和 $\mathbf{t}_K$ 这两个个例有相同的类型意义，但有不同的索引意义。个例 $\mathbf{t}_B$ 为真，如果其说话人博克斯住在他正指着的那座房子里。个体 $\mathbf{t}_K$ 为真，如果它的说话人卡普兰住在他正指着的那座房子里。

方面（v）是该符号所传达的信息。我们在上例中再增加一个个例。假设，我指着门罗街上的那座房子对博克斯说：“You live in that house.” 我们把我的这

① 博克斯还用“符号性意义”来表示由个例的类型意义所决定的个例性质。

② 注意，在博克斯的解释中，一个个例是当一个人说出一个语句时他所生成的不同语音的具体组合。

个话语个例称为 $\mathbf{t}_P$。我的话语个例 $\mathbf{t}_P$ 与博克斯的话语个例 $\mathbf{t}_B$ 并没有相同的类型意义也没有相同的索引意义。但我们两人的这两个话语个例有重要的共同点。它们中任意一个为真，如果博克斯这个人住在门罗街上的那座房子里。一旦我们把与每个个例相关的语境事实或“存在”事实也考虑进来，它们就有相同真值条件。它们的真值对相同对象有相同制约条件。博克斯把这称为“传达相同信息”。

自返指称理论以博克斯的基本框架为基础。在本章和接下来两章中，我将逐一解释这五个方面，我的解释一般会从论博克斯的基本观点开始。我会讨论各类问题，详细解释基本观点并证明它们的合理性，索引词的自返指称理论就是在这个过程中得出的解释。以下是一个概论，重点解释术语上的不同。

方面（i）：博克斯把符号自身看作个例。我认为“个例”这个词有点歧义，它有时用来指一个行为，一次语言使用，一个说话、书写或签名实例；有时用来指这样的行为中所生成或至少所使用的东西。我用“话语”表示前者，用“个例”表示后者。在某些种类的语篇中，个例在认知上是基础性的，而话语总在语义上是基础性的（我使用“说出”，除了表示说话，它还包括书写）。我会在下一部分讨论这些问题。

方面（ii）：博克斯所说的“存在关系”现在通常称为“语境”，索引词是其指定随语境而发生*变化*的表达。我会区分对语境的一些不同使用和与不同类型索引词相关的不同语境因素。我将在本章最后一部分和第 4 章中讨论这些问题。

方面（iii）：对于博克斯，语言将“类型意义”与表达联系在一起。我把“类型意义”简单称为“意义”，我总是使用“意义”表示语言惯例将之与类型联系在一起的东西。这里我对索引词意义解释中的关键想法来自赖兴巴赫，他强调索引词的*自返性*。我会在第 5 章中讨论这些问题。

方面（iv）和方面（v）：我认为内容是具体话语的性质。博克斯识别了两种基本内容，我给出三种。我把博克斯的“索引意义”称为“索引内容”，把博克斯理论中的“所传达的信息”称为“指定内容”。我断言这两类内容都不是内容的正式、直觉概念，也就是说，它们都不对应一个话语的“所言”。起这个作用的是话语的“指称内容”。所有这三种内容在语言的认识论中起重要作用。我将在第 5 章中讨论这三种内容。

3.3　符号、个例和话语

博克斯认为，符号本身只是个例。但相关文献中“个例”有两种不同使用方式。有时，它用来指说话、书写或语言使用的其他方面的*行为*；有时，它用来指这样一个行为所生成或至少所使用的一个对象。例如，赖兴巴赫（Reichenbach，1947）首次使用个例时，是将其作为说话行为，而之后讨论个例的位置时，他头脑想的却是书写符号。

某些作者使用“个例化”（tokening）表示第一种意思，我用“话语”表示这个意思。话语是意图行为。“话语”这个词经常指口头语言，但在我的解释中话语可以包括口头、书面、打印、手势和任意其他种类的语言活动。

我使用“个例”表示第二种意思，这与当赖兴巴赫说可以在一本书的某一页中找到某个个例时他对这个词的使用方式相同。在这个意义上，个例是话语痕迹。个例可以被用作话语的证据。我们经常可以感知到某个个例，虽然我们感知不到生成该个例的话语。现代技术允许个例的复制。范例个例是书写和打印所生成的书面符号。当我们阅读时，个例在认知上是基础性的，而生成个例的话语几乎不会被视为在认知上是基础性的。但话语在语义上是基础性的，内容最终来自说话人和作者的意图行为。没有意图行为，个例只是声音和墨迹。

一个话语可能涉及个例，但不一定是生成它的行为。我和妻子弗朗丽曾经是斯坦福大学的驻校研究员，我们住在一间宿舍里，每晚去学生食堂吃饭。如果我下课晚，她要一个人去食堂，她会在柜台上的一个小木板上写 I have gone to the cafeteria（我去食堂了），然后把它放在靠近前门的桌子上。我看完会把它放回柜台。如果这个木板没有用作他用，我下次回来晚时，她只需把木板从柜台拿来放在桌子上，而不需要重新写这个提醒信息。弗朗丽在不同时间使用相同个例说出不同意思。这个个例的每次使用都是一个不同的话语。

我们可以设想同一个例可以用作不同类型语句的个例。假设在一个航校中有一个用来提醒飞行员学员的指示牌，上面写着“Flying planes can be dangerous”（译者注：这个英语语句有歧义，在不同语境中有不同理解。在航校语境中，它表示“驾驶飞机有危险”在公园语境中，它表示“空中飞机有危险”）。这个航校经营不善濒临破产，一个公园的经理买来这个指示牌，把它竖在另一个禁止在高空钢丝上行走的指示牌旁边。在这个新地方，这个指示语是其句法和意义与其原来使用都不相同的一个类型的个例。原则上，个例甚至可以重新用作不同语言中的话语，读者可尝试找出这样的例子。

在面对面口语交际的情况下，话语与个例之间的区分非常微妙。听到这个个例的人会感知生成它的话语（在手语话语情况下，如美国手语，这个区分更加微妙）。书写让使用和感知之间的距离可能拉大，例如，寄出的信件、放在书架上的书籍，几个月甚至几年后才读到，等等。在书面语篇情况中，话语与个例之间的区分使人最感自然。随着文化和技术的发展，这个区分越来越重要。我们在书本中感知到的个例不是由作者直接生成的墨迹。现代技术方便口头和书面个例的储存和复制，借助电子邮件这样的手段，即使一个随意话语也可能涉及许多个例在世界不同地方的生成。①

现在，对之前所做的一些区分及术语上的决定进行回顾总结。

● *个例*是主体在他们话语中所用的对象（或物理事件）。它一般通过说话、书写、打印等（有时通过复制和传播个例的设备）生成得到。个例由听话人和读者感知，经常提供话语存在及性质的主要证据。

● *话语*是涉及个例使用和新个例生成的行为。话语可以是说话、书写、打印、签名等行为。

● *陈述*是陈述语句的话语。

● *表达*是类型，可以是单词或者更长的单位如语句。类型刻画话语和个例的特征。

● *子话语*是作为一个更长表达的话语中的一部分的话语，如话语 I was born in Lincoln 包含子话语 I。

3.4 语　　境

博克斯所说的个例或话语的“存在关系”现在通常被称为其“语境”方面。索引词的“语境依赖性”经常被视为索引词的定义特征：一个索引词所指何物随着语境不同而*变化*。但根据不同对应语境概念，存在多种变化。在我们清晰解释“语境”是什么之后，这个定义特征还会变得更清晰。

有时我们使用语境来说明一个词语使用哪个意思，或者使用了拼写发音相似词语中的哪一个，或者甚至说的是哪种语言。这些是语境的*前语义*使用：语境帮助我们说明意义。但对于索引词，语境的使用属于*语义*使用。在语言、词语和意义都已清晰的情况下它仍然是相关的，意义把我们引向某些语境方面。语境的

① 利维和奥尔森（Levy and Olson，1992）认为，为了对适合复印机和计算机时代的文本进行解释，我们需要区分类型、个例和*模板*（*templates*）。

另一种用法不同于它的这两种用法。在第三种情况中，我们缺少一个陈述所表达命题所需要的材料，即使我们已经确定所用词语和它们的意义，并已经参考索引意义使我们关注的那些语境因素。所表达命题的一些构成成分是*未言明的*，我们参照语境来确定它们是什么。我把这称为语境的“内容-补充性”（content-supplementing）使用。最后一点，也是重要的一点，我们使用语境来解释话语的意图，即说话人意图做什么。这是语境的*语用*使用。在某种意义上，本书的主要目标是提供语用学与语义学之间的一个丰富接口。①

语境的前语义使用

来看下面这个话语：

（11）Ich!（said by several youngsters at camp in response to the question, “Who would like some sauerkraut”）.

［我！（被问到“谁想来点泡菜”这个问题时，野营的几个年轻人这样回答。）］

如果知道这发生在柏林而不是旧金山，我们也许可以确定这是德国年轻人在表达热情而不是美国年轻人在表达厌恶。在这种情况中，语境与搞清楚他们所说哪种语言（并因此所用什么词语表示什么意思）是相关的。

ich这个词形（vocable）在不同语言中有*同形同音异义词*。同形同音异义词是指拼写和发音相似的词语。例如，英语中有两个quail，它们的拼写和发音相同：一个是名词，表示鹌鹑，一种体形较小的鸟；另一个是动词，表示因恐惧而颤抖或退缩。说它们是发音拼写相同的两个词并非没有道理。词语不只是声音模式或字母组合，它们还是有不同历史的文化对象。两个quail分别来自法语和拉丁语。“词形”这个词可以用来指发音拼写相同的词语，所以如果我们需要表达准确，我们可以说quail这个词形对应英语中两个单词。

每个德国年轻人使用索引词ich指定他或她自己，所以ich对于他们每个人所指不同。也许有人会认为这只是另一种同形同音异义现象。每个人对于他或她自己有一个不同的名称，对于所有人它们只是碰巧拼写和发音相同，它们是同一种语言的不同个人方言的同形同音异义词。当然应该反对把这样的看法作为对索引词所指不同的一种解释。一方面，ich这个词语没有因为不同年轻人使用它而

① 自返指称理论在Korta和Perry（2011）中被用于语用学。

有不同历史源头，他们所有人都学习了德语的标准第一人称。同形同音的解释对于时间和地点索引词甚至更糟糕。我们需要假定我每天使用一个不同的 tomorrow（明天），因为在每天子夜零时 tomorrow 都会有不同指定。

对于同形同音异义词和索引词，我们使用语境来帮助确定它们的指定。对于同形同音异义词，语境是帮助我们确定使用了哪些词语的话语事实。但对于 I 或者 ich，我们是在已知我们所用哪个表达的情况下参考语境找出一个具体事实——说话人是谁——来根据该表达的意义确定其指定对象。

作为一种*有歧义*的表达，bank 指定一类事物，当你因担心自己资金安全说“Where's a good bank?”（哪里有好银行？）时；它指定另一类事物（河岸），当我想去钓鱼时说这句话。它的指定根据不同使用方式而发生变化，因为它这两个意义的差别在此相关。同样，各类语境事实都可能与此相关帮助我们确定。说话人拿的是一叠钱还是一个鱼竿？

我们并不总只考虑一个具体词语的意义，有时这些词语的身份和意义、句法等问题交织在一起。

（12）I forgot how good beer tastes.①

（我忘了啤酒的好味道，或者，我忘了好啤酒的味道。）

（13）I saw her duck under the table.

（我看到她躲在桌子下面，或者，我看到她的鸭子在桌子下面。）

对于（12），知道我们的说话人是刚刚从德国还是沙特阿拉伯来到美国或许能够帮助我们确定这个语句的句法结构，并确定 good 这个词是用作一个形容词还是一个副词。

（13）中的 duck 是一个名词还是动词？如果对这个话语所描述的情境有所了解，我们将可以确定所谈论的这个人究竟是丢失了宠物还是在地震中躲避伤害。

在这几个例子中，话语环境（即话语发生的更大情境）帮助我们确定所言。但这些例子又不同于索引词。这些例子中需要语境只是话语外部的一种意外。我们需要语境来识别所用的是哪个名称、什么句法结构或哪个意义，因为其他词语、结构或意义可能碰巧有相同的形状和声音。确定意义需要借助语境。所以这样的语境使用是前语义的。

① 感谢伊万·萨格（Ivan Sag）提供这个例子。

3.5　语境的语义使用

对于索引词，我们在确定用哪些词语、句法结构和意义*之后*仍需要语境。意*义利用*语境来实现它们的功能。为了确定其指定，索引词的意义"引导我们"找出语境的某些特征。索引词的一个定义特征是：它们的意义与关于它们具体子话语的事实一起确定它们的指定。被一个具体索引词的意义视为相关的那些事实是关于其具体使用的语境事实。

第三人称代词 he、she 和 it，指示代词 this 和 that，以及指示形容词短语如 this computer 和 that man 可以用来指示（指称一个语境突显对象）或用于前指性 C- 指定。在这两种情况中，相比经典索引性代词 I 和 you，被指定对象所起作用与意义之间没有紧密关系。如果同一语篇中两个词语存在前指关系，那么一个词语的指定取决于另一个词语的指定。来看以下两个陈述：

（14）Harold went into the Navy. He didn't like it.

（哈罗德加入海军。他不喜欢。）

（15）Percy went into the army. He didn't like it.

（珀斯加入陆军。他不喜欢。）

（14）中 he 代表哈罗德，it 代表海军；而（15）中这两个词语分别代表珀斯和陆军。它们的指定取决于它们的先行词是什么和它们的先行词代表什么。但如果你告诉我"You are wrong about reference, and I am right"（关于指称，你错我对），其中 you 和 I 的指定并不依赖其他词语，而只依赖你在和我说话这个事实。

在这两种情况中，表达式的所指对象是相对于话语起特定*作用*的对象。词语的使用与语境事实一起*引导*我们找出起这个作用的某一对象。对于索引词，这个作用将我们直接带到语言之外。I 指称说话人；that man 的指示性使用指称说话人所表示的那个人。在前指性 C- 指定情况中，这个作用由另一语言成分来调解。例如，从（15）的第一个句子中可以得到两个会话线索，在第二个句子中 he 得到第一个会话线索，it 得到第二个——he 代表珀斯，因为其先行词 Percy 代表珀斯。

对于前指性 C- 指定，语境事实与话语和该语篇中之前出现名词短语之间的关系相关。对于索引词和指示性使用，相关的是不同种类的事实，是话语与人或事物（如说话人、听话人、时间和地点等）之间的关系而不是话语与词语之间的关系。来看"That man came to see me yesterday. He is interested in philosophy"（那人昨天来见我，他喜欢哲学）。如要解决 he 的所指，则需要知道两类事实。首先，我们必须知道，he 的使用与 that man 之间存在前指关系。其次，我们必须知道 that man 的话语语境引向哪个人。

来看以下语句：

（16）Some woman wrote a very interesting dissertation at UCLA and she advocated subjective semantics in it.

（在加利福尼亚大学洛杉矶分校有位女士写了一篇非常有意思的学位论文，在这篇论文中她赞同主观语义学。）

（17a）Adele wrote a very interesting dissertation at UCLA. She advocated subjective semantics in it.

（在加利福尼亚大学洛杉矶分校阿黛尔写了一篇非常有意思的学位论文，在这篇论文中她赞同主观语义学。）

（17b）（Indicating a certain woman）She advocated subjective semantics in her dissertation at UCLA.

［在她（表示某个女士）加利福尼亚大学洛杉矶分校的学位论文中，她赞同主观语义学。］

我们应该如何处理在（16）、（17a）、（17b）中出现的 she？在（16）中它似乎是由 some woman 约束的一个变项；在（17a）中，它是与 Adele 有前指关系的一个代词；在（17b）中，它是用于指示的一个代词。没有人把 she 的这些使用看作是同形同音异义词。许多哲学家至少会认为它们是一个有歧义词语的不同用法，这个词语有时作为一个变项，有时作为一个索引词（Kaplan，1989b）。大多数语言学家认为这个解释不合理，他们更喜欢对代词做统一处理的解释。

根据海姆和克瑞瑟（Heim and Kratzer，1998），我认为代词的索引性或指示性使用与前指性 C- 指定性使用紧密相连，而处于中心位置的是突显（salience）这个概念。代词也有如（16）中那样与量词短语之间的前指性联系，而且我相信应该有一个统一处理。但我不会在本书中给出这样一个统一处理，我只关注对简单语句的处理。

3.6　语境的内容补充性使用

比较以下两对语句：

（18a）It is raining.

（正在下雨。）

（18b）It is raining here.

（这里正在下雨。）

（19a）They are serving drinks at the local bar.

（在那家当地酒吧里他们正端上饮品。）

（19b）They are serving drinks at the bar near here.

（在附近那家酒吧里他们正端上饮品。）

在许多情况下，（18a）和（18b）表达完全相同的信息，即说话人所在的地方正在下雨。在这两个例子中，为了使陈述为真，正在下雨的地方是由语境补充出来的。但在补充的方式方面存在一个重要差别。在（18b）中作为语句一部分的索引词 here 指定这个地方。相关语境事实就是话语发生的地方。在（18a）中，没有语句部分来指定这个地点。提供这个地点的语境事实是说话人正在谈论她所处地方的天气，这一点对每个人来说都是显然的。

假设一家人在讨论一个远方城镇的天气，并询问住在那里的一个亲戚。他们中有人给那个亲戚打了电话。这个人打断大家的谈话，兴奋地对聚集在电话旁边的其他人说出（18a）。在这种情况中，相关地点是那位亲戚所在的那个地方，而不是说话人所在的地方。正是关于说话人意图的事实——也许受到说话人期待听众所获取的信息的限制——决定（18a）谈论哪个地方。

在这种情况下，我说这个地点是话语所表达的命题的*未言明构成成分*。它是一个构成成分，因为，既然下雨总是在某时某地发生，如果不补充这个地点信息，就没有可判断其真值的命题。它是未言明成分，因为话语中没有词语指定这个地点。

我把这样的语境使用称为“内容补充性”使用，因为我们是在确定所有词语及其意义之后才来看语境的。在其他论著中，我把这种语境使用称为“后语义”（postsemantics）使用（Perry，1998b）。如果我们把“语义”视为与“意义”相关，那这就是“后语义”的。如果我们认为语义学决定*内容*，那么“后语义”不是一个很好的说法。虽然我们知道 It is raining 的句法，知道该话语中每个词语的意义，但我们仍不能确定其内容。

对于一个含有索引词的语句，如 It is raining here（这里正在下雨），确定其内容的最后一步是从 here 的意义得到其内容即话语发生的地点。对于 It is raining（正在下雨）这样的语句，最后一步是从一个条件得到一个命题，这个命题是用一个特定地点填充其论元角色得到的结果。一个更加准确但有些冗长的说法是，“语境的意义后但完全内容前使用”（post-meaning but pre-complete-content uses of context）。

（19a）中的 local 和（19b）中的 near 都识别对象（如酒吧）与位置之间的关系。它们在句法上不同，因为 local 有一个清晰的论元位置，该论元为酒吧，而 near 有两个，一个是酒吧，另一个是话语位置。但 local 也还需要一个位置。为了确定（19b）是否为真，我们需要确定的不仅是哪些酒吧卖饮品而且还有相对于什么位置该酒吧算是当地的。在很多情况下，这个位置就是说话人所在的位置，但也有例外。例如，我给你打电话，催你出来喝点东西见见朋友。我说“Drinks are cheap during happy hour at the local bar”（这家当地酒吧的酒水在打折时段非常便宜）。我也许要表达的是相对于我打电话所在地方的当地酒吧，或者相对于你所在位置的当地酒吧。

所以，如（19a）中那样，存在条件 local 的一个未言明构成成分。酒吧相对于临近地区是当地的；但 local 这个词语没有语素表示临近地区。但是，在 in this neighborhood（在这个临近地区）这个短语中，临近地区是言明成分，是 this neighborhood（这个临近地区）的指称对象。

未言明构成成分这个概念一直争议颇多，特别是涉及语义学和语用学之间接口的许多问题。我在 Perry（2008）中讨论了一些这样的问题，克帕 · 卡塔（Kepa Korta）和我在《批判语用学》（*Critical Pragmatics*，2011）中也对它们有所讨论。以下对它们稍作说明。

当我们讨论未言明构成成分和语境的内容补充性使用时，我们需要考虑三种可能性。

● 一个构成成分是未言明的，并且如果不借助 according to 或 relative to 这样普遍目的性短语则难以在相关语言中说出这个构成成分。说出则表明一个人是一个创新者，或者哲学家，或者学者，或者有计划的人。例如，你说，“The 49ers were unsuccessful last year”（49 人橄榄球队去年是不成功的），我回答，“Yes, relative to the standard measure of success”（是，相对于成功的标准水平）。我同意他们是不成功的，根据职业橄榄球队的通常成功标准——赢球，但认为他们去年是成功的，相对于体育精神、对当地学校和慈善事业的贡献、球衣品味、球员、教练或老板有无受到指控等标准。

● 一个构成成分是未言明的，并且虽然句法上没有明确部分需要它，但另一方面很容易说出它。（18a）和（18b）属于这种情况。我们都知道雨下在某地。

说出它没有任何创新或新奇。但（18a）并非语句上不完整。

● 一个构成成分是未言明的，这使该语句有点奇怪，虽然所表达的命题足够清晰。你问我，“Did the 49ers beat Philadelphia today?”（49 人队今天打败费城队了吗？），我回答，“Philadelphia beat”（费城队击败）。我的回答虽然不合语法，但仍像合语法句 Philadelphia won（费城队获胜了）那样表达鹰队打败了 49 人队的意思。

在每种情况中，我们都有我所说的未言明构成成分，即它是命题的一个构成成分但不是陈述中某语素的指称对象。根据我对事物的理解，关系有*论元角色*或*参数*。它们不同于*论元位置*或*变项*。在我的解释中，*谓词*（表达关系的语言学成分）有论元位置。我对未言明构成成分的解释是：*存在没有被明确论元位置所表征的论元角色*。我们使用语境来填充这些*论元角色*。在上面所列三种情况的第一种情况中，它是球队成功的标准；在第二种情况中，它是下雨的地方；在第三种情况中，它是被费城队打败的那支橄榄球队。在第三种情况中，而不是在第一种情况中，存在一个语法所要求的论元位置：beat 是一个及物动词，要求有一个主语表示取胜方和一个宾语表示失利方。但 Philadelphia won 是合语法的。获胜的形而上学要求有一个获胜方和一个失利方，但根据语法，won 不要求我们识别出失利方。第二种情况又该如何解释？对于这样的情况中像（18a）这样语句的“逻辑形式”是否包含一个地点论元位置存在争论。弗朗克伊斯·瑞卡纳蒂（Recanati，2002）和杰森·斯坦利（Stanley，2000）出于这个争论的目的借用了“未言明构成成分”这个术语。斯坦利断言，在逻辑形式中，存在这样一个论元位置，所以该构成成分是言明的；瑞卡纳蒂则认为不存在这样的位置，所以它不是言明的。我认为将“未言明构成成分”这个术语用于两个不同问题是一个糟糕的主意，当然，我更喜欢我对它的使用。

对于这个问题，我倾向与瑞卡纳蒂站在一起。我的观点如下：关系是相对于一个被视为稳定不变或已知的因素背景对不同现象的变化和未知进行类分的方式。用来表示关系的词语将以反映被视为在变化和未知的事物——至少在一个典型情况中——的方式被词汇化，或者是在这些词语获取其语法性质的时候。所以，are simultaneous（同时）有两个事件论元位置，但没有参照框架论元位置。创造这个单词用来表达事件之间的关系，理解这个单词意思的人知道存在同时这个关系以某种方式所涉及的两个事件（或者一个事件出现两次）。但他们也许不知道两个事件之间的同时关系是相对于一个参照框架而非另一个参照框架。像我这样的其他人可能会模糊地意识到现代科学使我们明白存在这样的相对性，但实际上这些人从未提及或考虑过参照框架。

动词 rain 有时态，但没有地点论元位置。be successful 有时态和成功者的论元位置，但没有成功标准的论元位置。如果需要，我们使用各种副词和介词短语来表示其他相关因素。在经常出现这种现象的情况中，这样做很容易。有很多方式来说天在下雨。在科学或哲学发现或见解促成对非词汇化因素的理解的情况中，我们求助于如 relative to 这样的短语。所以事件*相对于*参照框架是同时的，*相对于*运动队的共同成功标准 49 人队去年是不成功的。

虽然我相信需要未言明构成成分这样一个概念，但对我来说，似乎极有可能出现以下这种情况：处理这些现象的一个更细微的方法则会需要一组概念，为了解释以上提及的这些不同情况，毫无疑问需要更多概念。

语境的问题将语义学和语用学区分开。在某人字面所说或所问与我们考虑她为什么这么说或这么问时所得到的信息之间存在一个直觉差别。传统上，前者归语义学，后者归语用学。如果我们在一起吃早餐，你问我是否能拿到盐。如果我能，我会拿过来递给你。如果我拿不到，我也许会让座位距盐瓶更近的人递给你。但如果我们一直在讨论我的肘部炎症对我伸展胳膊能力的影响，我也许会想到：你可能认为我胳膊伸展不开拿不到盐，但或许我还想向菜上撒点盐，所以你主动把盐递给我。我从你的询问推断出你的心理状态；我想明白你发问的原因和我如何满足你的计划。我的推理并不仅仅以你的话语为基础，它的基础还包括你话语为其中一部分的更大活动、我对你的了解、我认为你对我的了解等等。我使用语境不是为了消除你话语或句法中的歧义，或者确定你用代词和其他索引词代表什么，而是确定你用你的话语在做什么。当选择说什么时，你的推理是一类实际推理。我们说话是有原因的，我们选择这样说或那样说，是为了实现我们的计划。当我要明白你在做什么时，我的推理是得到最佳解释的推理。语用学中的语境就是与计划话语效果和从话语到导致话语生成的计划的推理相关的环境。

C- 指称和 N- 指称问题可以被视为指称主义的表面失败，它不能为我们提供我们在语义学中为了理解生成话语的计划和为了话语理解所进行的推理所需的东西。如果I am John Perry（我是约翰 • 佩里）和John Perry is John Perry（约翰 • 佩里是约翰 • 佩里）表达相同命题，那么为什么我用第一句而不是第二句来告诉你我的名字？如果当你说“Who is Santa Claus？”（谁是圣诞老人？）时你不是真正提出一个问题，而当我回答“He brings presents on Christmas eve”（他在平安夜送来礼物）时我也没有真正做出什么断言，那么我们为什么一般会认为这是一个令人满意的交谈？自返指称理论认为这个失败只是表面的。目标为给出指称真值条件的语义学提供一个广泛、有用、直接的语用学接口，这里的语用学被视为将获取最佳解释的实际推理和推论应用于语言的研究。对于这个语用学概念书中所讨论的这些问题很难算是典型情况，因为本书关注焦点较为狭窄，只涉及一些问题情况和一种语义学方法。我希望，消除所谓“主题悖论”的偏见后，这个概念会非常吸引人。主题悖论假定，一个信念或陈述的内容是完全由真值施加在该信念或陈述主题之上的条件——其真值施加在词语所指定或者看法所涉及的对象上的条件——构成的。

对于不同种类的语境再做一点解释。应用不是线性的。通常如果我和你与一位老船长一起吃午饭，你说“Can you pass the salt？”，我会认为你用 salt 表示*桌上的食盐*而不是*老水手*。如果我刚到吃饭的地方，老船长的轮椅已经安置固定，使得我要从轮椅和墙壁之间挤过去才会到达我的位置，我也许会认为你用 salt 表示老兵，并愿意过来挪动轮椅，如果必要的话（我也许还会认为你一语双关）。帮助我们消除词语歧义、确定代词的指称并补充内容的这些因素之一是卡塔和佩里（Korta and Perry，2011）所强调的我们认为说话人的全部目的。

小　结

索引词表明有必要区分意义和内容。I 的每次使用都有相同意义。它每次使用的内容都是所指定的那个人。意义决定在每次使用中这个人都会是说话人，但因为有不同说话人，所以会有不同内容。

一般情况下，我们认为一个话语的内容由所使用表达的意义和使用表达的**语境**所确定。但是可以用不同方式使语境相关。语境可以使我们明白使用了哪些词语，使用了它们的哪个意义。这是语境的*前语义*使用。一旦我们知道了意义，索引词的意义将我们引向某些语境事实来确定内容：I 表示说话人，you 表示听话人，now 表示说话时间，等等。这些是语境的*语义*使用。

最后，甚至当我们知道使用了哪些词语和哪个意义，确定了与索引词相关的语境事实，我们对于说话人在说什么仍然会有疑问，因为一些因素还没有说清楚。我们需要搞清楚 every 的使用与哪个域相关。例如，有人说“It is raining”，我们需要搞清楚这个说话人说这句话时头脑中所考虑的地点。我把语境的这种用法称为“内容补充性”用法。

阿瑟·博克斯对我所提出的观点有很大影响。他区分出我所说的陈述的**索引内容**（他称之为“索引意义”）。这是索引词意义而非其指称固定后得到的真值条件。I am sitting 的话语 **u** 的索引内容是 **u** *的说话人正坐着*。索引内容是一类重要的自返内容，博克斯的研究预见到批判性指称主义的一些观点。

我区分了话语和个例。话语是说话人在一些时候的意图行为。话语使用个例，通常涉及个例的生成。在面对面交流时，我们既可以感知到个例又可以感知到话语，但在书面交流时我们一般感知到个例并推断出生成个例的话语的存在。

第 4 章　语境与认知路径

4.1　导　　言

认知的一个核心功能是帮助我们处理信息。我的不同感觉获取关于我们这个世界的信息，我们利用这样的信息来指导我们的行为。交际允许我们分享信息，所以我们可以利用他人获取的信息指导我们的行为，他们也可以利用我们获取的信息。语言为我们提供信息交流的工具。

这些工具必须允许我们识别世界中的对象和事实。语言的这个方面与指称主义相符。但交际要求不止如此。我们需要识别对象，同时允许我们的听话人也能识别它们，把它们与他们在其他场合遇到过的相同对象联系起来，从而将新旧信息结合起来。语言的这两个方面之间似乎存在着紧张对立，但事实上没有。使我们能够识别外在对象并陈述外在事实的那些意义还为我们提供丰富的资源来计划我们的话语从而实现相互交流。

本章将解释索引词的意义如何使说话人计划适合不同语境和目标的认知路径（cognitive path）。这些路径能够以一种有用的方式使我们将我们想要分享的信息传递给我们想与之分享的那些人。

4.2　信息游戏

我想许多父母和祖父母们都有过这个经历。当你驾车外出旅行，到了该吃午饭时，你会让坐后面的孩子来决定到哪里吃午饭，他们十有八九会选择你们路过的第一家麦当劳。这时你只管开车，孩子们盯着窗外。当你穿过一个复杂交叉路口时，你听到孩子喊叫“That’s a McDonald’s”（那有一家麦当劳）。这个孩子的话语清晰明白、没有歧义。她表达了一个单称命题。

（That **A** is a McDonald's.）

（**A** 是一家麦当劳。）

其中 **A** 是她指着的那个建筑物。这时你可以把车掉头拐进那家麦当劳，让孩子们开心。但它对你没用。你看不到她指哪儿，你不知道她要你干什么，你通过了这个路口。看着那家麦当劳逐渐远去，孩子们哇哇大哭起来。

这个例子说明了本章中的几个核心概念。第一个概念是*信息游戏*（*information game*）。信息游戏的定义包括两部分：（i）在一个给定时间某人获取关于一个具体的人、物或地点的某信息；（ii）某人利用这个信息在某时指导一个行为。在最简单的信息游戏——我称之为“直通”游戏中，步骤（i）和步骤（ii）涉及相同的人和相同的时间。例如，我渴了，看到一杯水，拿起来，喝了。复杂信息游戏涉及不同的人和不同的时间。在上面孩子话语例中，事情似乎并不顺利。后座的一个孩子获取某信息，即她看到的那个建筑物是一家麦当劳餐馆。她的想法是该信息可以传递给你并会指导你的行为——你会把车拐进这家麦当劳。

但孩子的话语对你没起作用这个事实表明存在另一个问题。索引词为我们提供指称事物的方式。它们指称事物的方式使它们成为适合某些目的的工具，但它们不适合其他目的。我们可以用 that 指称*突显*（*salient*）的事物。它是突显的因为它是刚被提及过的事物。例如，当你说“I'm going to City Hall”（我要去市政厅）时，我回答“That's a place I've never been”（那是一个我从未去过的地方）。或者，它是突显的，因为它是说话人正在做的或正指着的东西，如上面孩子话语例。毫无疑问，那个孩子用这个词指称她的目标地点或她正看的那个地方。问题是，因为你全神贯注于路况，当时没有看到说话孩子看到的那个地方或她的任何指示性手势。对于传递关于在之前谈话中没有突显而且听话人较难感知的一个地方的信息，that 这个词就不是一个很好的工具。所以在这个例子中你没有获取那个信息，信息游戏没有成功。

那个孩子设法成功表达了相关命题，即有一座建筑是一家合适的餐馆。没有理由否认这是她要表达的意思。如果那是一家汉堡王或者温蒂汉堡而不是麦当劳，其他孩子会嘲笑她说错话。你理解她的话语。你也许甚至心里很清楚所发生的事情：这个孩子正向后车窗外看，正看到一座建筑，正用 that 指称它，正用它来说那是一家麦当劳。问题是你没有正确获取她的话语信息以影响你的行为。

如要按照孩子们要求把车开向那家麦当劳，你需要首先能看到那座建筑。这样你才会知道向左转还是向右转，有多远，转入正确方向后什么时间停车，等等。知道那个麦当劳在孩子们视野内并不能让你把车开向那个地方，虽然这或许会帮助你看到那个地方，如果你有更多时间和自由回头确定她在看哪个地方。如果喊叫的那个孩子更懂交际的话，她会意识到这一点，她会明白她向你传达能够影响你行为的信息的计划是有问题的。

4.3 认知路径

一个熟练的交际者会有*认知路径*——从她有所了解的一个对象的概念到听话人对这个对象的概念的认知路径——的概念。她想让听话人不仅考虑正确的对象，而且以正确的方式考虑这个对象——一种将说话人想让听话人去做的事情联系起来的方式。[①]如果上例中那个孩子是一个熟练的交际者，她或许会说："Mom, when you have a moment, look off to your right, out the passenger side window, and you'll see a street. Down that street is a building; it is occupied by a McDonald's."（妈咪，等一下，朝后看，你右边街道上有家麦当劳。）但孩子们很少这样计划或者这样说话。在交际行为中，说话人头脑中意图使听话人理解的认知路径，无论多么隐含，都是从说话人的话语到听话人关于某个对象的一个观念，这个对象与说话人想要实现的信念变化相关。

观念（*notion*）是我用来表示我们关于人、物和地点的想法的术语。观念是具体的细项，虽然不一定是简单的细项。哲学家戴维·刘易斯（David Lewis）总是在衬衣口袋中装有三英寸宽五英寸长的索引卡片，他用这些卡片记录信息、想法等。我所理解的观念是戴维·刘易斯索引卡片的内化；是我们头脑中记录有关于人、物和地点的信息的小卡片。我认为对于每个人、物和地点都有一张卡片（但我并没有说这就是刘易斯使用他那些卡片的方式）。也许小型心理文件夹是一个更好的比喻。也许与跟追信息的一种更奇特方式（如电子表格或某类关系性数据库）相关的解释甚至更好。[②]

这些观念可以*附属于*感知行为或者与感知*分离*。例如，我对戴维·刘易斯的观念是我 1967 年在加利福尼亚大学洛杉矶分校见到他时形成的，它附属于我当时与他握手、端详他的面貌时的感知；这个观念在之后我与他见面的不同时间附属于我的感知，但大部分时间与我的感知分离。分离式观念对我们很有用，如果

① 参见 Taylor（1993）中"辅助锚定路线"（Ancillary Anchoring Routes）的内容。
② 参见 Crimmins（1992a）。

它们与足够信息相联系使我们能够识别它们所涉及的人、物或地点，我们可以在以后的经历中使用这些信息。这种*分离－识别*信息游戏实际上是我们认知架构的基础和我们谈论认知的方式的基础（Perry, 1997c）。

设想一个斯坦福大学的学生在刘易斯早逝前几年去普林斯顿参加一个工作面试。这个学生通过阅读和学习哲学知识形成了对戴维·刘易斯的一个观念，但她从未见过刘易斯。她有一个关于刘易斯的文件，即一个与写过一些重要著作、提出对应体理论等相关的观念。她乘飞机到纽瓦克，然后坐火车去普林斯顿，在火车站戴维接到她，说：

（20）I am David Lewis.

（我是戴维·刘易斯。）

根据指称主义解释，他这句话所表达的命题当然是平凡的（trivial）；这是一个必然命题。

（P′20）That **David Lewis** is **David Lewis**.

（**戴维·刘易斯**是**戴维·刘易斯**。）

即使如此，该话语仍是他将谁来接她这条或然信息传递给这个学生的有效方法。

假设刘易斯认为这个女学生有了关于他本人的一个观念，即一个与名叫 David Lewis、在普林斯顿教学、研究可能世界等观点相关的观念。刘易斯知道，既然知道她在跟谁说话，她应该感到放松；刘易斯还知道，如果受到他们对彼此了解的影响，这次谈话会更有趣、更有收获。I 这个词和 David Lewis 指称戴维·刘易斯。但 I 指称刘易斯是通过他本人说出这个词语这个事实实现的。结果是，当刘易斯说出 I，这个学生知道他用这个词所指称的那个人就是正跟她谈话的这个人，即她面前这个人或她的谈话对象。而 David Lewis 指称戴维·刘易斯则是通过他有这个名字这个事实实现的。在这种情况下，她知道，为了使话语为真，她面前这个人一定名叫 David Lewis。根据她的情况，这个学生会推出，他事实上就是她有所了解的那个戴维·刘易斯。虽然 David Lewis 也许是一个非常普通的名字，但很可能普林斯顿大学哲学系只有一个人叫这个名字。如果是另外一个也叫这个名字的人来车站接这个学生，他肯定会说“not *that* David Lewis”（不是*那个*戴维·刘易斯）。所以她会根据她已有的与她的戴维·刘易斯观念相联系的信息对面前这个人做出相应反应，比如，她可能会微笑着说“I've wanted to meet you for a long time”（我对您仰慕已久），并握手问好。

根据指称主义原则，如果刘易斯说“I am I”或者“David Lewis is David Lewis”，

他表达相同命题。但这两句话都不能使这个学生意识到她面前这个人就是那位鼎鼎大名的哲学家。对于听话人的认知路径，刘易斯的用词表明一个好的计划。

听话人或读者的认知路径始自对一个个例的感知。有时，对一个个例的感知伴随着对生成该个例的话语的感知。当戴维伸出手说“I am David Lewis”（我是戴维·刘易斯）时，情况即是如此。但当我们收到明信片、便条或电子邮件，则需要推出该话语。对于电话通话，我们或许可以用这两种方式中的任意一种来解释。如果我们认为“接听电话”是一种感知形式，那么我们或许可以说，除了所生成的这个个例外，听话人还听到该话语。但如果我们把电话通话看作是一个复杂过程，在这个过程中传递给听话人的是原始个例的一个复制，我们或许认为话语是推出的。这里我用“推出”并不表示一个深思熟虑的推理过程，而是暗指我们相信该个例是一个话语的产物的理由。

虽然我对观念和想法的解释用到隐喻，比如索引卡片和文件夹，这些隐喻的基础是两个事实，我认为这两个事实可以证明我们提出观念并用 / 对它们进行推理是合理的。首先，考虑我们所了解的任何如下系统：它能够获取关于一个个体的信息，并操控、合并、储存该信息，使得它能够将来继续用来处理该个体。这样的系统会涉及一些这样（相对）具体的细项来统一关于该对象的不同信息的表征。其次，显然，无论什么形式，观念是我们常识心理学的一个关键部分。我们可以自由地谈论那位研究生在阅读戴维·刘易斯的著作或关于他的著作时所形成的想法，讨论她如何使用这个想法来识别她见到的这个人就是哲学家戴维·刘易斯，以及她的想法如何随时间推移而不断发展。我们可以随时识别她对于同一人有两个没有联系的想法——例如，如果戴维·刘易斯碰巧就是她几年前结交的一个朋友的叔叔但却从未意识到他就是那位著名哲学家——的可能性。我对观念和想法的解释只是试图以一种会使任何理论承诺简朴清晰的方式来理清我们对我们认为人们所持想法的思考和讨论。

在我们这个世纪，经常把承载任意类型状态的内容或表征的任意结构或系统称为“语言”。完全现代的哲学家不［与洛克（Locke）和休谟（Hume）］谈论想法和观念，却有意讨论“思想语言”。我不这样做。我对心理结构了解不多，我认为我的知识来自我对它们如何用来储存和加工信息的看法。沿用它们用了几个世纪的名称（如“想法”“观念”“思想”）称呼语言结构和事件要比为它们借用其他术语更好。如果按照字面理解，语言指人们用来相互交流的系统。我们生成不同种类的个例，指望人们识别它们并因此了解我们正在想什么或者至少了解我们需要它们来思考什么。它们也许是至少在理论上可以公开观察到的大脑变化，但如果这样的话，关于它们的这个事实不是它们用途的关键。最后，我们经常使用语言进行思考。有意识的思考，像其他活动一样，由我们的信念和愿望所激发，但进行思考不同于拥有信念和愿望。这样做在如下不同情境中是有用的：思考一种自然语言的资源在什么情况下有助于事物分类的问题；激励、鼓励、责骂和欣赏我们自己；对我们要说的话进行排练；回想我们之前应该说的话。我们中大多数人在这个意义上把我们的母语作为我们的思想语言，即使当我们必须用其他语言谈话时。但是，对我来说，以这种方法使用语言似乎需要另一种优先表征系统来记录事实、想象可能性、思考选项和计划行为。如果没有清晰的理由来假定它与我们通常称为语言的东西类似，那么把这个优先结构看作语言似乎并非明智之举。所以，在清晰、更好的称呼出现之前，我宁愿使用那些过时的术语，如观点、观念和概念。

4.4 索引词与语境

各类索引词和指示词常常出现在日常会话情景中。它们是多目的工具，但不是全目的工具。在对索引词和它们的语境进行分类时，我强调两个区分：

● 指定依赖窄语境（narrow context）还是宽语境（wide context）？

● 已知意义和公共语境事实，指定是“自发的”还是（除了使用某种语言中的某个词语这个意图外）部分依赖说话人的意图？

它们一起又区分出表 4-1 所示的四个范畴。

表 4-1 索引词的种类

	窄	宽
自发	I、now*、here*、tomorrow	yea、dthat（α）
自由	now、here	that、this、man、there、he、she、it（指示性用法或用于前指性 C- 指定）

下面，我来说明哪些表达似乎属于这些范畴并加以解释。

窄语境和宽语境

索引词通过一个对象在说话人和听话人的生活中所扮角色来识别该对象。所有这些角色会以某种方式与说话人的话语相连，因为这是说话人所依赖的认知路径的起点。但是，即便如此，这些角色与话语有着各不相同的密切联系。它们的指定不仅仅只是依赖关于话语的重要事实，而且依赖说话时与说话人和听话人有联系的其他各类事物，且在依赖程度方面它们各不相同。

这里我所说的*窄语境*包括关于占据话语中重要角色的那些事物——主要是主体、时间和地点——的事实。这些角色非常重要是因为它们出现在每个话语中。只依赖窄语境的最清晰的索引词例子是 I，它的指定只依赖主体。*宽语境*包括这些事实和任何其他可能与解释具体索引词指称对象相关的事情。

原则上，一个索引词所依赖的因素的类型似乎是无限制的。例如，It is yea big 的意思是它有说话人两手伸开形成的空间那样大，所以这个空间就是索引副词 yea 在所要求意义上的一个语境因素。[①]

自发索引词和自由索引词

当瑞普·范·温寇（Rip van Winkle）说“I fell asleep yesterday”,（我们认为）他意图指定 1766 年 7 月 3 日。而他实际指定的是 1786 年 7 月 2 日，因为他是在睡着那天的二十年后醒来的。yesterday 这个子话语指定该子话语发生前的那天，不管他意图指哪天。已知这个意义和语境，这个指定是自发的。除了使用这些词语表达它们的日常意义，其他意图都不相干。

但 that man 这个子话语的指定并非自发。这种情况中说话人的意图是相关的。当我说“That man stole my wallet”时，街道对面可能站有几个人。我指称哪个人依赖于我的意图。在这件事情上，我有某种选择或自由决定权。

但是，这里我们需要非常小心。假设街道对面站着两个人，穿着棕色衣服的哈罗德和穿着蓝色衣服的弗雷德。我认为是哈罗德偷了我的钱包，但我错把穿蓝色衣服的那个人当作哈罗德了。我通过指定穿蓝色衣服的那个人意图来指定哈罗德。所以，当我说“that man”时，我指着穿蓝色衣服的那个人。在这种情况下，我指定穿着蓝色衣服的那个人——即使我指错了目标。我指着身穿蓝色衣服那个人的意图与我的指定和我的话语是相关的，但我指称哈罗德的意图却与它们不相关。在这种情况下，我说了我本不想说的话——是弗雷德，即身穿蓝色衣服的那个人偷了我的钱包，我没有说出我想要说的话，即哈罗德偷了我的钱包。所以与

① 或者 yay。

指示词相关的并不是任意指称性意图，而只是那些更基本的意图，依照卡普兰的说法我把它们称为*导向性意图*。[①]

我认为，导向性意图是借助之前话语中说话人所给出的语境和所用词语的意义来指称对象 X 的意图。导向性意图的这个意思用于所有索引词，甚至 I。如果我说 I，我用它意图指称的那个人是我自己；根据英语中 I 的意义和我正在说话这个事实可知这是真的。假定我头脑清醒，我意图指称约翰 · 佩里。如果我头脑糊涂，我可能用它指称拿破仑。在其他地方，我把这里标记为“自由”的范畴称为“意图性的”。“意图性的”这个词现在看起来似乎有误导。真正的问题并非是否存在一个意图；甚至对于 I，也必须有使用英语中有这个意义的那个词语的意图，无论多么隐含。问题是一个人最低层的意图是否可以对他所指定的对象有影响。

索引词 I、now、here 经常被尊为“纯粹”或“重要”的索引词。一些作者强调用这几个词来翻译替代其他索引词的可能性。[②] 在表 4-1 中，它们的这种殊荣被表征为“窄”和“自发”。但 now、here 是否配得上这种殊荣令人怀疑，所以带有星号。对于 here，有一个地方多大的问题，对于 now，有一个时间多长的问题。如果我说“I left my pen here”（我把我的钢笔留在这里），我会被认为指定一个相对较小的地方，如我的办公室。如果我说“The evenings are cooler than you expect here”（这里的晚上比你预想的还要凉），我可能用它表示整个旧金山湾区。在“Now that we walk upright, we have lots of back problems”（现在我们直立行走，所以脊背有很多问题）这句话中，now 似乎指定包含说话时刻在内的一个较长时间段，如果不确定有多长；而在“Why did you wait until now to tell me?”（为什么你等到现在才告诉我？）这个问句中，它似乎指定一个相对较短的时间段。似乎这些索引词真的有一个自由的成分。

但 today、yesterday、tomorrow 似乎是自发的。至少根据 today 的一种用法，指定一个包括说话时间在内的 24 小时时间段，从半夜到半夜。说的是哪个 24 小时时间段取决于该子话语的时间和地点。它也依赖时区、是否实行夏令时等。如果我们认为这些事实被时间和地点固定，那么这些索引词属于窄的范围；如果我们把它们看作地理这样的政治问题，那么我们可能要把它们放在宽的范围内。

当用来与 there 对比时，here 可以被视为指示词。你正在指远处一棵树上的

① 参见 Perry（2009）。
② 参见 Castaneda（1967）和 Corazza（1995）。

一只小鸟给站在你右边的同伴看。他视线方向有些偏右，你指着远处的一棵树，说“No not there, over here”（不是那里，是这里）。我们也可以指着地图上的一个地方用 here 来指称它，如“Let’s go here next summer”（我们明年夏天去这个地方吧）（Kaplan，1989b）。

我们经常把某人有意图去做某事看作要求他能够做那件事情，或者至少认为他能做，或者至少认为他有机会做。如果街对面有一个人，这个人我看到了但其他人没看到，那么我能用 he 或者 that man 来指称他吗？也许答案不是很明确。在思考或自言自语时，我当然可以这样使用这个词语。上面提到的那些说话笨拙的孩子可能会用它来交流，即使听话人搞不清他们指称谁。但是，如果我想让听话人理解我的话语，明白我至少正指称的那个人是谁，我必须想办法使这个人突显。所以我可以指向他或者以其他方式指示那个人。如果那个人已经突显，这些手段就没有必要。

有一些使对象突显的常见方法，因此为了传达关于对象的信息说话人希望可以采用各种不同方法使听话人关注对象。也就是说，有一些常见的方法来构建认知路径，从而存在听话人在感知话语后可以采取的一个明显的步骤。每个路径始自所涉及对象相对于话语所扮（或者，说话人认为它所扮）角色，以下给出部分列举。

● 在前指性 C- 指定情况中，一个对象可以是突显的，如果它是话语为其一部分的会话中一条线索的指定；我使用以该线索中较先出现的名词短语作为先行词的一个代词来指称该对象；我需要能够使用表达先行关系的不同方法，而听话人需要能够识别它们。

● 一个对象可以是突显的，如果它是话语的一些或者大多数听众正在感知或受到鼓励去感知的对象。

● 一个对象可以是突显的，如果某种关系将它与对于话语听众已经突显的另一对象联系在一起。假设，听到一个很大响声后，我说“That firecracker was a big one”（那个爆竹是个大家伙）。或者假设我要邀请你某天吃饭，你说“That week is impossible for me”（那周对我来说是不可能的）。说话人需要让他的听众捕获他说的是哪个突显对象和什么关系。

● 在一些情况下，一个对象可以是突显的，因为它是说话人正在感知或者是正与之谈话的对象。例如，与你通电话时，我说“This pencil is broken. Hold the line”（这支铅笔断了，不要挂电话）。

4.5 抻拉那条狗

导向性意图在指示词使用中的作用可以借助认知路径来理解。我们来看下面的图片（图 4-1）。[①]

图 4-1　抻拉那条狗（图题为译者所加）

这是一张斯坦福书店外廊的照片，一条狗前半身从一根廊柱一侧伸出来，另一条狗的后半身从这根廊柱另一侧露出来。这看上去像是一条狗，身子中间被这根廊柱遮挡（有时，包括此时，我们会想象那里只有一条狗，体型较长，我把它叫作“抻拉”）。假设我问“Do you think that dog is that dog? ”(你认为那条狗是那条狗吗？）的同时先指了下前面那条狗的头部，然后又指了下后面那条狗的尾部，这里我两次指示都用了 that dog 这个短语。即使我指称抻拉两次，并且两次使用同一个短语表示相同意思，我能够清晰合理地期待这两次指称行为对能够感知我话语的听话人有不同的认知效果。即我期待他听到 that dog 的两个个例，感知到两个不同子话语，关注到该图片或场景的两个部分，并因此有两个不同感知。他的这两个感知会引发两个不同临时观念，我把它们称为“缓冲”（buffer），它们用来跟踪记录我要告诉听话人的信息和他观察到关于那里究竟有几条狗的结果。如果有两个观

① 由斯坦福出版社（Stanford Publications）琳达·西塞罗（Linda Cicero）设计。

念，我的听话人不会判断那里有两条狗，而只是保持对这个事情的判断。

如果说话人只指示一次，说"Do you think that dog is not self-identical?"（你认为那条狗不是自我同一的吗？）或者，说话人以类似方式指示图片中狗的头部两次，说"Do you think that dog is not the same as that one?"（你认为那条狗不同于那条狗吗？），则有不同效果。

假定图片中只有一条狗，即抻拉，那么 that dog 的两个子话语都指定抻拉，即使说出第一个子话语时我指着其头，说第二个子话语时我指着其尾。如果我们假设一个指示词的"语义值"是它指定的对象，并且关于该对象的一个命题是你所捕获的全部信息，那么我们似乎就有了一个问题。如果两个子话语使用的词语意思相同且指定相同，那么根据它们的语义，它们怎么会有不同认知效果？它们可以有不同认知效果，因为认知路径不是始自它们的共同意义或共同指定，而是始自这两个不同的子话语本身。这两个子话语相似，但并非不可辨认，为了成为第一个子话语的指称对象，一条狗需要满足的条件不同于它成为第二个子话语的指称对象需要满足的条件。

当你听到我说 that dog 时，你知道我生成了你听到的这个个例，而且你知道其指称对象会是我正关注并让听话人给予关注的一条狗。

如果你是我意图传达信息的听话人之一，而且我是一个足够机敏的说话人，你会期待我给你一些引导让你确定我头脑中的那条狗。你会期待我指出，用手或眼神，并希望你也这样做。你会期待有一个感知与你为我所指称的那条狗建立起来的缓冲相联系，你可以将它与你根据该感知所获得的各种狗的属性联系起来。为了让你开始并继续我为你计划的认知路径，我让你关注的狗或其身体一部分一定是在感知或其他方式上足够*突显*的。下一章我们会继续讨论抻拉。

4.6　Dthat

在 *Dthat*（Kaplan，1979a）这篇文章中，卡普兰引入新的指示词 dthat。本节我会解释这个新指示词如何在我的术语系统中起作用。假设 α 是一个限定摹状词，指定 x，那么 dthat（α）也指定 x。α 用来*描述*，而 dthat（α）用来*指称*。即 dthat（α）为自身作为其中一部分的陈述所表达的命题所贡献的是 x 自身而非识别性条件——是 α。[①]

① 注意，在本书中我所用来给出命题的语言中，用粗体而非斜体标识摹状词与 dthat 作用相同。

表 4-1 中，我把 dthat 归类为自发宽索引词。dthat 是自发的，因为它指称 α 所指定的对象，并且对于说话人的导向性意图没有自由角色。它是宽索引词，因为它可以将任何事实融入语境。选择任意事实，其指示依赖该事实的一个限定摹状词可以得以表达。这样，卡普兰的新指示词将该事实转变成语境部分。

dthat 是一个完美融贯的指示词，因为卡普兰的规则是清晰一致的。即便如此，它仍然有与索引性不符的地方。常见的索引词和指示词是构建认知路径——从在会话情景中起某些作用或容易使之在会话情景中起某些作用的对象到听话人或读者头脑中关于它们的观念——的工具。通常有某种相对有限的可达性。只有一个人可以用 I 来指称戴维 · 卡普兰；只有在 2000 年 4 月 15 日中午我们才能用 now 来指称当时；只有当我们可以感知一个对象或记住它或者它已经在会话中容易识别时，我们才能够用指示的方式来指称它。

相反，名称与摹状词使我们可以指定在我们当前会话中不起直接作用、参与人不能感知到的且之前会话没有使之突显的对象。在这个方面，dthat 更像名称和摹状词，而不像其他索引词和指示词。名称、摹状词、索引词和指示词施加给听话人和使用人的"认知负荷"（cognitive burden）通常是不一样的。

4.7　真实语境、信念语境与虚构语境

斯坦福大学的主校园和它拥有的附近土地几乎都在加利福尼亚州圣塔克拉拉县范围内，但斯坦福高尔夫球场的一小部分在圣弗朗西斯科威托河南岸，属于圣马特奥县的范围。很多打高尔夫的人不知道这一点。林德赛和戈尔丁两人都不知道这一点，来看下面他们在那片球场上的谈话：

林德赛：I received a jury notice from the country court. Where do I have to go?

（我收到县法院送来的一份参加陪审团的通知。我得去哪个地方？）

戈尔丁：San Jose is the county seat of this county.

（圣何塞是这个县的县府所在地。）

戈尔丁指称圣马特奥县但说错了，因为红木城市才是该县县府，不是圣何塞市。但实际上他这样做是想告诉林德赛真实信息。戈尔丁意图说出并表达圣何塞市是圣塔克拉拉县府这个真命题，林德赛会相信这个真命题，并认为是去圣何塞市参加陪审团。

这种情况也许会使我们认为与交际、语义学、语用学和语言研究相关的语境

不是关于真实世界的事实，而是这个世界可能存在的方式，如果它与说话人或听话人的相关信念相一致。根据这个观点，我们认为语境是话语环境的心理表征的内容。林德赛和戈尔丁这两个人都相信他们的谈话发生在圣塔克拉拉县内。如果我们把戈尔丁意图表达的信念和林德赛获取的信念的内容看作是由戈尔丁认为他身在何地所决定的戈尔丁话语的内容，我们就会得到似乎受人欢迎的结果——戈尔丁说了他意图要说的并且得到正确理解。

我认为这不是看待事物的正确方法。但无疑它有重要意义。正是一个人所相信的话语语境影响她对话语的理解，而且其他看法都会是愚蠢的。此外，我们经常用语言改变一个人关于语境的信念，或者用语言来对语境而非对主题进行假设或想象。

虽然如此，还有很多关于语境的错误不会像在本例中那样相互抵消的情况，在这样的情况中，我们不再只考虑由说话人所相信的语境决定的内容而不考虑真实内容。来看一个极端情况，假设有个人现在相信他自己是拿破仑。当这个人说"I won a very big battle at Austerlitz"（我在奥斯特利茨获得大胜）时，他意图通过表达关于他自己的一个真命题来表达拿破仑在奥斯特利茨战争中获得大胜这个真命题。他认为他可以这样做，因为他把自己当作 1815 年身在滑铁卢的拿破仑。但他意图表达关于拿破仑的一个真命题这个事实不会让我们说他确实那样做了。我们知道拿破仑已经去世很多年了，所以我们十分确定他不是拿破仑。如果说话人不是拿破仑，那么他通过指称他自己来指称拿破仑就不成立。他自然没有取得奥斯特利茨战争的胜利。所以，当他说他取得胜利，他是错误的。我们需要用他对语境的不正确表征来解释*为什么*他说的话是错误的，但我们需要用他说话的真实语境来表明他说的话是错误的。

虽然是真实语境与说话人的话语相关，但却是人们所相信的语境或"信念"语境与解释他们要实现的目标相关。通过理解人们如何使用依赖语境的项，我们可以了解他们关于信念语境——他们认为他们自己身处其中的情景——的信念。上例中的两位高尔夫球手要么对于他们身在何地有错误信念，要么对圣马特奥县县府在哪里有错误信念。如果我们确信戈尔丁不可能如此无知地认为圣何塞市是圣马特奥县县府，那么我们可以确定他在他所在的那片地方属于哪个县范围方面搞错了。

假设现在林德赛知道他们在圣马特奥县，并且确定戈尔丁认为他们在圣塔克拉拉县。另外，他也确信戈尔丁知道旧金山湾区所有县府所在城市。他会忽视戈尔丁的实际话语，只关注部分激发戈尔丁话语的真实信念。也就是说，他会认为，戈尔丁之所以说 “San Jose is the county seat of this county”（圣何塞是该县县府所在地），其原因是他相信圣何塞市是圣塔克拉拉县县府并且他错误地认为自己是在圣塔克拉拉县土地上。这样林德赛能够从戈尔丁的话语中得到他想知道的信息，即使他知道戈尔丁的话语是错误的。

也许林德赛感到应该纠正戈尔丁的地理错误。有一种方法是，他可以说 “The county seat of this county is Redwood City”（这个县的县府是红木城市）。这个陈述虽然没有提及他们自己，但会使戈尔丁明白他们是在圣马特奥县土地上而不是在圣塔克拉拉县土地上。这里林德赛认为戈尔丁不清楚他们身在何地，但还是直接告知他所知道的关于县府所在地的事实。戈尔丁能够想到，为了使林德赛所说为真，他们一定是身在圣马特奥县土地上而不是在圣塔克拉拉县土地上。

假设我是一个充满激情的历史老师，课堂上正教授拿破仑战争。我想确信学生们正在阅读他们的作业。我说：

> OK, who am I? It's now 1815; I'm short, I'm looking at my horse that has just been shot, I'm looking at the Prussians arriving on my flank, and I'm watching the English defeat my army in the valley below. Who am I?
>
> （好的，我是谁？现在是 1815 年，我身材矮小，看着自己被击中的坐骑，普鲁士士兵正从我的侧翼冲过来，英国人在下面山谷里打败了我的军队。猜猜我是谁？）

学生们自然应该说 “You are Napoleon”（你是拿破仑）。在这种情况中，我并不会真的认为自己是拿破仑，也不会真的认为现在是 1815 年。通过了解他们是否知道假设我的这些陈述为真的情况下我是在假装谁和他们说话，我在测试学生对作业的掌握情况。

这个例子来自昆廷·史密斯（Smith，1989），他认为在这个例子中我们需要假设 I 或者 now 有新的特殊意义。但是如果这样做，我们也许就不能解释测试是如何起作用的。可以说，已知相关事实加上 I 和 now 的通常意义，学生们要解决我的话语的合适语境是什么这个问题。

如果戴维·刘易斯想开个玩笑，他或许也会像上例中历史老师那样对那个同学说了类似话语。他不说“I am David Lewis”（我是戴维 · 刘易斯），但或许会说“I am the only member of the Princeton Department with a B.A. from Oberlin. Who am I? ”（我是普林斯顿大学哲学系唯一一位本科毕业于欧柏林学院的老师。猜猜我是谁？）。那位学生也需要解决戴维话语的合适语境是什么这个问题。如同上例，她需要依赖她的知识，在这种情况中，是她关于普林斯顿大学哲学系教师在哪里上过大学的知识。当然，与上例不同的是，这里无需假装。

重要的是，即使对于戴维的实际话语“I am David Lewis”（我是戴维 · 刘易斯），由内容推知语境的基本机制仍发挥作用。刘易斯传达给那位研究生的信息是关于该话语的语境，即说话人是戴维 · 刘易斯，据此她可以推断她正与之谈话的这个人是戴维 · 刘易斯。

小　　结

语言是一个交际工具，指称事物的不同方法适用于不同交际情景。本章，我引入一些概念及区分来解释索引词的意义使它们适用于信息交流的不同方法。我们需要认知结构的一个朴素理论。我认为我们有关于性质和关系的观点，有关于细项的观点，我把后者称为**观念**。观念或许与提供关于事物的信息的当前感知——对事物自身或者关于这些事物的其他信息源的感知——**有关联**或**相分离**。我把有关联的观念称为**缓冲**。

交流信息时，我们参与了一种**信息游戏**。我们想把我们头脑中的信息传递到我们谈话对象的头脑中去，并且与我们的其他想法和行为相一致。我们指称事物的不同方法——名称、索引词、指示词——适合不同交际情景。一个熟练的交际者会有**认知路径**——从他思考某事物的方式，通过他指称该事物的方式和听话人感知该指称的方式，到他想让听话人思考该事物的方式——的概念。

对于索引词（包括指示词），我做出了两个区分。**窄与宽**：一个项的指称是只依赖窄语义语境即任意话语都涉及的那些因素（如 I 与 now）还是依赖更宽的因素？**自发与自由**：一个项的指称是受说话人的意图影响（如 that man）还是仅由意义和语境来确定（如 I）？

一个人用一个索引词来指称一个对象 X 时，这涉及一个计划，虽然这个计划通常并没有被有意识地表达出来。这个计划涉及意图和信念。**导向性意图**使用一个项来指称它适合指称的一个对象，借助它的意义和该对象相对于说话人和其话语所起的作用。如果一个人相信 X 起这个作用，那么，借助其信念，他*通过*指称起该作用的那个对象来意图指称 X。

当我们描述话语，激发它们的那些信念、它们在指称内容层面的认知效果、说话人的计划、认知路径、用来指称同一事物的不同项之间的差别，都变得模糊起来。但本章给出的这组概念能够向我们表明怎么回事；它们被用于本章最后一部分的几个例子中。

第 5 章　意义与内容

5.1　导　　言

正如我对这个术语的使用，*意义*是语言将之与简单和复杂表达－类型联系在一起的规则。这些规则可以是同等重要的，可以为一个给定表达的每一次话语指派相同内容。或者，它们可以利用语境因素，为同一表达的不同话语赋予不同内容。所以*内容*是个体话语的一个属性，由那些规则所确定，可以利用语境因素也可以不利用语境因素。

即使对于同等重要的语言，也应该区分意义与内容。意义是语言将之与一个表达联系起来的一个规则，而内容是我们遵守这个规则所得到的东西。

如果我们为同等重要语言的简单原子语句构建一种“普通”语义学，它会帮助我们理解我们添加索引词时所要求的变化。该普通语义学有三个层面，分别是意义、内容和指定。

我们语言的原子语句将会采用谓词演算的形式。

（21）$\phi(\tau_1, \cdots, \tau_n)$

其中 ϕ 是关系符号，每个 τ_i 是一个名称、索引词或限定摹状词。

一个原子语句的一个话语的内容（Con）是一个结构化命题。（21）的内容是如下命题：

（P21）$\langle Con(u_\phi), \langle Con(u_{\tau_1}), \cdots, Con(u_{\tau_n})\rangle\rangle$

如果项是名称，其话语的内容是个体；如果项是摹状词，其话语的内容是识别性条件。

一个陈述的内容是一个命题，包含这个陈述的真值条件。一个陈述的指定是它的真值。一个谓词（出于我们的目的，指其中一些项被变元所替代的一个陈述句）的内容是对象的一个限制条件。一个谓词的指定是满足这个条件的对象的 n 元集合。一个限定摹状词的内容是一个识别性条件，它的指定是满足该条件的个体。名称的内容和指定都是个体，即对于名称，内容和指定重合。项的内容结合谓词的内容构成命题。

这个普通语义学捕获各种重要方案的共同点。在弗雷格（Frege，1960a）的系统中，sinn 对应内容，bedeutung 对应指定。① 虽然弗雷格把许多表达称为专名，但他并没有为它们任何一个给出对应专名的表 5-1 中解释的一个处理。他的语言为专名指派识别性条件。在可能世界语义学中，内涵对应内容，外延对应指定。罗素的意义对应表 5-1 中的内容（如果我们暂不考虑他认为摹状词不是有意义单位的观点）。

表 5-1　同等重要语言的普通语义学

	如果 α 是一个名称	如果 α 是一个摹状词	如果 α 是一个 n 元谓词	如果 α 是一个语句
α 的意义是	将 α 与一个个体联系在一起的一个规则	将 α 与一个识别性条件联系在一起的一个规则	将 α 与个体的一个 n 元制约条件联系在一起的一个规则	将 α 与一个命题联系在一起的一个规则
α 的话语的内容是	一个个体	一个识别性条件	个体的一个 n 元制约条件	一个命题
α 的话语的指定是	一个个体	一个个体	一个 n 元集合	一个真值

如果把与类型相联系在一起的意义看作相对于语境指派内容的规则，索引词可以直接成为这个解释的一部分。这基本上是卡普兰在《指示词》（Kaplan，1989b）所遵照的路线。他提出的*特征*的概念类似我这里的意义；特征是语言将之与*类型*联系在一起的函项或规则。②

博克斯引入另一个层面来处理索引词［上文 3.2 中方面（iv）］，他把它称为个例的“索引意义”。索引意义是类型的意义与具体个例相结合的结果。在这个层面上起作用的是个例自身，而不是与个例存在性相关（按照博克斯的术语）的不同对象。或许理解这个观点及其潜在重要性的最简单方法是在无法感知存在性事实或语境的情况下想象看到或听到一个个例。假设，你看到写着“I plan to kill him tomorrow”（我计划明天去杀他）的一个便条，但你不知道谁写的这个便条，要杀谁，什么时间。你有这个个例，但没有语境。所以你理解博克斯所说的索引意义。你对索引意义的理解可以使你查明哪些对象与整个个例有*是其说话人*这样

① 为了避免翻译问题，我把 sinn 和 bedeutung 用作英语单词，复数形式为 sinne 和 bedeutungen。
② 但卡普兰强调他给出的不是一个话语理论而是语境中语句的理论。

的关系、哪些对象与 him 这个个例有*是其指称对象*这样的关系等存在性事实。这可能与拯救某人性命相关。你所理解的命题大致如下：

> That the author of **this note** did kill or will kill the person to whom the token of "he" refers on the day following the day when it was written.
>
> （写**这个便条**的那个人在写这个便条的第二天杀死了或要去杀死"他"这个个例所指称的那个人。）

这不是这个便条所表达的命题，但它是一个重要的命题。它是自返的，因为它是*关于*这个便条*自身*的一个命题。

这个层面在表 5-1 中没有出现。卡普兰处理索引词的方法避开了博克斯的方面（iv）所表征的分析层面。根据卡普兰的理论，一个索引词的意义或者*特征*是从语境到内容即所言的一个函项，不存在中间内容层面。巴威斯和我（Barwise and Perry，1983）在《情境与态度》（*Situations and Attitudes*）中所用的方法与卡普兰的方法类似，虽然我们用我们所说的"逆解释"（inverse interpretation）加以补偿。罗伯特・斯塔尔纳克（Stalnaker，1981）抱怨这样的方法有所缺失，我后来认识到他和博克斯是正确的。实际上，我们需要一个中间内容层面。

虽然我同意博克斯的看法——承认需要这个中间层面，但我并没有采用他的术语。下文中我会把表 5-1 的内容改称为*指称*内容。除意义、指称内容和指定外，我还承认存在*索引内容*。因为它不是类型的性质而是话语的性质，把这个层面称为"内容"是与我的用语相一致，虽然它对应的是博克斯的"索引意义"。索引内容是*自返*内容，因为话语*本身*包含在识别性条件中，而识别性条件又是内容的一部分。索引内容包含语言规则将之与一个表达相联系的那些对象。意义是固定的。如果我们认为*名称用来命名*，那么对于名称，固定意义就是固定指称。但是对于用来指示的表达，如索引词和摹状词，固定意义则只固定识别性条件。

在指称内容层面，语义语境事实即那些与索引词的指称相关的事实，也是固定的。所以，一个表达的指称内容包含指称性表达（如名称和索引词）所*指称*的对象。如果使用第 2 章中的用语，我们可以说，对于索引词，指称内容是语境事实所*承载*的索引内容。

我把我的解释称为"自返*指称*解释"，因为它可以识别这两种内容层面。索引内容是自返性的，我需要各类自返内容来解释话语的不同*认知意义*，即使话语有相同正式内容，即它们对关于相同对象的相同事情进行断言。我用指称内容说明“所言”或*正式内容*。

指称内容并不完全对应博克斯“符号所表达的信息”的概念。我认为存在一个层面对应博克斯的这个概念，我称之为*指定内容*。为了从指称内容得到指定内容，我们加载以摹状词指定的事实作为摹状词内容的识别性条件。指定内容提供一种方法用来解释汤尼兰（Donnellan，1966）所提及限定摹状词的指称性使用。[1] 如果我说“Jones' murderer is insane”（谋杀琼斯的那个人是个疯子），指称内容（用我的说法）是***谋杀琼斯的那个人***是个疯子；指定内容是**谋杀琼斯的那个人**是个疯子，即**史密斯**是个疯子，如果是史密斯谋杀了琼斯。我这里的指定内容与汤尼兰对Jones' murderer（谋杀琼斯的那个人）这个短语的指称性使用相一致，而指称内容又与摹状词的归属性使用相一致。这种术语错误匹配是因为我只用“指称”表示名称和索引词的指定类型。[2]

现在，我将对激发这个框架的解释加以简要说明，对一些细节加以解释并为以这种方式看待事物的做法提供论证。

5.2　赖兴巴赫、自返性与索引内容

为了解释自返指称理论，我需要分别解释自返部分和指称部分。在本章其余部分，我将解释两类内容之间的不同和一般意义上的自返性、具体意义上的索引内容的重要性。

*自返性*在索引词研究中曾经是一个重要主题。我们看到，赖兴巴赫在《符号逻辑要素》（*Elements of Symbolic Logic*，1947）中提出一个*个例－自返性*理论。他认为索引词和指示词的个例的意义包含这些个例自身，这解释了为什么相同类型的不同个例可以代表不同事物。[3]

赖兴巴赫宣称可以用个例－自返短语“这个个例”来定义个例－自返性词语，具体地说，正如他所说，“I 这个词…… 与“the person who utters this token”（说出这个个例的那个人）……表达相同意义。”（赖兴巴赫，1947：284）根据这个

---

① 暂不考虑“临近失误”。

② Korta 和 Perry（2011）中使用“指称性”表示这里的“指定性”。

③ 我不想解释赖兴巴赫整个理论。他把个例－自返词语称为“伪短语”，因为相同符号（类型）的不同个例并非同等重要。他渴望对他认为不包括个例－自返表达的合适元语言中语句的意义进行符号化处理。

观点，他为一个著名话语给出一个解释。

……我们来对路德 1521 年在沃尔姆斯议会说的句子“here I stand”（我站在这里）进行符号化处理。我们用 ϑ 指示路德的话语，那么 I 这个词可以表示为 the *x* thathat spoke ϑ（说出 ϑ 的 *x*），here 表示为 the place *z* where ϑ was spoken（说出 ϑ 的地方 *z*）。这样，使用函项 *x* speaks ϑ at *z*（*x* 在 *z* 处说出 ϑ），我们有 $st\,[(\tau x)((Ez)(sp\,(x, \vartheta, z)\,,(\tau z\,(Ex)\,(sp\,(x, \vartheta, z)]$，其中 *sp* 表示“说话”，*st* 表示“站立”……

如果赖兴巴赫宣称 I 和 the person who utters this token 是同义表达，他就错了。这两个项可以被指派相同识别性条件，但 I 用于指称，而 the person who utters this token 用于描述。显然赖兴巴赫想法不错。I 的意义和 the person who utters this token 的意义之间存在紧密联系，即使不是同义关系。后者*没有* I 的意义但它*给出* I 的部分意义。它给出英语将之与 I 联系在一起的识别性条件。我们可以用呈现自返性的方式进行如下表达。

如果 *u* 是 *I* 的一个子话语，*u* 的指定条件是*是 u 的说话人*。

这里我们看到指派给子话语 *u* 的指定条件以该话语作为一个构成成分，所以它是自返性的（我在前一章已经解释过使用“话语”而不使用“个例”的原因）。

正如我所说，意义属于类型，内容属于具体话语和子话语。令 *u* 是 I 的一个具体子话语。如果我们将 *u* 和 I 的意义放在一起，我们得到以 *u* 为一个构成成分的一个自返识别特征：

是 **u** *的说话人*（*being the speaker of* **u**）。

我还把这个内容层面称为“内容 $_M$”因为它是我们只根据所用索引词意义指派给话语的内容。也就是说，虽然我们有话语，但我们没有考虑它的语境。

至此，根据自返指称理论，一个项有索引内容或内容 $_M$。如下一些常见索引词的合理意义与我们在第 2 章中的讨论相一致。

如果 *u* 是 I 的子话语，*u* 的索引内容是识别性条件：*是* **u** *的说话人*。

如果 *u* 是 you 的一个子话语，u 的索引内容是识别性条件：*是* **u** *的听话人*。

如果 *u* 是 now 的一个子话语，u 的基本内容是识别性条件：*是* **u** *的相关时间*。

如果 *u* 是 that *ϕ* 的一个子话语，u 的基本内容是识别性条件：*是* **u** *的说话人所关注的突显对象* ***ϕ***。

陈述（陈述句话语）又会是什么情况？上文我们看到赖兴巴赫如何分析路德在沃尔姆斯的话语；他把它称为 θ，但我用一个数字表示它。

（22）*st* [（*τx*）((*Ez*)（*sp*（*x*,（22），*z*），(*τz*（*Ex*）*sp*（*x*,(22），*z*）]

如果用我们的语言来表达，赖兴巴赫认为（22）的内容是命题（P^x22）。

（P^x22）That ***the speaker of*（22）** stands at ***the location of*（22）.**

[**（22）*的说话人*** 站在 **（22）*的位置*。**]

这里我们有关于（22）*的说话人*和（22）*的地点*这两个识别性条件的一个普遍命题。这两个条件都是以（22）为其中一个构成成分的单称条件。如果用第 2 章中的术语，（P^x22）是一个起伏普遍命题，它是隐性关于话语（22）的。

这个命题符合博克斯对方面（iv）的描述[①]，该描述是一个表达的意义与它的个例或话语相结合的结果。根据自返指称解释，一个语句——如路德的语句——的意义是话语的一个制约条件，赖兴巴赫的分析用话语本身填充该条件的论元角色。似乎赖兴巴赫的命题或与之类似的命题应该在我们的解释中占据一个中心位置。确实也如此。根据自返指称解释，这个命题是该话语的索引内容。

5.3　索引内容与指称内容

现在我们可以把索引内容添加到我们的简单语义学中来（参见表 5-2 和表 5-3）。表 5-2 中双横线上面的内容是关于话语的命题，双横线下面的内容是关于其他事物的命题，它说明在*已知*关于该话语的事实的情况下关于这个世界*还*需要

① 参见本书 3.2 节。

什么为真。

在下一页的表 5-2 中，括号用来表示根据具体表达是否包含索引词作为其中成分的可选项。因此，虽然索引词总是与索引内容层面上的话语自返识别性条件联系在一起，但摹状词可以如此也可以不如此，取决于它们是否含有索引词。

我们来看表 5-2 中第三个层次：指称内容。除了增加索引词部分外，这个层次与我们普通理论中相同。根据指称主义观点，我们认为一个索引词的话语的指称内容是一个个体、时间或地点。

现在来看说给阿瑟·博克斯听的如下摹状词的一个子话语：

（23）The house you live in.

（你居住的那个房屋。）

在索引内容层面上，（23）与一个子话语 - 自返识别性条件相联系。

（C^x23）being the house ***the addressee of* (23)** lives in

［是**（23）*的听话人***居住的那个房屋］

条件（C^x23）是自返的，因为子话语（23）*自身*是该识别性条件中一个构成成分的一个构成成分，所以也是（C^x23）的一个隐性构成成分。

如果我们对（23）这个摹状词加载博克斯是听话人这个事实，我们得到：

（C^r23）being the house **Burks** lives in

（是**博克斯**居住的那个房屋）

（C^r23）显然是关于博克斯而不是隐性关于说给他听的那个话语的。

现在来看整个话语：

（24）The house you live in is quite attractive.

（你居住的那个房屋非常漂亮。）

（24）的索引内容是隐性关于该话语的一个命题。

（P^x24）That ***the house the addressee of* (24) *lives in*** is quite attractive.

［**（24）*的听话人居住的那个房屋***非常漂亮。］

如果加载博克斯是听话人这个事实，（24）的指称内容就是隐性关于博克斯的一个普遍命题。

（P24）That ***the house* Burks *lives in*** is quite attractive.

（**博克斯*居住的那个房屋***非常漂亮。）

表 5-2　包含索引内容的普通语义学

	如果 α 是一个名称	如果 α 是一个索引词	如果 α 是一个摹状词	如果 α 是一个 n 元谓词	如果 α 是一个语句
α 的意义是	将 α 与一个个体联系在一起的一个规则	将一个 u- 自返识别性条件与 α 联系在一起的一个规则	将 α 与一个（u- 自返）识别性条件联系在一起的一个规则	将 α 与个体上的一个（u- 自返）n 元制约条件联系在一起的一个规则	将 α 与一个（u- 自返）命题联系在一起的一个规则
α 的话语的索引内容（内容 $_M$）是	一个个体	一个 u- 自返识别性条件	一个（u- 自返性）识别性条件	个体的一个（u- 自返性）n 元制约条件	一个（u- 自返性）命题
α 的话语的指称内容（内容 $_C$）是	一个个体	一个个体	一个识别性条件	个体的一个 n 元制约条件	一个命题
α 的话语的指定内容（内容 $_D$）是	一个个体	一个个体	一个个体	个体的一个 n 元制约条件	一个命题
α 的话语的外延是	一个个体	一个个体	一个个体	一个 n 元组	一个真值

5.4　内容的种类

我们发现在表 5-2 第二个层次中的对象，即索引内容，似乎是描述上融贯、形而上上温和的对象。但它们可以被称为*内容*吗？一个意义解释应该包含索引内容吗？指称主义观点难道不是恰恰表明它不是内容、不应该被称为内容吗？

来看（P^x22），即路德那句话的索引内容。正如说话相同和反事实论据所表明的，它显然不是路德的所言。他对于自己的话语什么也没说，他用 I 指称自己但不是描述自己。所以对于路德那句话的正式内容，（P^x22）不是一个合适选择。但它难道不是我们用"话语的内容"所要表达的意思吗？怎么会有两种内容？

真值条件的种类

意义和内容的这个简单解释所隐含的一个问题现在要浮出表面了。第 1 章我们借助真值条件引出内容。一个话语的内容是包含其真值条件的一个命题。这个问题是*话语的真值条件*这个概念只是一个*相对概念*，虽然它经常被看作好像是一个绝对概念。我们不应该借助一个话语的真值条件来考虑其他问题，而应该考虑一个话语在*已知*关于它的各种事实的情况下的真值条件。当我们这样做时，我们会看到谈论一个话语的*这个*内容是一件非常简单的事情。

假设你在参加一场国际哲学会议。在一个似乎愚蠢的讲座期间，你旁边的那个人写了一个纸条递给你，上面写着“Cet homme est brillant”（这个人很棒）。然后他用英语低声对你说，“Don’t you agree?”（你同意吧？）假设除了英语你任何外语都不懂，你甚至没有看出纸条信息使用的是哪种语言。但为了避免无知与无礼，你点点头。你对于纸条信息的全部推断是它是一个你可以表示同意或者不同意的陈述或者话语。但你知道这个信息的真值条件吗？

根据话语真值条件的一般哲学概念，你当然不知道。你不知道它表达什么命题。如果你知道的话，你不会好像同意似地点头。

但你可以列出一些条件，使得，如果满足这些条件，该信息为真。把该信息称为 **m**。**m** 为真，如果存在命题 *P* 使得在 **m** 所用语言中其词语都有某个意义并且在写出 **m** 的语境中有该意义的词语表达 *P* 且 *P* 为真。

把这些称为 **m** 的真值条件是合理的，因为它们是如果得到满足，**m** 即为真的条件。但它们不是哲学家们谈论该信息真值条件或内容时心中所想。他们心中所想的是某人，即讲座人很棒这个命题。上段给出的条件大不相同；它们是 **m** *自身*的自返制约条件。哲学家们传统上关注的真值条件是*增补性的*，它们是*主题*的制约条件，即为了使该话语为真，该话语之外的世界部分必须满足的条件，或者，正如我喜欢说的，已知关于该话语的语言事实和语境事实的情况下*还有*什么必须为真。真值条件的这个哲学概念是一个更为普遍概念上的一个特殊情况：一个话语在*已知*关于它的某些事实情况下的真值条件。在本例中，对于 **m** 你所知道的是它在已知关于它的最少事实——**m** 是一个陈述——的情况下的真值条件。你想详细说明使 **m** 为真的条件，但因为你对 **m** 知之甚少，你能够详细说明的条件主要是关于 **m** 与其余世界部分之间的关系；这些条件对 **m** 之外的世界所言不多。但我们所熟知的真值条件的哲学概念对应一个人对 **m** 有相当了解的情况，使得该增补部分——为了使 **m** 为真*还有*什么必须为真——是与 **m** 之外的世界相关的条件，而非 **m** 自身。

如果你回想起高中所学的法语，你也许会进行如下推理。

> *已知* **m** *所用语言是法语，已知* Cet homme est brillant *在法语中的意义，已知写这个纸条的那个人用* Cet homme *指称那个人（看着讲座人），* **m** *为真当且仅当那个人很棒。*

如果你确定 **m** 的更多语言学性质，对它有更多了解，为了使它为真必须要满足的条件就会更加聚焦于这个世界。已知你对 **m** 的所有了解，为了使 **m** 为真*所增补*的条件是某个人的制约条件，即他很棒。我们的话语真值条件的哲学概念是在已知所有这些语言学因素和语境因素被固定的情况下话语为真所需要的*增补*条件。

简单地说，把真值条件看作是相对概念的做法就是把它们看作类似于我们想知道的其他条件。通常居于幕后的概念是*成功条件*：为了使某行为或项目成功这个世界必须满足什么条件。每当我们想知道使某行为或项目得以成功的条件，我们总把某些事实视为已知。我们想要知道的是*还要满足什么条件*，即*已知*我们所假定事实的情况下为了使某事物具有某性质还有什么事实必须成立。如果我曾经在 1996 年 10 月问过你“Under what conditions will Clinton get reelected？”（在什么条件下克林顿会再次当选？），你那时可能回答“He has to carry California”（他必须要赢下加利福尼亚州）。你那时可能把一些事情认为是理所当然的，包括他会输掉南部各州，他会赢得西南各州，他至少会赢得中西部两个州。*已知所有这些*，他*还*需要做什么？赢得加利福尼亚州。

除了真值条件的情况外，我们通常期望使 x 这样或那样的条件是 x 的制约条件。但并非总是如此。下面这个会话有一定道理。

> Under what conditions will Clinton win?
> （什么条件下克林顿会赢得选举？）
> A high proportion of Democrats must vote.
> （必须有高比例的民主党人参加投票。）

这里第二个说话人并没有告诉我们为了赢得选举克林顿必须怎样或者做什么。他把关于克林顿的相关事实视为已知或确定，他说的是在已知这些假定的情况下为了使克林顿赢得选举其他世界部分必须满足的条件。

这个例外的情况中我们认为为了使一个对象具有一个性质我们具有的条件不是该对象的制约条件，这种情况是哲学家们考虑真值条件时的规范。通常，我们所谓的话语真值条件并非话语本身的制约条件，而是它所指称的事物的制约条件。但是，可以说，在表面之下存在更为相关的真值条件。那么，为了使 **m** 为真，这个世界必须满足什么条件呢？那个人必须是一个很棒的讲座人。正确，在*已知*关于 **m** 所用语言、词语、其意义和语境等事实的情况下，这是所需满足的*其*

*他*条件。但如果我们不把所有这些事实视为已知，这些条件也是 **m** 的制约条件。

正如我上文已提及的，在索引词解释中，我强调有三类不同内容。它们对应在确定真值条件时可能视之为已知的三类事实：

> 一个话语的索引内容或*内容*$_M$是用来解释该话语真值条件的一个命题，已知确定它所用语言、句法和所用词语*意义*的事实。[①]
>
> 一个话语的指称内容或*内容*$_C$对应其真值条件，已知以上所有因素和关于确定索引词的指定所需的该话语*语境*的事实。
>
> 一个话语的指定内容或*内容*$_D$对应其真值条件，已知以上所有因素和关于确定该话语其他项（特别是限定摹状词，还包括所有格等）的*指定*所需的其他事实。

来看下例：

（25）You were born in the capital of Nebraska.

（你出生在内布拉斯加州首府。）

读者一眼就能看出这句话所用语言是英语，所用词语的身份很清晰，句法也没有问题，没有相关歧义。读者所理解的是内容$_M$；他们明白（25）的真值要求。

（P^x25）That ***the addressee of* (25)** was born in ***the capital of* Nebraska**.

［**(25)** ***的听话人***出生在**内布拉斯加州*首府***。］

如果我现在添加（25）的说话人当时正对我儿子吉姆说出（25）这个相关语境事实，读者会获取（25）的内容$_C$。

（P^r25）That **Jim** was born in ***the capital of* Nebraska**.

（**吉姆**出生在**内布拉斯加州*首府***。）

如果读者还知道林肯市是内布拉斯加州首府，他也会获取（25）的内容$_D$。

That **Jim** was born in **the capital of Nebraska**.

（**吉姆**出生在**内布拉斯加州首府**。）

这与

（P^r7）That **Jim** was born in **Lincoln**.

（**吉姆**出生在**林肯市**。）

相同。

---

① 注意，如果我们假定名称用来命名而非指示，这意味着名称的指定对象在*内容*$_M$层面上是固定的。

5.5　正式内容

索引内容对于理解话语的动机和影响是一个有用工具。但是它不是内容的日常概念。它不是我所说的“正式内容”，即通常捕获说话人所言的内容。正如我们在第 1 章所看到的，对此有两个主要论据。出于两个原因我想现在回头解释一下这两个观点。首先，我想指出我们可以接受这两个论据，只要不用它们去证明其他事情，只要我们不放弃索引内容在认知方面是相关的这个观点。

在第 1 章，我使用“正式内容”来解释作为我们对“所言”和“所说相同”的常识理解的内容概念。我认为指称主义观点表明正式内容是指称内容，但没有表明那是唯一内容。

其次，我们需要查明指称内容和博克斯的话语“所传达的信息”的概念，即 3.2 中的方面（v）之间的不同。

来看我对我儿子吉姆所说的话语：

（26）You were born in Lincoln.

（你出生在林肯市。）

（26）的内容 $_M$ 是关于（26）的一个命题。我们通常会认为我话语的意思与他对我说：

（27）I was born in Lincoln

（我出生在林肯市。）

或我对另一个人说：

（7）Jim was born in Lincoln.

（吉姆出生在林肯市。）

的意思是相同的。但这两个话语与（26）有着不同的内容 $_M$。（26）的内容 $_M$ 是关于（26）自身的一个命题，而（7）的内容 $_M$ 只是关于吉姆的一个单称命题（因为名称用来命名，它们的指定由它们的意义确定，虽然在之后章节中情况会更加复杂）。似乎作为（26）正式内容一部分的是由子话语 you 所指定的个体而不是是该子话语的听话人这个条件（译者注：此处下划底线部分的英语原文为 the condition of being the addressee of that subutterance）。

为了理解反事实*真值条件*的观点（见 1.2 节），我们需要心中清楚使一个话语为真的条件和使*该话语所言*（或者，更好的说法是，通过说出该话语*说话人的所言*）为真的条件之间的区别。我们可以通过考虑在其中话语为假但其所言为真的反事实情况来区分它们。[①]

假设，与事实相反，当我说出（26）时，我搞错了听话人，他是我的儿子乔而非吉姆。在这样的情况中，我的话语就不正确了，因为乔出生在加利福尼亚州。在这种情况下我的所言即乔出生在林肯市就是错误的。但因为事实上我是对吉姆说出（26）的，我*实际*所言是吉姆出生在林肯市。吉姆出生在林肯市这个命题是正确的，即使当我说出（26）时我的听话人是乔。

根据这些论据，（26）的正式内容是一个关于吉姆的单称命题。吉姆说出（27）所表达的命题和我说出（7）所表达的命题都是这个命题。这个命题依旧为真，即使我当时是对乔而不是对吉姆说话。但是，在那种情况下，我说出（26）所表达的命题是一个关于乔的假命题。

现在再来看（8）：

（8）The manager of Kinko's was born in the capital of Nebraska.

（金口商店的经理出生在内布拉斯加州首府。）

（8）的指称内容不是一个关于吉姆的单称命题。但（8）的*指定内容*是一个关于吉姆的单称命题。指定内容即内容 $_D$ 对应在确定各项的指定的*所有*事实——包括吉姆是金口商店经理这个事实——都已固定的情况下的真值条件。所以，（8）的指定内容是关于吉姆的单称命题，与（7）的指称内容是同一个命题。

指定内容对应博克斯"所传达的信息"的概念。为了解释他的信息概念，博克斯使用以下两个话语。

（28）"This book is red" uttered by a speaker pointing at a certain book, located at coordinates *x*, *y*, *z*, *t*.

（一个说话人指着位置坐标为 *x*、*y*、*z*、*t* 的某本书说："This book is red"。）

（29）"The book at coordinates *x*, *y*, *z*, *t* is red."

（"位置坐标为 *x*、*y*、*z*、*t* 的那本书是红色的。"）

博克斯所用的"指称"与我这里的"指定"相同，他说：

> ……虽然这两个语句在意义上不同，但在"信息"的意义上它们传达相同信息，因为它们都指称相同对象，断言这个对象的相同性质。那么，我们可以说，在（28）和（29）传达相同信息的意义上，（28）可以替代（29），但因为它们表达不同索引意义和符号性意义，（28）不能替代（29）。

① 参见 Kaplan（1989b）。

根据这个信息概念，（7）～（9）、（26）和（27）都传达相同信息。指称内容和内容 $_D$ 中哪一个对应正式内容呢？这取决于我们是把限定摹状词视为用来指称还是描述。如果它们用来指称，那么它们使所指定的对象成为正式内容的一部分，该问题的正确答案是：内容 $_D$ 是正式内容。如果它们用来描述，那么正确答案是指称内容。出于本书目的，我赞同把限定摹状词视为用来描述的传统解释。①

有了对限定摹状词的这个理解，指称内容对应正式内容。当我们比较人们的所言，考虑使他们所言为真的反事实情况时，我们固定了意义和语境，但其他事实可以变化，即使是那些确定限定摹状词指定的事实。假设，我对吉姆说：

（25）You were born in the capital of Nebraska.

（你出生在内布拉斯加州首府。）

当我们思考使之为真的可能世界，我们对它们有什么要求呢？在考虑这些世界之前，我们没有固定关于该摹状词指定什么事物的事实。这样我们需要在吉姆出生在奥马哈和奥马哈是内布拉斯加州首府的那个世界中。但我们在考虑这些世界之前，确已固定了语境事实，并因此也固定了索引词的指定。这样我们不需要在吉姆出生在爱荷华州的那个世界中，即使在一些这样的世界中我是在和马伦谈话且马伦出生在内布拉斯加州。而且因为在考虑世界前我们固定了意义，所以我们不需要在吉姆出生在怀俄明州的世界，即使在这样的世界中 You were born in the capital of Nebraska 的意思是 2+2=4。

5.6 扩展认知内容

一个索引词的意义或一个包含索引词的语句的意义提供关于或间接关于话语的一个条件。通过用一个话语自身填充该条件的参数，我们从这个条件得到属于那个类型的该话语的索引内容。所以，在（25）中，它的内容 $_M$ 是一个间接关于（25）自身的命题。

① 正如上文所提，我暂时忽略汤尼兰对限定摹状词的归属性使用和指称性使用之间的区别。这并不隐含限定摹状词用于指称的观点有什么荒谬。瑞卡纳蒂对此有一个清晰概念。他认为项要么具有特征 ref 要么没有。如果用我的说法，具有这个特征的一个项使它所指定的对象成为正式内容的一部分，不管这个项用于命名还是用于指示。名称和索引词凭借它们的意义具有这个特征。根据瑞卡纳蒂的观点，限定摹状词的意义中没有这个特征，但具体情况中可以在一个语用层面上添加这个特征（Recanati, 1993）。我们可以认为卡普兰的算子 dthat 是使 ref 这个特征在句法上明示的一种方法，正如其创始人所说，dthat 自身当然对不同解释是开放的（Kaplan, 1989b）。Korta 和 Perry（2011）中把指称性使用解释作语用现象，其基本精神与 Kripke（1977）基本一致。

（P^x25）That ***the addressee of* (25)** was born in ***the capital of* Nebraska**.

［**（25）*的听话人***出生在**内布拉斯加州*首府***。］

正如我们已指出，（P^x25）不是（25）的正式内容，不是说话人说出（25）时的所言，而是它的索引内容。我们必须使用这个内容层面来理解含有索引词和指示词的陈述例的认知意义——语义和思维之间的相互影响。我们再回头来看抻拉——本书 4.5 节照片上那条有特殊身长的狗。

如果我先指了下抻拉的头再指了下它的尾巴，并说：

（30）That dog is that dog.

（那条狗是那条狗。）

我的这个话语传递出某信息，假定我是可信的，这个信息回答了在书店走廊上有几条狗这个问题。如果我两次都指了抻拉的头，并且说出（30），那么我的话语没有传达任何信息，也没有回答任何问题，没有什么价值［我把（30）的这两种可能性称为两种*说法*，这两种说法的不同只在于每种说法中两次指示指向不同对象，是先指头再指尾巴，还是两次都指了头］。

一方面，假设我是先指头再指尾巴，并说：

（31）That dog is not that dog.

（那条狗不是那条狗。）

我的话语回答了书店走廊上有几条狗这个问题，但这样的回答是错误的；我的话为假，但似乎还可能为真。另一方面，如果我两次都指了抻拉的头并说出（31）——（31）的第二种说法，那么我的话语就非常荒谬。

我们把 that dog 的这两个子话语分别称为 u_1 和 u_2。这样，在（30）和（31）的第一种说法中，u_1 是指抻拉的头，u_2 是指它的尾巴，在第二种说法中它们都是指抻拉的头。

区别在于索引内容（表 5-3）。这个区别解释了认知意义的不同。

表 5-3　抻拉那条狗：（30）和（31）中 that dog 子话语 u_1 和 u_2 的内容

	u_1	u_2
索引内容或内容$_M$	u_1 的说话人所关注的那条狗	u_2 的说话人所关注的那条狗
指称内容或内容$_C$	抻拉	抻拉

书店走廊上有几条狗这个问题可以归结为（说话人和听话人所看到的）那个狗头和那条狗尾巴是否属于同一条狗这个问题。一开始，我们显然并不是在考虑

u_1 和 u_2。提出这个问题时，说话人什么也没说，所以 u_1 和 u_2 甚至都不存在，我们也就根本不会考虑它们。本书 4.5 节照片所示情境令人困惑，u_1 和 u_2 这两个话语根本不在照片中。那么，（30）的索引内容与所提出的书店走廊上有几条狗这个问题会有什么关系呢？

它们之间的相关性在于，在*已知*关于 u_1 和 u_2 的说话人所关注对象的事实的情况下，话语（30）的索引内容的真值会衍推书店走廊上只有一条狗。使用不同指示的目的是创造两个不同的认知路径。这些指示用来使这些认知路径朝不同方向推进，将它们与听话人的不同感知——对狗头和狗尾巴的感知——联系起来。*这个索引内容不是所言，也不是用来回答那个地方有几条狗这个问题的信息*。但这个索引内容，在已知说话人和听话人的共有知识——说话人先指了狗头后又指了狗尾巴——的情况下，蕴涵说话人希望传递的信息，即*那个*狗头和*那条*狗尾巴属于同一条狗。

但是，如果说话人先指狗头后指狗尾巴并说出（31），他会传达假信息，即不存在所看到的那个狗头和那条狗尾巴所共属的一条狗。如果他两次都指狗头并说出（31），他的话语非常荒谬。

在（31）的第一种说法中，说话人先指狗头后指狗尾巴，存在使该话语在其中为真的一个合理情形。如果那里有两条狗，我们看到的是一条狗的狗头和另一条狗的狗尾巴，（31）的这种说法就是真的。这并不是说存在抻拉是两条狗的一个世界。与我们一起从一个世界转换到另一个世界的不是抻拉而是该话语。

相反，很难找出使（31）的第二种说法——说话人两次都指狗头——为真的一个世界。我没有说这是不可能的，说出（31）需要时间，毫无疑问存在这样的可能世界，在其中两条狗可以以比人眼所视更快的速度完成换位。但这种可能性要比存在两条狗的可能性小得多。

那么，似乎，在已知这里所提出视角的情况下，用来传达不同信息的（30）和（31）的不同说法并没有问题。指示的不同导致（30）[或（31）] 的两种说法有不同的真值，即使，根据它们是对同一条狗的指示这个假设，that dog 的不同话语是对同一条狗的指称，并且这些语句的意义是相同的。

有了这两个不同的开端，我们可以得到（30）和（31）第一种说法中的两个不同认知路径。我们用 p 表示听话人对抻拉头的感知，用 p' 表示听话人对抻拉尾巴的感知。

对于 u_1：u_1 的说话人让听话人注意的那条狗；那人让我注意的那条狗；那人

正指着或正看着的那条狗；有那个狗头的那条狗；狗 $_{p}$。

对于 u_2： u_2 的说话人让听话人注意的那条狗；那人让我注意的那条狗；那人正指着或看着的那条狗；有那条狗尾巴的那条狗；狗 $_{p'}$。

这个例子强调所谓*朴素指称主义*理论——认为我们必须解释正式内容——的一些问题（与此相反，我把自返指称理论称为*批判性指称主义*）。再来看（30）的第一种说法。已知相关语境事实，其指称内容就是抻拉是抻拉这个命题。根据朴素指称主义理论，这是我话语的所言。正如我们已经看到，这与承认我们传达且意图传达不同信息——书店走廊上只有一条狗这个命题——相容。但似乎在这种情况下这还不够。我说抻拉是抻拉似乎是有些古怪的说法。

与内容的朴素指称主义解释相伴的是可能性的朴素指称主义解释。根据这个解释，可供选择的可能性是那些使抻拉是抻拉的可能性［对于（30）的两种说法］和那些使抻拉不是抻拉的可能性［对于（31）的两种说法］。根据这种观点，对于（30），我们有某种必然性，因为每个有抻拉的世界都必然是使抻拉为抻拉的世界；对于（31），我们有某种不可能性，因为含有抻拉的世界都不可能使抻拉不等同于自身。但这些似乎并不是我们所讨论的可能性。那些根据（30）我似乎要排除、根据（31）我又认为实际存在的可能性是书店走廊上有两条狗的合理可能性。所涉及的偶然性不是一条狗成了两条狗的偶然性，而是对狗的两次感知——实际感知到同一条狗是两条不同的狗——的偶然性。这不是指称内容或主题内容层面上的可能性或可想象性而是自返内容层面上的可能性或可想象性。①

5.7　奥斯丁的双管实验

在《This 的意义是什么？》（*What's the Meaning of "This"*，1990）这本书中，作者戴维・奥斯丁（David Austin）提出指称主义的一个焦点问题，即*两根管子*的问题。这两根管子是一个实验的一部分，这个实验测试史密斯两只眼睛单独聚焦的能力。这个情况非常复杂，所以我需要大篇幅引用奥斯丁原文，如下所示：

> 实验设备包括一块不透明的大屏幕，上面有两个小眼洞。从这两个

① 在 Perry（2001b）中，我指出我们关于什么是可能的这个问题的想法在内容方面的混乱是反对物理主义的模态观点的根源。

眼洞伸出去两根管子，通过调整可以指向不同方向……要求史密斯将双眼贴近眼洞，同时向管子中看，然后说出他单独聚焦双眼后都看到了什么……［他］清楚他不知道管子伸向什么方向……通过管子他右眼看到的是一个红色圆点，他把它称为 this；他左眼看到的是一个非常相似的红色圆点，他把它称为 that。因为单独聚焦两只眼睛时，史密斯没有一个统一的视野……他有两个独立的视野，在每个视野的中心他看到一个红点。他心里想：

……this 是红色的，that 是红色的。

史密斯有点学究，思维谨慎，他心里还想：

……this=this，that=that

……史密斯想知道："this=that 成立吗？"……

史密斯的内心独白如下：

我知道我知道 this 是红色的并且 this=this，that 是红色的并且 that=that，而且我知道我不相信 this=that 和 this ≠ that，我知道我不怀疑 this=that 和 this ≠ that。

对于所有这些，史密斯是完全正确的；他的内心独白都是真的。

最后，假设这两根管子实际上指向同一个红点（Austin，1990：20-21）。

已知所有这些后，奥斯丁看出了指称主义的问题。实际上存在两个问题。首先，指称主义如何能够解释在已知史密斯的所有想法都是关于同一圆点的情况下激发史密斯不同想法的不同认知状态？这是我在本节中要讨论的问题。第二个问题与命题态度相关；史密斯是在描述他所知道的和他所相信的事情，他说的每句话都是真的。指称主义如何解释这一点？我将在第 11 章中讨论命题态度，并回头讨论这个问题。

来看引自奥斯丁的如下解释，其中术语上有些不同（我们把史密斯两眼分别看到的同一圆点称为 Dot）。

（A）一个人相信含有一个偶然事物作为一个构成成分而非他自己作为一个构成成分的一个单称命题是可能的。

（B）如果（A）为真，那么史密斯相信他用 this=this 所表达的单称命题和他用 that=that 所表达的单称命题。

（32）By "this = this" Smith expresses the proposition that **Dot** = **Dot**.

（史密斯用 this=this 表达单称命题 **Dot=Dot**。）

（33）By "that = that" Smith expresses the proposition that **Dot** = **Dot**.

（史密斯用 that=that 表达单称命题 **Dot=Dot**。）

（34）By "this = that" Smith expresses the proposition that **Dot** = **Dot**.

（史密斯用 this=that 表达单称命题 **Dot=Dot**。）

（C）如果史密斯相信他用 this=this 所表达的单称命题和他用 that=that 所表达的单称命题，那么他相信他用 this=that 所表达的单称命题。

（D）并非史密斯相信他用 this=that 所表达的单称命题。

奥斯丁认为指称主义赞同（A）、（B）、（C）中的所有观点，并且认为，根据应用于该情境的常识，（D）是显然的。

> 毕竟，史密斯想知道"this=that 成立吗？"，所以，似乎（D）必定为真，如果考虑到史密斯不知道两根管子指向同一点。支持（单称）命题的观点的问题在于：根据这个观点，（A）、（B）、（C）和（D）都为真。但它们又是不一致的所以不可能都为真（Austin，1990：23）。

自返指称理论对此又是如何解释的呢？首先，我们来看以下语句：

（35）this=this

（36）that=that

（37）this=that

仅凭它们的意义，这些陈述都不是真正平凡的，在索引内容层面上可清晰地看出这一点。

（P^x35）That the object the speaker of **the first use of "this" in (35)** attends to as he speaks it = the object the speaker of the second use of "this" in (35) attends to as he speaks it.

［说话人在（35）中说出第一个 this 时所关注的对象 = 说话人在（35）中说出第二个 this 时所关注的对象。］

（P^x36）That the object the speaker of **the first use of "that" in (36)** attends to as he speaks it = the object the speaker of **the second use of "that" in (36)** attends to as he speaks it.

[说话人在（**36**）**中说出第一个 that** 时所关注的对象 = 说话人**在**（**36**）**中说出第 二个 that** 时所关注的对象。]

（P^x37）That the object the speaker of the use of "this" in (37) attends to as he speaks it = the object the speaker of the use of "that" in (37) attends to as he speaks it.

[说话人在（**37**）**中说出 this** 时所关注的对象 = 说话人**在**（**37**）**中说出 that** 时所关注的对象。]

因此，即使这三个陈述在史密斯的情境中表达相同命题，它们没有相同的索引性真值条件。

这些信念的情况又是怎样呢？在这种情况中，根据奥斯丁给出的背景信息，我们知道 this 在（35）中的两次使用和 that 在（36）中的两次使用都涉及相同的说话人和相同的感知缓冲，而 this 和 that 在（37）中的使用则涉及不同缓冲。我们把接受右眼输入的感知缓冲称为 **r**，把接受左眼输入的感知缓冲称为 **l**。这样，我们可以将自返内容的概念应用于激发史密斯的涉及（35）和（36）的话语或者想法的信念。

（P^x35b）That **r** and **r** are of the same object;

（**r** 和 **r** 是关于同一对象的。）

（P^x36b）That **l** and **l** are of the same object;

（**l** 和 **l** 是关于同一对象的。）

如果史密斯有一个（34）所表达的信念，其自返内容会是：

（P^x37b）That **r** and **l** are of the same object.

（**r** 和 **l** 是关于同一对象的。）

相联自返内容

注意，这些信念的自返内容与用来表达它们的陈述的自返内容不同——根据这些内容的自返性质，它们不可能相同。我把这些内容之间的关系称为"架构性"关系。一个表征[①]的架构性真值条件把它与另一个表征之间的重要联系视为已知，而它与指定之间的联系没被看作已知。[②]

---

① 或者用更普遍的说法——一个信号，即已知各种制约关联和事实的情况下任何相对于关于世界其余部分它表明了什么的状态或事件。

② 参见 Israel 和 Perry（1991）。

缓冲 **r** 与指称性表达 this 在陈述（33）和（37）中的使用之间、缓冲 **l** 与 that 在（33）和（34）中的使用之间存在因果联系。这些缓冲*支配*或*控制*这些话语。与 this 的使用有谓词联系的材料依赖与缓冲 **r** 有联系的观点。这种架构性联系引发一种新的内容：*已知*架构性联系情况下得到的内容。根据普遍观点可知：内容说明在视已知为固定的情况下为了使话语为真世界*还*应满足什么条件。现在我们把感知缓冲和它们所支配的子话语之间的因果联系视为固定。这些保证了这些子话语的指称是支配性缓冲所涉及的对象。因此，

> 已知 **r** 支配 this 在（37）中的使用，**l** 支配 that 在（37）中的使用，那么，（37）为真，当且仅当，**r** 和 **l** 属于同一对象。

因此，已知其指称性表达之间的架构性联系，陈述（35）的内容是（P^x35b）。已知其指称性表达之间的架构性联系，陈述（36）的内容是（P^x36b）。如果史密斯有（37）所表达的信念，其自返内容会是（P^x37b）。一般说来：

> *如果一个陈述表达一个信念，那么已知该陈述与该信念之间的架构性联系，该陈述的内容将与该信念的自返内容相同。*

我们将这类内容称为一个陈述的*相联自返内容*。诚然，这样的术语有点误导，因为一个话语的相联自返内容不是该话语的*自返内容*。它不含有该话语或子话语作为构成成分，但把与这些子话语相联系的感知缓冲作为构成成分。它是与该话语有联系的认知的自返内容。我们需要知道的依然是*还*需要满足*什么条件*，如果*已知*该话语的意义、说话人的哪个信念激发该话语和该信念的哪些成分支配其子话语。

也许现在应该指出我所用术语另一个令人困惑的方面。一个话语的相联自返内容是一个*增补性*内容，因为它不是关于该话语本身。它说明已知关于该话语的某些事实的情况下为了使该话语为真世界其余部分必须满足什么条件。在这种情况下，这些事实是与那些缓冲的联系。已知这些联系，为了使该话语为真，那些缓冲需要是涉及同一事物的。这是增补性内容，不是自返内容。但它也不是指称内容。

但直到现在，我一直把*增补性*内容看作几乎等同于指称内容。这是我们需要搁置的一个简单化处理。一个话语的增补性内容（不是其指称性内容，严格地

说，也不是自返性内容）将被占去更多空间。即我们将看到*混合*内容的情况，即已知关于该话语的*一些*事实但不是使我们得到指称的*所有*事实，为了理解事物如何起作用需要考虑内容的情况。

最后，需要指出，在第 1 版中我有时把不是指称性的任何内容都称为“自返”内容，但自返内容只能用来指含有话语本身或它的一个子话语作为构成成分的内容。在第 2 版中我消除了这种草率的做法。

牢记这一点，我们现在回头看史密斯的内心独白，对之给以简单解释，所以我们可以忽视关于知识与信念之间的关系的问题和关于迭代态度报告的问题。

> 我相信 this 是红色的且 this=this；that 是红色的且 that=that。我不相信 this=that 和 this ≠ that，我不怀疑 this=that 和 this ≠ that。

为其自身真值，史密斯所做陈述中的每一个都对他那些涉及感知缓冲 **r** 和 **l** 的信念有所要求。当他说“我相信 this 是红色的且 this=this”，他的所言为真，当且仅当，他有一个信念，这个信念含有其陈述的相联自返内容，即 **r** 涉及一个红点且 **r** 涉及它所涉及的那一红点。当他说“我不相信 this=that”，他的所言为真，当且仅当，他没有一个含有其陈述的相联自返内容——**r** 和 **l** 涉及同一红点——的信念。当他说“我不怀疑 this=that”，他的所言为真，当且仅当，他没有一个与子话语 this=that 的相联自返内容相矛盾的信念，即其自返内容是 **r** 和 **l** 不涉及同一红点的一个信念。

似乎我们现在能够解释史密斯的不知情。我们想象史密斯有三个认知。第一个以缓冲 **r** 作为其第一个和第二个成分，而且是一个信念。这个信念使他说出“this=that”和“我相信 this-that”。第二个也是一个信念，除了以 **l** 作为两个成分这一点外其余与第一个认知相同。第三个有两个不同成分，**r** 和 **l**。它不是一个信念，而是一个他还没有为其做出决定的假设。第三个认知使史密斯说出：

> ……我不相信 this=that 和 this ≠ that，并且我不怀疑 this=that 和 this ≠ that。

虽然我们对史密斯的不知情有了一个解释，但对指称主义如何能够解释信念报告传达这种不知情的方式我们还没有一个解释。这个解释将会在第 10 章中给出。

小 结

本章的主要内容是区分索引内容和指称内容，并利用这个区分来解释涉及索引词和指示词的不同形式的C-指称问题。

对于**陈述**，即陈述语句的话语，内容是对真值条件进行编码的命题。已知一个陈述中各表达式的意义，如果我们根据那些决定索引词和指示词的指称的语境因素考虑该陈述的真值条件，我们得到索引内容。我也把这称为“内容$_M$”，即固定意义后得到的内容。对于一个含有索引词的陈述，这个命题是自返的，即它是一个关于话语本身的命题。例如，如果我说“I am sitting”（我正坐着），该话语的索引内容是：该话语的说话人在说出该话语时正坐着。而指称内容是我们固定意义和内容后得到的内容（即内容$_C$）。所以，我的话语“I am sitting”的指称内容是约翰·佩里正坐着。

对于一个指称性表达式，其话语的内容是某对象成为其指称对象所要满足的条件；对于自返内容，这些条件是与该话语之间的关系。当我说I时，我话语的索引内容是是该话语的说话人这个条件（译者注：此处下划底线部分的英语原文为 the condition of being the speaker of that very utterance）。当我们固定了语境，固定了我是说话人这个事实，我们得到是约翰·佩里这个条件（译者注：此处下划底线部分的英语原文为 the condition of being John Perry），所以，其指称内容，简单地说，就是我。

虽然有些令人困惑，一个名称的索引内容正是它的指称对象。这是因为我们用名称来命名；也就是说，我们认为其意义固定其指称对象。语境是无关的，所以我们根据语境事实得到的索引内容和我们没有借助语境事实得到的指称内容是相同的。

如果我们想象本书4.5节的照片上是一条身长特殊的狗，叫做抻拉，我们就有了C-指称问题。如果一个人指了抻拉的头两次，说“that dog is that dog”（那条狗是那条狗），这个陈述是平凡的。但如果一个人先指了狗头又指了狗尾巴，说出这句话，他的陈述不是平凡的，而是传达实质信息。指称主义者认为在这两种情况下两个话语所言相同，但认知意义不同。所以我们有C-指称问题。对这个问题的解释是这两个陈述的索引内容不同，即使它们在指称内容上没什么不同。

本章还引入**指定内容**层面。这是我们固定意义、语境和限定摹状词的指示后得到的内容层面。话语 “The president elected in 2008 was born in Hawaii”（2008 年当选的美国总统出生于夏威夷）和 “The first African-American president was born in Hawaii”（美国第一位黑人总统出生于夏威夷）的指定内容是相同的，即使它们有不同指称内容。

我们对认知的简单解释涉及观念和观点，有了这个解释，我们不仅可以引入话语的不同内容层面，还可以引入信念的不同内容层面。我们可以根据其成分观念所涉及对象或者在把所涉及对象视为已知的情况下考虑一个信念成真必须满足的条件。这使我们有了**相联自返内容**的概念。从根本上说，当一个话语意图表达一个信念，该信念的自返内容就是该话语的相联自返内容。假设：我看着一条狗，在一个感知缓冲中增加关于这条狗的信息，并形成这条狗是只猎兔犬这个信念。我这个信念的自返内容是：该缓冲所涉及的那条狗是只猎兔犬。如果我这时说 “That dog is a beagle”（那狗是一条比格犬），我这个陈述的相联自返内容是：该缓冲所涉及的那条狗是只猎兔犬。在讨论戴维 · 奥斯丁所提出的 C- 指称问题的一种非常复杂的形式时这个概念证明很有用。

第 6 章　名称与 C- 指称问题

6.1　导　　言

正如我们在第 1 章所指出的，索引词 C- 指称问题的自返指称解答并不显然适用于专名，除非我们认为专名是索引词。我认为专名不是索引词，但我断言这个解答可以推广。处于我们这个解答底层的不是索引性而是指称性。本章我们将讨论恩斯特·马赫和戴维·伊兹瑞尔这两个例子。这两个例子都要求我们理解名称、索引词和指示词之间的区别。我们将首先讨论伊兹瑞尔例，给出对名称的一个解释，然后再讨论马赫例。之后，我们还将讨论克里普克的帕代雷夫斯基例（Kripke，1979），该例只涉及专名，并且只涉及一个专名。

6.2　计算机科学家例

先来回顾第 1 章中的两个陈述：

（4）I am a computer scientist.（Said by David Israel.）

　　［我是一位计算机科学家。（戴维·伊兹瑞尔说。）］

（5）David Israel is a computer scientist.

　　（戴维·伊兹瑞尔是一位计算机科学家。）

来看两种情况。在情况 1 中，伊兹瑞尔在一个 CSLI 研讨会上正与一个与会学者交谈，该学者并不认识伊兹瑞尔。伊兹瑞尔想让该学者相信他对计算机语言有所了解。很自然，他会使用（4）来实现这个目的；而使用（5）则实现不了这个目的。在情况 2 中，一个政府官员向伊兹瑞尔提问关于 SRI 员工的情况，而伊兹瑞尔自己就是 SRI 的员工。那名政府官员问他的问题是“Is David Israel now or has he ever been a computer scientist?”（戴维·伊兹瑞尔现在或曾经是一位计算机科学家吗？），戴维感觉必须真实回答这个问题但同时他又不想暴露自己计算机科学家的身份。他担心如果那位官员知道自己身份的话也许他会讥讽自己，因为显然那个官员认为计算机科学家既愚蠢又邋遢。通过说出（5），伊兹瑞尔既真实回答了问题又没有暴露自己计算机科学家的身份，但说出（4）实现不了这样的目的。所以（4）和（5）这两个话语可以由戴维的不同信念和愿望所激发，并可能引发听话人的不同信念。

根据我们在本书开篇所考虑的指称主义观点，这似乎难以解释。根据指称主义解释，（4）和（5）有相同内容，即以下单称命题：

（P^r5）That **David Israel** is a computer scientist.

（**戴维·伊兹瑞尔**是一位计算机科学家。）

可以看出，我们的方法可以解决部分问题。任何能够熟练使用英语的说话人都会获取（4）的索引内容：

（P^x4）That ***the speaker of*** τ is a computer scientist.

（τ ***的说话人***是一位计算机科学家。）

这里，τ 是 I 的话语。正如我们所理解的，（4）所表达的命题不是（P^x4），而是（P^r5）。但我认为这并不意味着（P^x4）对于（4）的认知意义是不相关的。

在情况 1 中，伊兹瑞尔想让听话人明白所谈及的那个人也是说话人。他头脑中的理解计划大致如下：

> 一个能够熟练使用英语的说话人会感知我的话语并明白：我的话语为真，当且仅当，说出该话语的那个人是一位计算机科学家。他也会明白我——在他面前与他交谈的这个人——是该话语的说话人。所以他会知道他面前的这个人是一位计算机科学家，并且明白通过向这个人提出问题并认真听取解答，他可以对这个令人着迷的领域有更多了解。

在情况 2 中，伊兹瑞尔不想让听话人知道他正在和一位计算机科学家说话，所以他没有用 I 来指称自己，这样听话人就不会知道说话人本人是一位计算机科学家。如此，对戴维为什么在情况 1 中选择说出（4）而在情况 2 中没说（4），我们就有了一个解释。[①]

但我们仍然只是解答了部分问题。在情况 2 中，戴维想让他的听话人即那位

① 参见《论指称选择模式的语用学》（*On the pragmatics of mode of reference selections*）（Taylor，1993）。泰勒在文中讨论史密斯例：史密斯是一个喜欢冒险的杀人犯，他主动为侦探琼斯做目击证人，对琼斯讲了谋杀犯的很多事情，实际上他就是那个杀人犯。史密斯喜欢冒险但并非一个彻头彻尾的白痴，所以他在与侦探的谈话中使用了第三人称。

政府官员明白他手中 SRI 员工名单上 David Israel 这个名字所指定的那个人是一位计算机科学家。通过回答时使用了自己名字他实现这个结果。但他是如何做到这一点的呢?

6.3　名称与惯例

现在我们回顾一下我们用来指定的术语以及它们之间的区别。

● 项用来*指称*，如果它们使它们所指定的对象而非识别性条件成为正式内容的一部分，使得它们的正式内容是关于所指定对象的单称命题。

● 项用来*描述*，如果它们使一个识别性条件成为正式内容的一部分。

● 项用来*指示*，如果语言惯例将它们与呈现模式——一个对象为了成为被指定对象需要满足的条件——联系起来。

● 项用来*命名*，如果保证它们指定的惯例将它们与对象，而非对象上的条件联系起来。

我们一开始就认为摹状词用来描述，我们也认同经典指称主义认为索引词和名称用来指称的观点。摹状词显然用来指示，我认为索引词也用来指示。这样就有一个问题：名称用来指示还是命名？根据我所用术语，我对名称的解释是名称用来命名，虽然这听起来平凡但令人信服（表 6-1）。

表 6-1　指定的种类

	指称	描述
命名	专名	
指示	索引词	摹状词

当我们为某人或某物起名字时，我们建立起一个*许可惯例*：这个名称*可以*用来指定这个人或物。当戴维 • 伊兹瑞尔的父母为他起名 David，他们建立起一个惯例，人们根据这个惯例用这个名字指定他们的儿子。但这并不阻止人们用这个名字指定其他人或用其他方式来指定戴维——这是我强调把这种惯例称为许可惯例的理由。

会话或语篇中用一个名称指称某个人时，说话人或作者使用这样的惯例。单独一个名称如 David 可以通过不同许可惯例与几百万人发生联系。抽象意义上讲，当一个人理解含有 David 这个名字的一个个例时，知道自己利用了什么惯例是一个非常重要的问题。当我们看到墙上写有 David was here（戴维到此一游）这样的语句，我们可能完全不知道它指定几百万个戴维中的哪一个。但通常有多种不同因素使专名成为人们谈论事物的一种实用方式。我只认识可用 David 这个名字来指定的少数几个戴维。很容易预见，我所认识的这些戴维与我在不同语境下经常遇到的人们所知道的那些戴维有重叠。而且，根据宽容原则，我认为我的谈话对象指定也许具有或也许被认为具有我们所谈论那个戴维具有的性质的戴维们，而且如果不确定我总可以提问来确认。假设戴维·伊兹瑞尔和戴维·黑尔斯（David Hills）同时出现在一次 CSLI 讲座现场，这时有人提出一个逻辑问题，我说："或许戴维可以告诉我们答案。"在场大多数人知道我心中所想的是戴维·伊兹瑞尔；如果那是一个美学问题，他们会明白我心中所想的是戴维·黑尔斯；但如果那是一个认知科学问题，他们或许需要问清楚我说的是哪一位戴维。

相比语境在解释索引词方面所起的作用，语境在解释使用哪个命名惯例方面所起的作用很不同。一个索引词的意义决定与话语和说话人相关的某具体语境关系：说话人是谁，或者听话人是谁，或者说话人在何时说的。这继而确定指定。不同的索引词与不同事实相关，索引词的意义决定哪些事实与确定指定相关。但名称的情况与此不同。David 和 Harold 这两个名字之间的区别不在于它们的意义决定与话语和说话人相关的不同关系。对于名称，语境的作用只是帮助我们缩小所使用许可惯例的可能性。①

如果我们需要为这个现象给出一个熟悉的说法，那就是"歧义"。同一个名称有许多不同意义；和其他歧义现象一样，语境的作用是帮助我们确定在一次具体使用中哪个意义是相关的，而不是提供相关意义所需要的一类具体事实。但这个现象与我们通常所说的歧义有许多不一样的地方。范式歧义表达只有几个意义，这些意义对于使用该表达的人常常是已知的，或者是可以通过查阅词典容易找到的。实际上，一个人渴求知道许多词的大多数意义。相反，许多名称有几千甚至几百万个意义，也就是说，利用不同许可惯例，它们可以用来指定很多个体。一个人使用某具体名称时会忽视它的大多数意义，而渴求知道这些意义是愚蠢的做法。具体情况中如果想查明或缩小这些可能性，我们或许可以使用电话簿

---

① Kaplan（1990）中对名称给出一个解释。卡普兰认为，每个命名惯例都涉及一个不同的名称；我们没有 David 的几百万个意义，我们有的是几百万个同音名称（homophonic names）。我的方法似乎更自然，至少对我来说。我不认为卡普兰的解释能够解决问题；它只是用一个认识论问题替换了另一个问题：用名称歧义性问题（使用哪个意义）替换了身份问题（使用哪个名称）。当然，我可能遗漏了他解释中的一些迷人特征。但我认为，如果把我对名称的解释应用于同音词所共有的声音外壳，他的理论可以融入我的自返指称理论中。

或者甚至百科全书但不会用到词典。因此，说名称有歧义有点误导。我用*名称歧义*和*名称歧义性*这两个蹩脚表达来提醒我们名称的歧义与范式歧义现象之间的异同。如此，名称表现名称歧义性，这与歧义有点像，但不是索引性。即使如此，我们仍可以对含有名称的陈述的自返真值条件加以解释。

6.4　名称与认知意义

早上上班路上看到一面墙上涂写有

（38）David uses LISP.

（戴维使用 LISP 语言。）

我推断这是乱涂乱画的结果，并把这个话语称为 **g**。我不知道话语中这个名字指定哪个戴维，所以也不知道这个话语表达什么命题，它的正式内容可能是什么。但我可以假设使 **g** 为真的一些条件。

（P^x38）That ***the person the convention exploited by* g *permits one to designate with* "*David*"** uses LISP.

（***根据* g *所使用的惯例某人用 David 所指定的那个人***使用 LISP 语言。）

（P^x38）不是 **g** 所表达的命题，也不是 **g** 的正式内容，但它给出 **g** 的真值条件。此外，（P^x38）是自返的，即它既是这个话语的真值条件同时又是关于该话语的一个命题。

现在我们假定 **g** 是关于戴维·伊兹瑞尔的一个话语，由他的几个年轻粉丝涂写在墙上。在这种情况下，**g** 的指称内容不同于（P^x38），而是关于戴维·伊兹瑞尔的一个单称命题。但（P^x38）也是我们需要的一个命题，用来部分解释感知这个信息对我的影响。

假设我对墙上乱写乱画的行为很生气，想要查明是谁在墙上写了这句话。我先从（P^x38）和常识出发。在墙上涂写 **g** 的那个人或那些人当时使用了将他们对 David 的使用与具体某个戴维联系在一起的惯例。通过将这个戴维与 LISP 语言——一个基于 λ 演算的程序语言，它对哲学背景的计算机科学家有一定吸引力——联系起来，这些人意在向他表达敬意或者侮辱他。社区的这些涂鸦者能够使用他们可以用 David 这个名字指称这位戴维的一个惯例。据此，我或许可以找出那人是谁——我可以问社区的人是否知道一位名叫 David 且使用 LISP 语言的计算机科学家。一旦我找到戴维，我会问他可能是谁把他的这种编程习惯涂写在墙上。

现在我们再回头看情况2。在这个情况中，戴维说出（5），因为他不想让听话人知道他正和戴维·伊兹瑞尔本人交谈，虽然戴维并不介意那位官员是否知道他所谈论的戴维·伊兹瑞尔是位计算机科学家。我们可以想象那位官员有一份SRI员工名单而且他当时正在浏览那份名单。

当那位官员在SRI员工名单上看到David Israel这个名字时，他获取了什么信息？名单中这个名字所起的作用类似下面这句话语：

（39）David Israel works at SRI.

（戴维·伊兹瑞尔在SRI工作。）

（39）的指称内容是如下单称命题：

（P^r39）That **David Israel** works at **SRI**.

（**戴维·伊兹瑞尔**在**SRI**工作。）

说这是那位官员所获取的信息有点误导，因为我们假设他从未听说过戴维·伊兹瑞尔，除了他看到这个名字出现在名单上所了解的信息外他对戴维根本没有概念。他只是把戴维·伊兹瑞尔看作是David Israel的这次使用所指定的那个人，即根据我们的解释和David Israel的这次使用所涉及的惯例我们称之为David Israel的那个人。那么我们可以说这个官员并没有完全获取他心中的这个陈述，即（39）（我们称之为**h**）的意义。他知道与works at SRI相联系的惯例，也知道与David Israel的这次使用相联系的惯例类型；所以他确实知道一些，但并非什么都知道。他所知道的是

（P^x39）That ***the person the convention exploited by* h *permits one to designate with "David"*** works at SRI.

（根据**h**所使用的惯例，David用来指定的那个人在SRI工作。）

这时那位官员问："What does David Israel do?"（戴维·伊兹瑞尔做哪方面工作？）提出这个问题时，他利用了支配他手中SRI员工名单上David Israel这个个例的惯例。有趣的是，他可以做到这一点。他没有把这个惯例*看作是*他可以用David Israel这个名字称呼他以其他方式有所了解的某个人的一个惯例。就他所知，他从未与这个名称个例所指定的那个人面对面交流过。他问的这个问题是一个*关于*戴维·伊兹瑞尔的问题，戴维·伊兹瑞尔是这个问题正式内容的一个构成成分。有哲学背景的人也许会对他提出这样一个问题感到奇怪，因为他对戴维知之甚少。但这似乎不容否认。那位官员只是起（信息）通道作用。他希望从面前这个人那里获取关于戴维·伊兹瑞尔的信息，因为他认为这个人熟知戴维·伊

兹瑞尔，然后他把该信息传递给别人，直到该信息能够为更加熟悉伊兹瑞尔的人或希望获取该信息的人——如通过召唤伊兹瑞尔到办公室面试——所使用。为了实现这个目的，在任何正常情况下，那位官员不必知道谁是伊兹瑞尔。他需要确认面前这个人正谈论他手中名单上的那个戴维 · 伊兹瑞尔。为了做到这一点，他或许会问："Do you know a person named 'David Israel' who works here at SRI? Do you know more than one?"（你认识一位名叫戴维 · 伊兹瑞尔的 SRI 员工吗？是不是还有其他名叫戴维 · 伊兹瑞尔的 SRI 员工？）如果戴维回答得当的话，他会接着问："And what does David Israel do?"（戴维 · 伊兹瑞尔做哪方面工作？）

戴维用（5）来回答。（5）的自返真值条件（比 1.4 中给出的更为复杂）是

（P^x5'）That ***the person the convention exploited by* (5) *permits one to designate with "David Israel"*** is a computer scientist.

[***根据（5）所使用的惯例，David Israel 用来指定的那个人***是位计算机科学家。]

戴维的计划是：作为一个能够熟练使用英语的说话人，那位官员将会获取（P^x5'）。他会认为戴维帮助了他，戴维和他使用了相同命名惯例，稍后他还会使用这个惯例对他的报告进行归档。这使他能够回答他手中表格上的问题。戴维帮助了他，但整个过程他无从知晓戴维 · 伊兹瑞尔就是正与他说话的这个人。这个自返内容层面使我们能够讲完这个故事，理解在情况 2 中［通过使用（5）］戴维如何能够期待满足他的信念和愿望。

6.5　自返性与名称

我们借助自返内容——（4）的自返内容（P^x4）、（5）的自返内容（P^x5'）——来解释我们问题的两个部分。

（P^x4）That ***the speaker of*** τ is a computer scientist.

（***τ 的说话人***是一位计算机科学家。）

（P^x5'）That ***the person the convention exploited by* (5) *permits one to designate with "David Israel"*** is a computer scientist.

[***根据（5）所使用的惯例，David Israel 用来指定的那个人***是位计算机科学家。]

虽然（P^x4）和（P^x5'）都是自返的，但存在一个重要区别。（P^x4）是（4）的索

引内容，我说过这在对（4）的认知意义的解释中非常有用。但如果没有把名称当作索引词，我们不能说（P^x5'）是（5）的索引内容。

将名称当作索引词来处理的做法有些诱人。正如我之前所提及，我认识两个戴维·卡普兰，一位是优秀的逻辑学家，另一位是斯坦福大学医学院的优秀医生。所以，我可以在不同谈话中使用 David Kaplan 来指定不同的人。我们能否把它看作一个索引词？这是否会帮助我们解决名称（而非索引词）难题？来看一个更加传统的例子，我们可以使用索引词情况中所用的方法区分 Cicero is a famous orator（西塞罗是一位著名演讲家）的索引内容和 Tully was a famous orator（图利是一位著名演讲家）的索引内容并解决这个难题。

但是，David Kaplan 的两次不同的使用所产生的问题并不是存在这样一个词语：它只有一个意义并且这个意义确定不同语境中它的不同指定。相反，该问题是名称歧义性：存在大量相对局部的命名惯例，它们在不同会话中是相关的；语境的作用是前语义的，即帮助我们查明使用的是哪个惯例。这些惯例的局部性使名称歧义性不同于直接歧义，但原则是相同的。理解与 David Kaplan 的一次具体使用相关的意义即理解相关惯例，就是理解其指定何人。所以，在以上著名例子中，Cicero is a famous orator（西塞罗是一位著名演讲家）和 Tully was a famous orator（图利是一位著名演讲家）的索引内容是相同的。在解释不同认知意义方面，索引内容层面并不比指定内容层面或指称内容层面有更大作用。一旦确定了意义，也就确定了 Cicero 和 Tully 的相同指定。我们无法使用至此所引入的三类内容——指称内容、指定内容和索引内容——中任一层面来解释这两个陈述之间的不同。然而，似乎（P^x5'）

（P^x5'）That ***the person the convention exploited by* (5) *permits one to designate with "David Israel"*** is a computer scientist.

［***根据（5）所使用的惯例，David Israel 用来指定的那个人***是位计算机科学家。］

一定是我们所需要的东西，但我们如何将它置于我们理论之中呢？

（P^x5'）为我们提供的是在已知关于（5）的意义*一些*但不是*全部*事实的情况下（5）的真值条件。由（5）我们可知，如果给定关于 be a computer scientist 的意义的事实和 David Israel 是一个专名这个事实，但没有给定关于这个名字这个子话语所使用具体惯例的事实，那么还需要什么为真。我们或许可以把（P^x5'）称为（5）在除了 David Israel 意义之外的其他意义部分都已固定情况下的内容。

因为意义固定后的内容是我所说的“索引内容”，所以我们也可以把（$P^{x}5'$）称为*（5）除 David Israel 的意义外的索引内容*。

现在我们有了部分意义固定情况下真值条件的理论概念，这对于语言认识论非常重要。它有助于我们理解我们在我们知道一个话语中一些但不是全部词语的意义的情境中的知识状态。当我们解释一个词语在一个语句中的意义时，我们使用只有部分意义得以固定的内容层面来计划我们的话语。我们期望我们的听话人可以大致理解这个语句的意义；他们所理解的我们所言的真值条件将会是我们话语除这个词语之*外*的索引内容。如果我们所选例子合适，我们的听话人能够推断出我们陈述的完整内容应该是什么。据此，她能够明白这个词语的贡献及意义。

这个机制在我们做自我介绍的简单情况中起作用。当我在一个聚会上遇到你，我伸手对你说“I am John”。这时你知道存在这样一个许可惯例——John 可用来指定我。这之前你并不知道这个惯例。假定我是真诚的并且根据你已有知识，你知道存在一个惯例使他人可以称呼你的说话人 John。你看出我是说话人，所以知道我名叫 John。我所表达的命题——that **John** is **John**（**约翰是约翰**）——在形而上学方面是平凡的。但又有谁介意？这个命题不是我的计划所依赖的命题。

还记得去普林斯顿遇到戴维·刘易斯的那个学生吧，见面前她已经知道用 David Lewis 称呼戴维·刘易斯的这个惯例。她读过这个人的论文，知道他是普林斯顿大学的一位教授，她对这样一个人有了一个观念。当戴维在车站介绍自己时，她知道面前与她谈话的这个人就是那位大名鼎鼎的哲学家戴维·刘易斯。为了解释刘易斯的自我介绍陈述对她的认知影响（cognitive impact）——它与他说 I am I 或者 David Lewis is David Lewis 之间有何不同——我们不只需要索引内容，即内容 $_{M}$。

那位女学生的出发点是戴维的话语在 David Lewis 的意义没有固定情况下的索引内容。她知道该话语的说话人名叫 David Lewis。她看出说话人是她面前的这个人，依据常识（以及她的哲学知识）她知道戴维·刘易斯是普林斯顿大学哲学系唯一一位名叫 David Lewis 的人[①]。由此，她推断她面前这个人在说出 David Lewis 时所使用的许可惯例是她之前已经知道的那个惯例，她面前的这个人就是戴维·刘易斯——她读过其论文的那个戴维·刘易斯。

最后，我们再来看涉及两个戴维·卡普兰的例子。想象如下情境：我在一个聚会上，正在与一群同事谈论我之前提到的那位名叫 David Kaplan 的医生。假设我认为这位卡普兰医生会是斯坦福大学下一任校长并且我正对他胜任该职位的品

① 或者至少是在没有解释他不是*那位*戴维·刘易斯的情况下唯一一位可能说自己是戴维·刘易斯的人。

行大加赞誉。这时我看到我妻子弗朗丽走了过来。我知道当她听到 David Kaplan 这个名字，她会认为我们谈论的是那位逻辑学家，她或许会说：

> David Kaplan so loves his garden in Pacific Palisades, and he knows how to keep a healthy perspective on his work at the university.
>
> （戴维·卡普兰非常热爱他在太平洋海崖的花园，他知道如何对其学校工作保持一种健康的看法。）

我知道这些话会彻底毁掉我对卡普兰医生的赞誉。谁会需要一位喜欢洛杉矶家中花园的斯坦福大学校长？更不用说一位知道如何合理看待其大学工作的斯坦福大学校长。我对弗朗丽说：

> David Kaplan is a doctor in Stanford's School of Medicine.
>
> （戴维·卡普兰是斯坦福大学医学院的一名医生。）

现在，我的所言（内容 $_C$）是某个人是医学院一名医生。我并没说他的名字是 David Kaplan，没有说他是现行会话话题，也没有说我们没有谈论逻辑学家戴维·卡普兰。我的所言即我话语的正式内容是一个在该医生有一个不同的名字、我从没谈论过他并且逻辑学家卡普兰从未出生的世界中为真的命题。然而，我计划传递给弗朗丽的信息是

> In this conversation, John is not using "David Kaplan" to designate David Kaplan, the logician, our old friend.
>
> （在这个谈话中，约翰没有用 David Kaplan 这个名字指定我们的老朋友——逻辑学家戴维·卡普兰。）

我的计划是如何起作用的呢？我期待她进行如下推理：

（ⅰ）假定约翰的话语是真的。

（ⅱ）约翰的话语为真当且仅当存在唯一这样一个人，约翰用 David Kaplan 指定他且他是斯坦福大学医学院的一名医生。

（ⅲ）所以，存在唯一这样一个人——约翰用 David Kaplan 指定他且他是斯坦福大学医学院的一名医生。

（ⅳ）我们的老朋友戴维·卡普兰不是什么医学院的一名医生。

（ⅴ）所以，在 David Kaplan 这个子话语中，约翰没有使用 David Kaplan 这个名字来指定我们的老朋友戴维·卡普兰。

（ⅵ）约翰在该话语中对 David Kaplan 的使用与他在接下来会话中对这个名字的使用相一致。

（ⅶ）所以，在接下来的会话中约翰不用 David Kaplan 来指定我们的老朋友戴维·卡普兰。

这个计划的关键是：根据弗朗丽对我的信任（ⅰ）和她对英语的了解（ⅱ），她会得到（ⅲ）。根据（ⅲ）和常识，她会进而得到（ⅶ）。

（ⅲ）当然不是我话语的所言：它不是内容$_C$。但（ⅲ）也不是内容$_M$，它是内容$_{M\text{-}DK}$，即在*已知*用来固定除 David Kaplan 外其他部分的意义的事实的情况下我话语的内容。

（ⅱ）反映英语的一个真原则，一个能够熟练使用英语的说话人如果识别出 David Kaplan 是一个专名，他就会接受这个原则。这是弗朗丽所处其中的情境，即使她可能把我所使用的 David Kaplan 的意义即说出 David Kaplan 时我所使用的许可惯例搞错了。她非常清楚名称对含有它们的陈述的真值条件所做贡献的普遍原则。

所以在步骤（ⅲ），我期待弗朗丽在*已知*我话语中除 David Kaplan 外其他词语意义情况下能够获取我话语的真值条件。

在语言认识论的解释中可以使用（ⅲ）。如果没有自返内容，不涉及它所反映的话语知识与世界知识之间的相互作用，语言认识论是没有希望的。索引性不同于自返性，但它对于语言哲学的重要性很大程度上体现在帮助我们理解自返性。

6.6 帕代雷夫斯基例

克里普克（Kripke, 1979）所引用的一个重要例子涉及波兰著名钢琴家、政治家帕代雷夫斯基（Paderewski）。设想有人，比如说是埃尔伍德，知道有一位钢琴家帕代雷夫斯基和一个政治家帕代雷夫斯基，但他不知道他们是同一个人。

埃尔伍德头脑里在想什么没有什么神秘。他有两个观念，一个与某人是位钢琴家这个想法相关，另一个与某人是个政治家这个想法相关。它们都与<u>名叫 Paderewski 这个性质</u>（译者注：此处下划底线部分的英语原文为 the property of having the name “Paderewski”）相关。埃尔伍德认为当他听到Paderewski这个名字时应该谨慎区分。他错误地认为他需要确定说话人说的是那位钢琴家还是那位政治家。容易理解一个人告诉埃尔伍德Paderewski is Paderewski可能会得到什么。他想将埃尔伍德的两个观念联系起来，或者甚至将它们合并在一起，使得埃尔伍德头脑中只有一个观念。这个观念将会与和之前那两个观念有联系的所有想法有联系，或者至少与尽可能多的可以进行合理一致合并的想法有联系。

问题是他如何实现这个结果。一个简单的方法是他可以说“there is only one famous Pole（or at least only one that you have ever heard of）named ‘Paderewski’”[只有一位（或者至少只有一位你有所耳闻的）波兰名人名叫Paderewski]。或者如果把这个名字看作一个普通名词，说“there is only one ‘Paderewski’ who is a famous Pole”（只有一位名叫帕代雷夫斯基的波兰名人），这两句话意义相同。但我们如何通过说出（40）——虽然我们很少这样做——传达这个信息呢?

（40）Paderewski is Paderewski.

（帕代雷夫斯基是帕代雷夫斯基。）

在一些情境中，这或许与抻拉狗的例子非常类似。或许存在引向帕代雷夫斯基的认知路径的两个突显出发点，这个名字的第一次话语可能与其中一个出发点相联系，它的第二次话语可能与另一个出发点相联系。例如，一个人可以先指了帕代雷夫斯基的音乐会海报然后又指了报亭里报纸上关于帕代雷夫斯基卷入一场政治事件的一则新闻标题。

但是，假设，一个人与埃尔伍德一起站在那张海报和那个报亭前，他没有指示只是说：Paderewski is Paderewski. 其自返内容是

（P^x40）That ***the person associated with “Paderewski” by the conventions exploited by the first use of that name in* (40)** is ***the person associated with “Paderewski” by the conventions exploited in the second use of the name in* (40)**.

[***根据 Paderewski 在（40）中第一次出现所使用的惯例与这个名字有联系的那个人是根据 Paderewski 在（40）中第二次出现所使用的惯例与这个名字有联系的那个人***。]

埃尔伍德明白那张海报和那个新闻标题所利用的惯例是相同的。这一点依赖说话人在他两次说出Paderewski这个名称时利用了相同惯例这个前提。埃尔伍德的推理依赖格莱斯式思路：说话人所说的话是相关的和有帮助的。因为恒等关系

是对称的，埃尔伍德不必决定 Paderewski 的哪次使用与音乐会相关，哪次使用与新闻标题相关。

实际上，如果埃尔伍德可以选择，说出 Paderewski is Paderewski 可以得到相同结果，即使说话人身边没有音乐会海报和新闻标题。如果埃尔伍德使用了突显语篇，其结构可以根据他不知道钢琴家和政治家是同一个人这一点得以解释，则效果最好。例如，假设埃尔伍德刚说过："I wonder if Paderewski the pianist and Paderewski the statesman are related."（我不知道钢琴家帕代雷夫斯基和政治家帕代雷夫斯基是否有关系。）

埃尔伍德的听话人能够明白埃尔伍德认为他两次说出 Paderewski 使用了不同的命名惯例。如果其他条件相同，埃尔伍德可以期盼听话人在回答他的问题时会使用与他提出问题时所用惯例相同的惯例，在这种情况下，Paderewski is Paderewski 的真值将要求只存在一个人，他既是钢琴家又是政治家。注意，如果没有在他的回答中说话人利用了埃尔伍德在其问题中所利用的全部惯例这个假定，Paderewski is Paderewski 的真并不排除存在两个帕代雷夫斯基的情况。通常，如果存在两个帕代雷夫斯基，Paderewski is Paderewski 这样的回答也不会有什么帮助。但是，它或许为真，如果一个人只利用这些惯例中的一个。也许听话人也不知道只存在一个帕代雷夫斯基，但他富于激情并相信这个政治家从来不会被允许与那位伟大钢琴家共用一个名字，所以他干脆拒绝使用这个名字来指称那位政治家。当他心想"the statesman on the other hand, shouldn't have been allowed to share a name with the pianist, and I won't use the poor excuse of a convention that permits this"（另一方面，那位政治家不应被允许与那位钢琴家共用一个名字，并且我不会使用有惯例允许这样做的糟糕借口）时，他说：

Paderewski is Paderewski.

这个说法可能没什么帮助但它不是假的。实际上，埃尔伍德也许误解了他的听话人，认为他被告知只存在一个帕代雷夫斯基，并因此逐渐相信其为真，虽然他的说话人态度较怪异。

6.7 马赫与邋遢学究

我们再回头看恩斯特·马赫例，马赫在公交车厢镜子里看到自己但却没有意识到他看到的是自己。根据我们对索引词和名字的认知意义的解释，我们可以解释以下三个断言之间的区别。

（1）That man is a shabby pedagogue.

（那个人是一个邋遢学究。）

（2）I am a shabby pedagogue.

（我是一个邋遢学究。）

（3）Mach is a shabby pedagogue.

（马赫是一个邋遢学究。）

这三个陈述有相同指称内容，即包含马赫和是一个邋遢学究这个性质（译者注：此处下划底线部分的英语原文为 the property of being a shabby pedagogue）的命题。但在与认知意义相关的所有层面上这些语句却是不同的。

虽然（1）、（2）、（3）都要求马赫是一位邋遢学究，但如果它们为真，其原因是不同的。（1）的意义决定它为真如果其说话人正在关注一个邋遢学究；正是说话人正在关注他自己这个事实决定说话人和这个主题项用来指称的那个人是同一个人。如果除 Mach 意义外（3）中其他部分的意义都得以固定，说话人不得不利用允许用 Mach 指称某人的一个惯例，并且通过这个惯例被指称的那个人实际上必须是一个邋遢学究。根据马赫是说话人这个事实和他所利用的那个惯例选出马赫这个事实，说话人和该主题项用来指称的那个人是同一个人。但对于（2），其意义自身确定（2）为真当且仅当该说话人是一个邋遢学究。说话人和陈述的主题所指称的对象之间的同一性是（2）中这个语句的意义的一个问题，所以在索引内容或内容 $_M$ 层面上是固定的。

那么，在这个意义上，（2）可以被看作进行自我断言（self-assertion）的一个方法，而（1）和（3）则不是。因为（2）的意义，每个人都可以用它说自己是个邋遢学究，无论她叫什么名字，在关注什么。出于这个原因，相对于话语（1）和（3），马赫的话语（2）对他有不同的认知负荷。要真诚地说出（1），马赫需要相信他正在关注的那个人是个邋遢学究；要真诚地说出（3），马赫需要相信他用 Mach 来称呼的那个人是一个邋遢学究；而要真诚地说出（2）马赫却不需要有这样的信念，但他需要相信该话语的说话人是一个邋遢学究。

这个解释借用了自我信念（self-belief）的概念；我们对（2）的认知负荷的特殊性的理解只限于我们对关于自己的信念的理解，这样的信念不是把一个人看作他所见到的或用他自己的名字所指称的那个人的信念，而是把自己*看作*自己的信念。但这是什么意思呢？

对于（2）存在以下问题：它所表达的这种自我知识是否有些古怪神秘，对于这个问题我们还没有给出分析的工具。我认为，通过将自返的概念应用于观念和观点体系，我们可以消除自我知识的所有神秘性（但这并不是说我们可以消除所有涉及自我的神秘性）。[①]

6.8　所言——I

从指称层面上看，为真的恒等陈述必然为真，为假的恒等陈述必然为假。主要基于克里普克的研究，同一必然现在是一个确定的哲学观点。[②]但并非总是如此。鲁思·马库斯（Ruth Marcus）的模态逻辑系统包括同一必然，但她发现没有几个人支持。[③]另外，在克里普克的《命名与必然》（*Naming and Necessity*）之前，对于心理－身体问题，一个标准观点是大脑状态与心理状态*或然*同一，这个或然同一在找出这样的恒等所必需的经验性探索中得以反映。

然而，如果A与B同一，那么只有一个对象既是A又是B。因为金星与启明星同一，所以只有一个天体既是金星又是启明星。因为西塞罗与图利同一，所以只有一个人既是西塞罗又是图利。根据（不）矛盾律，对于任何给定的性质，如果一个对象有这个性质，它不可能*没*有这个性质。所以如果A与A必然同一那么B也与A必然同一。我们找不出在其中A不是B的一个世界，因为只存在要找的一个对象；它要么在一个世界中要么不在这个世界中。这一点非常清晰。但是，这意味着我们需要对允许形而上同一必然的同一知识的经验性质给出一个解释。正如克里普克强调指出，表达必然命题的陈述并不总是*先验*可知的。

至此，我一直认为*所言*的普通概念就是指称内容，即在意义和指称得以固定的情况下的内容。如果我们把这个观点与含有名称和索引词的真恒等陈述表达必然命题这个观点相结合，可推出这些陈述的所言是必然的。但我们已经看到一个人用这样的陈述意图传达的信息通常是经验性的和或然性的。在我们关于抻拉的谈话中，我告诉你的信息——廊柱后只有一条狗，是你不可能*先验*理解且非必然的信息。当戴维·刘易斯说

（20）I am David Lewis.

（我是戴维·刘易斯。）

① 参见Perry（1990b）、Perry（1998c）和Perry（forthcoming）（至本书出版时仍未出版——译者注）。

② 特别是《命名与必然》（*Naming and Necessity*，1980）。

③ 参见Marcus（1946, 1961）。

来介绍自己时，他意图传达的不是必然真信息

（P′20）That **David Lewis** is **David Lewis**.

（**戴维 · 刘易斯**是**戴维 · 刘易斯**。）

而是他的名字是 David Lewis，并且，通过传达这个信息说明他是那个学生以其他方式已知的一个人。

我们的一种解释如下：每个陈述提供一个内容*系统*，这些内容的区别在于什么被固定，但这些内容并非平等。语言有一个核心功能，不是传达关于话语、词语、意义或语境的信息，而是传达关于这些词语所代表的事物，即其主题的信息。因为语言的架构，自返内容是可能的。例如，我传达关于比尔 · 克林顿食物爱好的信息的方式是用一种语言在一个语境中说出具有相关意义的词语来表达一个命题。

（41）Bill Clinton likes hamburgers.

（比尔 · 克林顿喜欢汉堡包。）

已知如何设计语言来提供关于主题的信息，那么在合适语境中我可以用这个语句来教你 hamburger 的意思，Bill Clinton 代表谁，或者 likes 的意思。我所用到的性质是那些使该系统起作用的性质。因为 Bill Clinton 代表克林顿，我可以用它指代克林顿。同样，如果你知道我正试图指称电视上正大口吃汉堡的那个人，我可以用 Bill Clinton 的一个个例来让你知道这个名字指称谁。语言借助这些事实的知识起作用并因此能够在某些情境中用来传达这些事实，这个事实并不掩盖当我们说语言的*设计*使我们可以谈论事物而非语言自身时所隐喻表达的真。

这样，在最重要的情况中，指称内容将获取说话人希望传达的关键信息。所言是关于主题的所言，即在*已知*关于意义和指称的事实情况下为了使陈述为真世界必须满足的条件。但该语言属性生成其意义保证它们不适合该普遍解释的语句。使用名称和索引词的恒等陈述是一个典型例子。它们的使用几乎从来不会带有传达它们指称内容——总是必然真或必然假——的意图。

来看（41）与（42）和（43）之间的不同：

（42）Bill Clinton is taller than Hillary Clinton.

（比尔 · 克林顿比希拉里 · 克林顿高。）

（43）Bill Clinton is Bill Blythe.

（比尔 · 克林顿是比尔 · 布莱斯。）

在一个标准情境中，我说出（41）告诉清楚知道 Bill Clinton 所指何人的听话人克林顿爱好什么食物，说出（42）告诉知道 Bill Clinton 和 Hillary Clinton 这两个

名字所指何人的听话人他们相对身高如何。假设我在第 1 章中所设想的情境——我正在和克林顿的一个儿时朋友谈话，他知道克林顿名叫 Bill Blythe，但不知道他后来如何，我告诉他比尔·布莱斯和克林顿总统是同一个人——中说出（43）。在这两种情况中，说话人的计划不只是表达一个命题。说话人说出（41），希望对听话人关于克林顿的观念有所影响，把它与喜欢汉堡的想法联系起来。说话人说出（42），意在对听话人的两个观念——一个关于克林顿，另一个关于希拉里——产生影响。说话人说出（43），也是如此，说话人希望对听话人的两个观念——一个关于克林顿，另一个关于布莱斯——产生影响。

假设在所有这三种情况中，我的听话人相信我的话，因此他们的信念有所改变，他们开始相信他们之前不相信的事情。在前两种情况中，这意味着他们信念系统的*指称性*真值条件将会改变。为了使他们的信念为真，需要克林顿喜欢汉堡且身材比希拉里高。

相反，获知（43）将不会改变听话人信念系统的*指称性*真值条件（至少在他开始进行推理前不会）。已知关于他的观念的指称性事实，如果他关于克林顿和布莱斯的两个观念不是关于同一个人的，那么他的信念不可能为真。这两个观念关于同一个人这个事实保证了这一点；所以只有一个人可以作为这两个名字的指称对象；一旦确定了指称的事实，它们之间必然存在 C- 指称关系。已知指称的事实，它们不可能与他的信念——他认为克林顿*不是*布莱斯的想法可能为真——相一致。但是，说话人说出（43）使听话人形成的新信念，即克林顿就是布莱斯，的确改变了一些事情。这种改变发生在自返层面。如果我们对他观念的指称进行抽象处理，在我说话之前他没有想到要求这两个观念 C- 指称同一人。我说出（43）后，他开始意识到存在恒等符号的内在对应。①

在这样的恒等式（和表达其他必然自返关系的陈述）的情况中，指称内容对于理解说话人表达和意图生成的信念状态作用不大。如果说当我说“比尔·布莱斯是比尔·克林顿”，我表达了一个必然真理，或者我的话语与我说“比尔·克林顿是比尔·克林顿”时意思相同，这听起来非常怪异。但是，必然地，一个合理的解释是这种怪异来自对所言这个概念的普遍使用。这个概念*通常*对于理解人们用他们的词语传达信息方面所起的作用令人满意。

我们可以说，如果我们假定语言的标准功能是在给定指称性事实情况下传达关于主题的信息这个假设，因为这个假设很好地解释了语言进化的原因与语言的

① 在 Perry（1980）中，我把这称为“内在同一性”。

核心用处，那么一个语义理论的关键测试将会直接得到主题真值条件。根据这个看法，捕获这些真值条件的命题，即指称内容，有充分理由作为被表达的命题，即所言。基于这一事实及卡普兰、汤尼兰、克里普克等哲学家的权威性，我们将指称内容称为“正式内容”。

虽然如此，但当我们讨论 N- 指称问题时，把所言等同于正式内容，还要面对其他一些问题，所以我们会在第二部分中再来讨论这个话题。

小　　结

我们认为名称用于命名，即语言惯例固定一个名称的指称对象，使得一旦意义得以固定，指称也就固定了。这意味着索引内容在涉及名称的 C- 指称问题方面对我们没有帮助。

但是，存在我们可以借助的一种自返内容。当我们考虑**名称歧义性**——同一个名称指派给两个事物的现象——时，显然需要承认这样一个层面。当我们确认使用了哪个名称但不知道说话人利用了哪个相关惯例，我们对相关意义只有一个“话语 - 相关”或自返性理解。如果你说“David Kaplan is a surgeon”（戴维 · 卡普兰是一名外科医生），我可能不确定你是根据允许我们用这个名字指称那位逻辑学家的惯例还是根据允许我们用这个名字指称斯坦福大学医学院那位医生的惯例来使用 David Kaplan 这个名字的。我明白它的指称对象是根据说话人所利用惯例一个名叫 David Kaplan 的人，且仅此而已。

据此，我们承认存在意义部分固定情况下的一个内容层面。在上例中，我们考虑在除说出 David Kaplan 所利用的惯例外所有其他意义都得以固定的情况下为了使话语为真还需要满足什么条件。借助这个内容层面，我们可以看出 Cicero was bald（西塞罗是秃顶）和 Tully was bald（图利是秃顶）在内容上的区别，这种区别又解释了它们在认知意义上的不同。相同的基本观点还可以解释另一个复杂情况：如果有人说 Paderewski is Paderewski（帕代雷夫斯基是帕代雷夫斯基），听话人会明白钢琴家帕代雷夫斯基和政治家帕代雷夫斯基是同一个人。

第 7 章　什么是指称主义？

7.1　导　　言

第 1 章的辩证论证思路是这样的：虽然指称主义有很强的直觉论据，但描述主义用 C- 指称问题和 N- 指称问题反对之。历史却非与此完全一致，因为在汤尼兰、卡普兰、克里普克、韦特施泰因和其他学者给出明确支持指称主义的原因的 75 年前，弗雷格和罗素已经对指称主义的 N- 指称问题和 C- 指称问题给以清晰的说明。

在前六章，根据可以借助各种自返内容和不同形式的增补内容来解决 C- 指称问题和 N- 指称问题的观点，我提出了一种指称主义观点并为之辩护。这两个问题与我们无法刻画激发含有 C- 指称名称和索引词的交际情况的知识和出现在这些交际情况中的理解有关系。指称主义者接受了指称内容和各种形式的自返内容并据此可以找出这些知识。如果指称主义者赞同我提出的自返指称理论，他可以找出 C- 指称问题所需要的那些内容。一个批判指称主义者可以解释形如 $A=B$ 这样的重要真恒等式的认知内容，虽然他认为它们所表达的命题与它们的平凡对应恒等式——$A=A$ 和 $B=B$——相同。

7.2　辩 证 逆 转

也许有人说，这对于指称主义最多是个得不偿失的胜利。如果我们*默认*所表达的命题只是指称性命题，如果我们否认所表达的命题提供认知内容，如果我们承认存在一个层面——在这个层面上真恒等陈述的内容是或然的，那么，指称主义的那些著名论著的最初直觉和带给读者的激动还剩多少呢？如果其他种类的内容可以与指称内容这个关键概念齐肩，那么，作为影响深远的语义革命，指称主义还剩什么呢？如果只是因为听起来以心理学、交际、信息加工和语用学的事实为基础的原因而受到特殊重视，那么，指称主义还剩什么呢？如果说作为*所言*，所表达的信息即一个陈述的命题内容是一个语用敬语而不是从“反事实可能性”结构中得出的冰冷语义事实，那么，指称主义又剩什么呢？

的确，有人或许接着指出我所遵循的辩证论证与利用相同观点支持为赖兴巴赫描述主义辩护的辩证论证都不令人信服。这样，本书中所提出的理论*可以*称为“自返描述”理论。这种辩证论证中，C- 指称问题与 N- 指问题可以作为支持描述主义的论据；指称主义者所提出的那些直觉作为反对描述主义的论证最终却不能令人信服。根据弗雷格本人论著中的观点，赖兴巴赫描述主义者可以承认，有用的且或许甚至对于某些目的——一个人或许可以说，承认这一点对于某些目的是语用合理的——是重要的，是由所指称的个体进行个体化处理得到的一个内容层面，而不是我们用来指称它们的呈现模式。我的想法可以被视为在一个描述主义理论内为关于可能性和反事实的指称主义见解找到一个位置而非在一个指称主义理论内为关于认知内容的描述主义见解找到一个位置。

但这个可逆转性支持我所提出的这个理论，不管把它称为什么。

正如我在第 1 章所说，我把指称主义和描述主义之间的争论更多地看作是一个用于解释和阐述的结构而不是一个需要决定的问题。我想为双方的见解找到一个位置而不是要在它们之间做抉择。如果自返指称理论成功，它应该为对其中一个方法的观点进行捍卫并对另一个方法的观点加以批评提供一个基础。

但是自返指称理论真的提供了这个基础吗？它是兼顾考虑两个方面的观点还是遗漏了这些观点呢？我最后会通过对比双方各一权威论著中的论证来说明我对第一个结论的支持，这两个论证分别是弗雷格在《论涵义与指称》（Frege，1892）一文中的著名论证和卡普兰在《指示词》（Kaplan，1989b）一文中的彼得 - 保罗论证。同时，我将从肯 • 泰勒（Ken Taylor）的“心理化弗雷格”的视角来讨论自返指称理论。

7.3　弗雷格的论证

弗雷格让我们来思考 $a=b$ 和 $a=a$ 之间的不同。前式是综合且后验的，后式是分析且先验的，所以它们的信息价值或认知价值是不同的。一个合理的语义理论必须对这个不同做出解释。

弗雷格提出三个不同的解释。第一个与指称主义解释非常相似，是由《概念文字》（Frege，1879）中的基本语义理论给出的解释，但不包括他在该文第八部分中所引入的对恒等式的特殊处理。我对这个理论的理解有点像历史假说，我认为弗雷格先提出这个理论，注意到恒等式所造成的问题后，再用该文第八部分中的观点对它加以修正。我的这个假说正确与否并不十分重要，但这个假说性解释在考虑所涉及问题的结构时仍然有用。根据这个假说性解释，陈述有概念性内容，它们是陈述各部分概念性内容的函项。一个单称项的概念性内容是它所代表的那个对象，一个关系项的概念性内容是它所代表的那个关系。陈述的内容既不是弗雷格后来提出的指称概念的真值也不是他后来提出的涵义层面的思想。

我们不清楚它们究竟是什么，也不清楚它们的结构，甚至不清楚弗雷格在《概念文字》中的解释也是要设法搞清楚这一点，与之一致。我们清楚的是，如果 $a=b$ 为真，那么 $\phi(a)$ 的概念性内容与 $\phi(b)$ 的概念性内容相同。所以，根据这个解释，如果 $a=b$ 的概念性内容为真，那么它就是 $a=a$ 的概念性内容。这是指称主义者解释恒等陈述时的关键问题，所以出于我们的目的，这个假说性理论模型刻画指称主义。在弗雷格写作《概念文字》和《论涵义与指称》时，C- 指称问题似乎为他另找其他出路提供了充分理由。

弗雷格的第二个解释是包括第八部分在内的《概念文字》中的理论。在该文第八部分，他在概念性内容理论中增加了对恒等陈述的特殊处理：$a=a$ 的内容是语符 a 与其自身所代表的事物相同，而 $a=b$ 的内容是语符 a 所代表的事物与 b 所代表的事物相同。它们是不同的内容、不同的命题，前者是关于语符 a，另一个是关于两个语符，一个是分析性的，另一个不是分析性的。在《论涵义与指称》一文中，弗雷格反对这个理论因为它把这两个陈述的主题搞错了。它们不是关于语符的陈述，而是关于这两个语符所代表的事物的陈述。

弗雷格的第三个解释是他的涵义指称理论。这两个陈述的指称相同，其真值都为真。但它们在认识价值或认知价值方面的不同体现在涵义层面而不是指称层面。这两个陈述的涵义既不是第一个理论中那样的各项所代表事物的函项，也不是第二个理论中那样的各项自身的函项，而是由语言将这些项与之联系在一起的呈现模式的函项。在《论涵义与指称》一文其余部分中，弗雷格继续解释他的理论并将之应用于各类现象，这个理论成为之后一些语义系统的部分灵感来源。

弗雷格为我们给出放弃指称主义的理由了吗？他是否真的有理由抛弃他的概念文字理论？

显然，他有充分理由不喜欢他在《概念文字》中提出且包括对恒等陈述专门处理的最终理论。他没有提及但显然较为欣赏的一个理由是，当时正困扰他的这个问题不只与恒等陈述有关而且一定与恒等有关。来看 3 × 13 is not prime（3 × 13 不是素数）和 39 is not prime（39 不是素数）这两个陈述之间的不同。已知乘号符 × 和 prime（素数）这个词语的意义，第一个陈述是分析性的；第二个陈述，虽然为真且必然为真，但在我看来它似乎并不是分析性的。如果它是分析性的，它的分析性是相对于不同规则。第一个陈述的证明会比第二个陈述的证明少一步骤。弗雷格需要一个解释，它要为即使 $a=b$ 但 $\phi(a)$ 和 $\phi(b)$ 在认识价值或认知意义方面仍有所不同这个普遍问题提供一个普遍解决方法，而不只是对恒等的特殊情况给出一个处理。他的涵义指称理论提出了这样一个普遍解决方法，并立即把它应用于所有其他情况。例如，他的涵义指称理论能够解释 Cicero was a Roman orator（西塞罗是一位古罗马演讲家）和 Tully was a Roman orator（图利是一位古罗马演讲家）这两个陈述的不同认知意义，而他的概念文字理论却不能。

他反对概念文字理论是因为他认为概念文字理论把*主题*问题搞错了。这对于拒绝概念文字理论是个很好的理由，但对于接受涵义指称理论不是一个好理由，因为涵义指称理论似乎缺乏一个清晰的主题概念。正是这种缺乏造成某种程度上难于解释弗雷格对他在《论涵义与指称》开篇所提出问题——恒等对什么进行断言？是对象，还是名称？——的回答。显然不是名称。但它是对对象进行断言吗？那么似乎对象的复合和对它们的断言应该在他的理论中起某种作用——它应该是该陈述的*断言*，是真诚地断言它的那个人的*信念*，被理解它的那个人所捕获，等等。但起这个作用的是思想（*Gedanke*），是完全句的涵义，是呈现模式的函项不是对象的函项。那么恒等是对呈现模式进行断言吗？$a=b$ 所表达的思想似乎是说将 a 与 b 联系在一起的涵义是相同指称的涵义。但 a 和 b 的涵义不可能是*恒*等所断言的对象，因为为了使 $a=b$ 为真，这两个涵义不必相同。

如果把第一段所提及的所有想法都考虑进来，似乎最成功的理论是弗雷格最初未做修改、没有发表的概念性内容假说理论。① 弗雷格只是需要避免主题谬误，这是似乎比放弃整个主题范畴更为合理的一个步骤。弗雷格这个未做修改的理论的语义规则保证 $a=b$ 为真仅当 a 和 b 指定同一对象。据此可推出，无论 a 指定和 b 指定有什么条件，它们都由同一对象所满足；也就是说，无论语言使用什么呈现模式将 a 和 b 联系在一起，该呈现模式确定同一对象。$a=b$ 的真值条件不同于 $a=a$ 的真值条件。根据弗雷格为了确定陈述的概念性内容最初在《概念文

① 对此的详细讨论及辩护请参见 Perry（2001a）。

字》中提出的假说性语义学可推出这一点。理解该语言的任何人也都理解 $a=b$ 和 $a=a$ 的不同真值条件。只有主题假定，即用来解释陈述、陈述的信息内容及认知状态的一个理论必须考虑反映我们在谈论什么这个内容层面的观点，可以使我们认为恒等为弗雷格未经修改的概念性内容理论提出了一个问题。注意，与弗雷格涵义指称理论一样，基于这些考虑的这个解释也是一个完全普遍的解释。用来解释 3 × 13=39 和 39=39 之间不同的那些原则也可以解释 3 × 13 is prime（3 × 13 是素数）和 39 is prime（39 是素数）之间的不同。

所以，在我看来，弗雷格的著名论证既无力反对包括自返性内容层面的指称主义，也没有给出理由支持排除指称内容在语义学中起中心作用的描述主义。

7.4　（心理化的）弗雷格

在《意义、指称与认知意义》（Taylor，1995）一文中，肯·泰勒确认有三个弗雷格原则，并用它们对他称之为“心理化弗雷格”的虚构人物加以解释。

> 心理化弗雷格不是一个历史人物，而是一个有用的虚构。它是我们试图构造语义能力的心理学唯实主义解释时所得到的虚构，它回避弗雷格柏拉图主义……并且把［这三个原则］看作是对公众自然语言语义学的制约。

这三个原则大致如下：如果语句是认知可识别的，那么一个有推理能力的主体能够相信其中一个语句所表达的内容同时拒绝其他语句所表达的内容；语句是认知可识别的仅当它们是语义可识别的；第三个原则他称之为对确定指称的认知制约：

> 在一个充分指称理论中，确定指称的机制提供认知可达指称对象的路线。

那么，心理化弗雷格有认知与语言在何处交汇的概念。一个陈述的认知意义，即一个能够熟练使用语言的说话人使用这个陈述所表达的信念和一个能够熟练使用语言的听话人或读者认为这个陈述所表达的信念，是这个陈述所表达的相同命题*中*的一个信念。正如泰勒所说：

> 心理化弗雷格概念……预设在个体说话人头脑中存在一个细致人物的稳定且重复出现的态度内容，这些内容由同一语言的语句所表达，有时为这个主体所相信，有时为那个主体所相信（Taylor，1995：176）。

我们把由此得到的细致态度内容的这种作用称为“弗雷格需要”。有没有事物能够满足这个需要？

泰勒认为我们找不到这样的态度内容。这个观点开启心理化弗雷格的问题，当他要找出适合这个概念的合适种类的命题时。心理化弗雷格当然不可能是泰勒所说的“粗糙指称主义者”，他认为语义学为含有名称、索引词和指示词的简单陈述提供单称命题。他对使我们可以借助特征而非（指称性）内容对认知意义进行个体化处理的“卡普兰－佩里”策略也不满意。[①]“没有足够的特征满足需要。”泰勒想象存在这样一种情况：That coin is rare and valuable（那枚硬币很少见，很值钱）的两个话语有相同内容和相同特征，但一个能够熟练使用语言的人可能显然接受第一个话语而不接受第二个。

这个虚构的心理化弗雷格必须退回到泰勒称之为“命题内容的赫拉克利特主义”的立场。

> 没有两个语句个例表达同一命题。

毫无疑问这里读者会识别出类似自返指称理论的观点。我们不否认两个话语（或个例）可以*表达*同一命题，因为我们与指称主义都认为我们一直讨论的简单语句表达单称命题。但是我们确也宣称任意两个不同的话语*有*不同自返真值条件，它们由不同自返内容所捕获，这些内容是认知有意义的。

泰勒认为，即使这个赫拉克利特主义观点也无法挽救弗雷格的理论。他使用的例子是写在黑板上的英语语句 I am hungry now（我现在很饿）的一个个例。

（44）I am hungry now.

　　（我现在很饿。）

一个学生或许在一个看上去非常饥饿的老师在黑板上写这句话时看到这个个例，

---

① 参见 Kaplan（1989b）、Perry（1977, 1979）、Wettstein（1986, 1991）。

她相信写（44）的那个人在写（44）时非常饥饿。这个学生*或许*在第二天又看到这个个例，但她不知道这与前一天看到的那个个例是同一个例，所以她可能不相信这一点。但她第二天拒绝相信的命题正是她前一天接受的起伏命题。

（P^x44）That ***the person who wrote* (44)** was hungry at ***the time* (44) *was written***.

［***写（44）的那个人***在***写（44）***时非常饥饿。］

虽然我们赞成赫拉克利特主义，但我们并没有找到足够细致以至于能够满足心理化弗雷格的目的的事物。

泰勒的批评针对当前解释的一个早期理论（Perry, 1998c），这个早期理论不强调话语与个例之间的不同。但这个不同这里也不起什么作用。那位学生第二天看到的那个话语是她前一天看到的那个话语的痕迹，她不知道黑板上的这些粉笔记号是她前一天看到那位老师在黑板上创造这个个例时那位老师生成同一话语的结果。我们从关于个例的一个单称命题转向关于话语的一个单称命题似乎更符合赫拉克利特主义精神，但并没有解决问题，那位学生有同一个例的两个呈现模式，所以她也有同一话语的两个呈现模式。

在此，我们或许可以给出如下“泰勒原则”：

> 没有单称命题可以满足弗雷格需要。

这似乎是正确的。只要我们的讨论对象是单称命题，就会有认知它的不同方法，因为会有看待该单称命题构成成分的不同方法。可能有人以一种方式而非其他方式来认知它并因此接受该命题的一种形式而非其他形式。

令上例中话语为 *u*。例中那位学生对于 *u* 有两个信念。她可以用卡普兰的方式将第一个信念表示为“Dthat（我前一天看到那位老师通过把这个个例写在黑板上所生成的这个话语）是由一个在它生成时非常饥饿的人生成的”，它的内容是：*u* 是由一个非常饥饿的人生成的。她可以将第二个信念表示为“Dthat（我现在看到其黑板上痕迹的那个话语）是由某个不饿的人生成的”，它的内容是：*u* 是由某个不饿的人生成的。所以她关于话语的信念的内容是不一致的，虽然她的信念在某种意义上是内在一致的。

虽然如此，但我认为我的赫拉克利特主义观点对于有意成为心理化弗雷格的人会有一些帮助。在我看来，有*关于*话语（或信念）的信念并不能解决问题，解决问题需要借助信念和话语*的*自返内容。这个学生的两个卡普兰式陈述有相同指称内容但没有相同自返内容。因此，它们可以由该说话人的不同信念引发，使能够熟练使用语言的听话人生成不同信念。

据此，自返指称理论并不主张用所相信且所断言的一个单称命题来满足弗雷格需要，*甚至也不建议用既是一个信念的自返内容又是表达该信念的陈述的自返内容的一个单称命题来满足弗雷格需要*。正如我们在第 5 章对奥斯丁的讨论中所看到的那样，我们所需要的是一个陈述的自返内容和它所表达的信念的自返内容之间的关系。

为了解释这如何起作用，我们再来看一个例子。假设你需要一个订书机。我看到桌上有一个订书机，于是我说：

（45）That's a stapler.

（那是一个订书机。）

我表达了一个以我关于该订书机的感知缓冲 *b* 和我关于什么是一个订书机的看法 *H* 为构成成分的信念：

（45b）*H*（b）

这是我在说出（45）前就有的一个信念。其自返内容*不可能*与（45）的自返内容相同；（45）的自返内容是在我说出（45）后才开始存在，因为它是一个以该具体话语作为一个构成成分的命题，大致表述为

（P^x45）***The thing to which the use of "that" in* (45) *directs attention*** is a stapler.

［通过在**（45）*中使用 that 而令人关注的那个东西***是一个订书机。］

而（45b）的自返内容是一个以缓冲 *b* 作为一个构成成分的命题：

（P^x45b）***The object of which b is a perceptual buffer*** is a stapler.

（以 *b* 作为其感知缓冲的那个对象是一个订书机。）

如此，根据本书 5.7 节，（P^x45b）是（45）的*相联自返内容*，是促发（45）的那个信念的自返内容。that 是（P^x45）的一个构成成分，而作为（P^x45b）的构成成分的缓冲 *b* 支配 that 在（45）中的使用。（45）的意义使说话人可以表达关于说话人所关注对象的看法，即它是一个订书机。如果我知道 that's a stapler 的意义，那么我*知道如何*谈论我在感知的一个对象。我知道如何创造这样一个话语，其主语是我正关注的对象。这种知识并不要求我有我自己的观念和感知的概念。我不需要有考虑 *b* 或者与 *b* 相关感知的方法。我不需要*考虑* *b* 但需要*有* *b*。

一个人的观念是，像世界上其他任意事物一样，他可以在理论上有其无穷多呈现模式的事物。没有它们的呈现模式通常我们也能对付，但做哲学研究除外。

与世界上其他事物不同，一个人的信念和观念对她的认知影响并不取决于她有它们的什么呈现模式，而是取决于它们是她的信念和观念这个事实。因为它们是她的认知机制的一部分，它们对她自身认知的影响是直接的，而不是通过它们的呈现模式——作为她认知机制一部分——施以间接影响。弗雷格需要，至少如自返指称理论所分析的那样，不是需要只存在其一种呈现模式的一类特殊对象，而是需要其呈现模式不是认知影响中介的对象。我们自己的想法就是这样的对象，自返指称理论表明它们在我们话语和思想的内容中起什么作用。

本例中我的信念和话语的内容有两个交汇点。正常情况下，它们会有*相同的*指称内容；我相信是订书机的那个对象是我断言是订书机的那个对象。通过生成一个与我想表达并传达给你的信念有着相同指称内容的话语，我实现这个结果。通过生成一个关于我正考虑的那个对象的话语，我做到这一点。我可以做到这一点，因为 this 这个词指称说出 this 这个词的那个人正在关注的那个对象。因此，第二个交汇点是：已知话语 this 与我的观念之间的联系，我的陈述为真仅当我正关注的那个对象是个订书机。按照本书 5.7 节中的术语，这是该陈述的*相联自返内容*。

此处有必要区分：有一个有某自返内容的信念和相信该自返内容。当我相信 *b* 所属对象是一个订书机，我相信我们将该订书机是 *b* 所属对象这个事实置于（P^{x}45b）中得到的指称内容。但我不相信（P^{x}45b）。这个命题不是我的信念，而是我的信念的自返内容。同样，当我说出（45），我并没有说（P^{x}45）。我的所言是我们将我是说话人并且我正关注那个订书机这个事实置于（P^{x}45）中所得到的那个单称命题。因此我的话语和我的信念是相同的，虽然它们的自返内容不同。

认知内容和语义内容的交汇点不像弗雷格甚至心理化弗雷格可能所认为的那样直接简单。它与卡普兰 - 佩里理论的解释不同，但相差并不大。根据其意义（特征），语句适合用来表达在说话人生活中起作用的对象。为了交流，说话人选择使他们的听话人能够依照认知路径找出在他们生活中起作用的对象的语句。说话人所相信的、真诚说话人所表达的与轻信的听话人和读者所理解并相信的（单称）命题的同一性（经常）是我们的目标结果。实现这个结果的方式是生成一个话语，这个话语在某种意义上为说话人和听话人生活中的对象*创造*一个几乎共同的角色：我 / 你正在生成的话语所涉及的事物，并且它可以使听话人得到一个更有用的呈现模式。

我不确定这是否是一个弗雷格视角，但这肯定是按照弗雷格的精神接受对语义理论的认知制约的一个视角。

7.5 卡普兰与直接指称

三张图

卡普兰在《指示词》一文开篇给出两张图（图 7-1、图 7-2），分别是弗雷格图和他的直接指称图（Kaplan，1989b：585-586）。每张图都是一个直角三角图形。左下角处是“语言（单称项）”，右下角处是“个体”，顶角是“命题成分”。

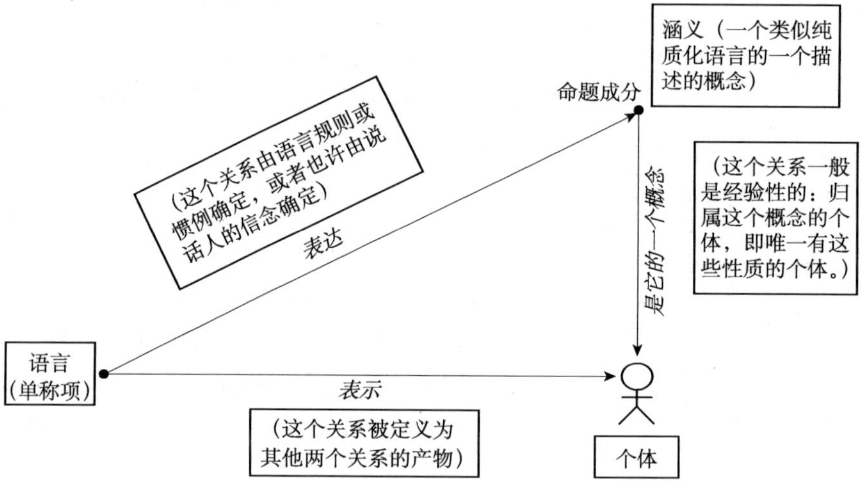

图 7-1 弗雷格图

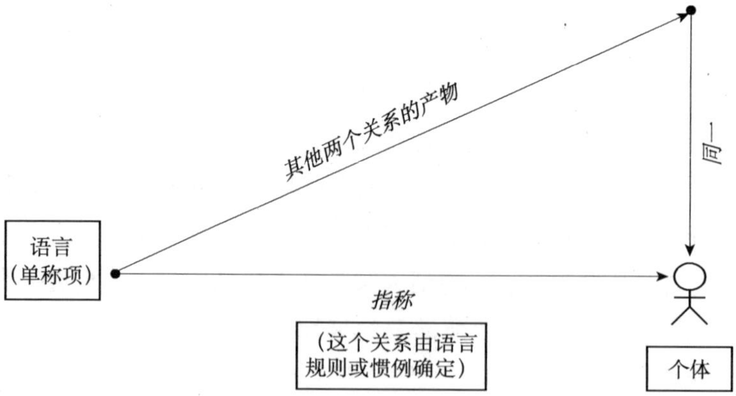

图 7-2 直接指称图

在弗雷格图中，单称项与命题成分之间的关系由语言惯例确定。[①] 命题成分是一个“涵义”，一个类似纯质化语言中摹状词的概念。命题成分与个体之间的关系是唯一归属于涵义的关系，即是适合该涵义的唯一个体。底线两端语言与个体之间的关系被标记为“指示”，对此卡普兰认为“这个关系被定义为其他两个关系的产物”。

在直接指称图中，底线两端沿箭头方向的关系被称为“指称”，标记为“这个关系由语言规则或惯例确定”，是由语言规则确定的直接关系。个体与命题成分（不再与“涵义”）之间的关系是同一。（斜边上）单称项与命题成分之间的关系是“其他两个关系的产物”。

有了这两个图，我们来看卡普兰对语境中指定和真所给出的递归定义的 13 ～ 15 部分，在这些定义中他为 dthat（α）、I 和 here 的指示给出规则。先来看 I 的规则：

12. $[\mathrm{I}]_{cftw}=c_A$

这 个规则给出英语索引词 I 的*特征*。这个特征是从*语境*到*内容*的一个函项，英语将一个规则与这个索引词联系在一起，该函项模型刻画这个规则。语境是由主体、时间、位置和世界构成的一个四元组。语境中语句是对应话语言语行为概念的语义概念。这意味着为了理解语句如何在语境中起作用我们需要直觉地想到在一个世界中、在某时、在某地或某个位置、由某说话人说出一个语句*的*一个话语。我们可以把这个规则解读如下：

I（ⅰ）在语境 c 中、（ⅱ）根据赋值 f、（ⅲ）相对于时间 t 和世界 w 的指示是 c 的主体（$=c_A$）。

只要语境相同，无论选取什么变项赋值 f、时间和世界，根据这个规则我们总会得到相同结果。

假设现实世界中我于 2001 年 2 月 5 日在加利福尼亚州奥哈伊市说“I am now lazy”（我现在懒惰了），那么如何能够使这个语境中的这个语句在世界 w 中为真呢？ I 所指称的那个人必须在 now 所指称的 w 中那个时间是懒惰的。也就是说，根据规则 13，约翰 • 佩里必须是懒惰的，因为他是该话语的说话人并因

① 这里我忽略“或者也许由说话人的信念确定”这个限制条件。

此也是我们用来模型刻画该话语的语境中的主体。所以，这似乎是正确的。注意，该语境的其他部分都与 I 代表谁不相干，赋值环境的那个世界和那个时间也与之无关。

如此，这个规则表明卡普兰在什么意义上使用“直接”。卡普兰是把弗雷格涵义看作（经典）可能世界语义学中*内涵*所模型刻画的对象。在最简单的情况中，一个单称项的内涵是从世界到个体的一个函项。但卡普兰处理它的方式稍显复杂，他认为内涵是从世界－时间对到个体的函项。像 the president of the United States in February 2001（2001 年 2 月时的美国总统）这样的一个摹状词可以被恰当地模型刻画为一个函项，该函项对于世界 w 为我们给出一个个体，这个个体是 w 中 2001 年 2 月时的美国总统。这是*间接*指称的一个清晰例子。它符合弗雷格图。如果用我的术语，语言直接联系一个识别性条件，并且语言和经验性事实（即哪个世界是现实世界）为我们给出该摹状词的指称对象，即小布什。

在 I 的规则中，时间 t 和世界 w 与该规则右边部分没有关系。指称对象完全由语境确定，无论选择什么时间和什么世界，它总是 c_A。所以，一旦确定了 c_A，也就确定了“命题成分”。在此例中，命题成分是我（或者无论如何总选择我为指称对象的一个常项函项），无论我们选择什么时间和世界对。正是在这个意义上，卡普兰的直接指称是直接的，而且*只有*在这个意义上它是直接的。*也就是说，卡普兰图中没有需要指称机制被符合识别性条件这个关系*（译者注：此处下划底线部分的英语原文为 *the relation of fitting identifying conditions*）*直接干预的成分*。

这在卡普兰所创造的索引词 dthat 的情况中表现明显。其规则为

$$11.\ |\mathrm{dthat}[\alpha]|_{cftw}=|\alpha|_{cfc_Tc_W}$$

正如我们在上文 4.6 节中所讨论的，dthat 表示该摹状词在语境时间和世界所指示的对象是与其性质与所言——无论在任何世界中任何时间被赋值——的真有关系的那个对象。假设现在（2001 年 2 月）“我问 Does dthat（the present President of the U.S.）have a snake in his boots?”［dthat（当前美国总统）靴子里有条蛇吗？］[①] 如果在世界 w 中 t 时乔治 • 布什靴子里有一条蛇，那么，相对于 w 和 t，回答是肯定的。所以据此，时间和世界并不重要：*赋值*的世界和时间并不重要。如果我们换个世

① 这个例子来自《玩具总动员》（*Toy Story*）中的吴迪（Woody）。

界 - 时间对，它不会改变我们在谁的靴子里找到蛇这件事情，因为那总是小布什的靴子。但这并不意味着我们没有使个体符合识别性条件的机制。乔治•布什有资格成为［dthat（当前美国总统）］dthat（the present President of the U.S.）的指称对象只因为他是唯一具有*在* c_W *中* c_T *时是美国总统*这个识别性性质的人。

我并不是说卡普兰的理论不一致。他使用“直接地”的方式与他所说他使用这个词的方式完全一致。它与从命题成分到所指示的个体这一步骤有关系或者缺少这一步骤。在弗雷格图中，有一个从涵义到指称的步骤，如果使用可能世界的说法，这个步骤通常受相关时间的相关世界干预。在直接指称图中该点处没有这样一个步骤，甚至对于 dthat 也没有这样一个步骤。一个人可以得到所指示的个体，无须考虑*与作为一个整体的命题赋值相关的*世界和时间。指称是直接的，即使在找出所表示的个体时语言并不直接为我们给出一个个体（在“为我们给出”的通常意义上），而是给我们一个从世界 - 时间对到个体的函项（*是 w 中 t 时的美国总统*）。

虽然卡普兰理论并非不一致，但是有人或许认为他用来解释其观点的这个图有些误导。其底线处从单称项到个体的过程是直接的，中间没有停顿。当他考虑一个关于在 dthat 情况中如何识别谁在某时符合一个复杂性质的过程时，这合理吗？就此而言，在 I 的情况——需要识别谁是语境中说话人——中，这合理吗？既然卡普兰关心的是逻辑，他可以将语境视为简单 n 元元素组，使得可以直接从语境中得出指称对象。然而，I 的规则受我们解读话语的实际实践所激励并意图解释我们解读话语的实际实践，在这样的情况下识别话语的说话人或作者可能会是非常复杂的。*是该话语的说话人*这个识别性条件虽然可能不会成为所表达命题的一个构成成分，但它在话语的语义学和语用学中起重要作用。

我们可以指责这个图，但我们真的不能指责卡普兰。在给出直接指称图表后，他紧接着说：

> （这些图并不完全准确……被标以“指称”的关系可能已经包括用来确定指称对象的一类弗雷格涵义）（Kaplan，1989b：486）。

似乎，在 dthat 情况中，“这类弗雷格涵义”是由语言将之与可以进行 dthat 运算的摹状词联系起来的识别性条件。在索引词情况中，它似乎是特征。正如卡普兰所想，直接指称理论并不蕴含直接指称性条目根据语言惯例直接与它所指定的对象相联系。重要的是，无论从直接指称性条目的意义到其语义价值即命题性贡献的途径多么间接迂回，从其命题性贡献到所指定的对象的步骤是直接的。也就是说，它要么（根据对该理论的非形式化理解——在其中命题性贡献就是所指定的对象）是恒等步骤，要么（根据该理论的形式化呈现）是从个体到其常项内涵的步骤。如果卡普兰受到指责，那是因为他的“直接指称”这个术语和他用来传达它的这个图可能有些误导，比起他的正式解释，它们可能更直观、更难忘。即使在这里，我也不指责卡普兰。他所关心的这类直接和间接是弗雷格语言图中所涉及的那种直接和间接。在弗雷格图中，经过赋值环境、命题或者弗雷格思想到达指称对象的路径虽是间接的，但很重要。而卡普兰所给出的路径是直接的，但也很重要。

通过将卡普兰所提供的两个图加以修改并组合在一起，我们可以构造出更接近卡普兰直接指称理论原意的一个图（见图 7-3——译者注）。我们从弗雷格图开始，首先将右上角的“命题成分”改为“识别性条件”，去掉“指示”，然后将图翻转，将它粘贴在直接指称图底线下面，保留“指称”，将“指示”放回“识别性条件”和“个体”之间的那条线处，保留两个注释。

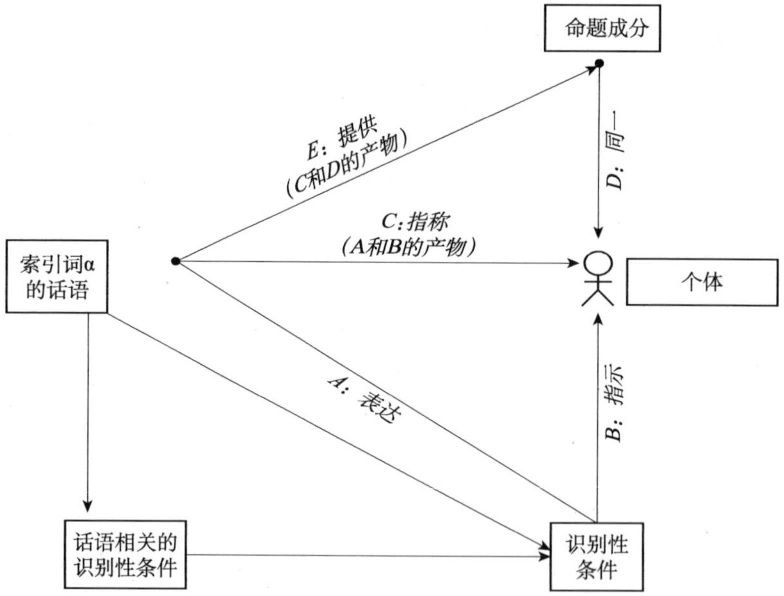

图 7-3　组合图

语言和个体之间的指称关系（C）不经过命题成分，用卡普兰的说法，它是直接的。不是命题成分来确定所指称的人或物，而是所指称的人或物确定命题成分。

但是，在指称表层存在一个弗雷格机制。语境中的一个索引词提供一个识别性条件（A），它指示个体（B）。

这个组合图呈现卡普兰所定义的直接指称和弗雷格观点之间的不同。卡普兰“直接”的概念中任何部分都不能阻止朝下的三角路径，即从一个类似弗雷格涵义的东西到所指称个体的间接路径。实际上，他的特征理论提供了这样一个路径。而下一步骤，即从个体到命题成分这个步骤则是直接的。

7.6　卡普兰的直接指称论证

卡普兰的直接指称论证分为两部分：第一部分是纯索引词论证，第二部分是指示词论证。卡普兰一开始说：“我*不是*在断言索引词缺少任何可以称为‘描述意义’的东西，虽然我为专名做过这样的断言。”（Kaplan，1989b：498）根据我们刚看到的解释，卡普兰认为这个描述意义不是命题成分。

他的索引词例子是

（46）I do not exist.

（我不存在。）

（46）所表达的命题，即所言，是在其中不存在卡普兰的世界的集合。它不是世界 *w* 的集合使得满足是 w 中（46）的说话人这个条件［译者注：此处下划底线部分的英语原文为 the condition of being the speaker of（46）in w］的那个人在世界 *w* 中不存在。似乎不存在任何这样的世界。相反，它是世界 *w* 的集合使得在我们所考虑的语境中（46）的说话人即卡普兰不存在。有许多这样的世界，比如所有那些在其中他的父母从未谋面或终止婚约或在怀上这个逻辑学家前选择禁欲的世界。

所以，直接指称的关键是在*所言*，即所表达的命题中，我所说的*正式*内容对卡普兰施以限制；他是主题，***是（46）的说话人***这个条件［译者注：此处下划底线部分的英语原文为 the condition of ***being the speaker of***（46）］而不是主题。

对指示词是直接指称这个观点的论证如下：

假设我指着保罗说

（47）He now lives in Princeton, New Jersey.

（他现在住在新泽西州普林斯顿市。）

如果把我的*所言*，即我话语的内容或所表达的命题称为 Pat，那么 Pat 为真还是为假？为真！假设在我不知情的情况下保罗上周把家搬到了圣莫尼卡，那么 Pat 为真还是为假？为假。再来看一种棘手的情况：假设保罗和查尔斯各自伪装成对方，并互换了住处。如果这样的事情发生了，*而且*我还说这句话，那么我所*原本*表达的命题应该为假。但在这个可能的语境中我*原本*要表达的命题就不是 Pat 了。这容易理解，因为如果我指着查尔斯而非保罗，我所*原本*表达的命题——我们称之为 Mike——不仅*原本*为假而且实际上也为假。我会断言，Pat 在这个想象的可能语境情形中为真，如果保罗——无论他怎么伪装——仍然住在普林斯顿（Kaplan, 1989b：512-513）。

Pat 是一个以保罗为主题的命题，而 Mike 是一个以查尔斯为主题的命题。它们是完全不同的命题。显然卡普兰在依赖我们对他以三种方式所识别的这个概念——作为他的所言，作为他所表达的命题，作为他的话语的内容——的稳定直觉。他认为任何人都应该感受到他实际上所说的是 Pat，即一个关于保罗的命题这个断言（译者注：此处下划底线部分的英语原文为 the claim that what he actually said was Pat, a proposition about Paul）的直觉力量。但如果语境不同，他的所言就成了 Mike，一个关于查尔斯的命题。这个论证对我来说似乎是成功的。尤其，我称之为自返内容的命题

（P^x47）That ***the speaker of* (47)** lives in Princeton, New Jersey.

[**（47）*的说话人***住在新泽西州普林斯顿市。]

*既不是*卡普兰的实际所言也不是当保罗和查尔斯伪装戏弄他时他的所言。对于这些论证，批判指称主义没有任何异议。（46）的正式内容是一个关于卡普兰的命题，说的是他不存在；（47）的正式内容是一个关于保罗的命题，说的是他住在普林斯顿。

对于批判指称主义，卡普兰直接指称理论的支持者有没有不认同的地方呢？换种说法，这些论证有没有给出任何原因使我们不承认内容而非正式内容并且承认内容的解释重要性而非正式内容的解释重要性？没有。这些论证没有表明理解话语的认知动机及影响的关键是正式内容而非自返内容。自然地，我们可以回头用自返真值条件来解释（46）的怪异和（47）的动机。（46）之所以怪异是因为

它为真当且仅当（46）的说话人在（46）发生时不存在。但是，（46）的说话人在该话语发生时（虽然不必然是其发生后）容易知道（46）的说话人是存在的，因为他自己就是它的说话人，他说出（46）时需要知道这一点，所以他知道他存在。卡普兰说出（47）可能因为他认为他看到的那个人是保罗，他认为保罗住在普林斯顿，他知道如何指示他看到的那个人，他知道（47）为真当且仅当他所指示的那个人如他所说住在普林斯顿。一个直接指称理论没有给出可以忽略自返内容的论证，如果理解正确的话，它也没有找寻这样一个论证的动机。

7.7 结　论

那么，我的结论是弗雷格《论涵义与指称》第一段中的观点与直接指称理论是相容的，我提出的解释承认而且包含它们。

假设弗雷格对涵义和指称的区分，如有时人们所认为的那样，只是一个陈述中各项所代表的事物——它们的主题和这些事物成为这些项所代表的事物所满足的条件——之间的区分。那么人们不能或者无论如何不应该争论这个区分及其重要性。如果接受这个区分及其重要性是弗雷格理论不可或缺的部分，那么自返指称理论肯定也是弗雷格理论的一部分。如果对于弗雷格理论这是其全部，那么这本书可以被看作是对它的直接辩护。但对于弗雷格的理论，还有远比这更多的部分，除他那篇名作第一段外，还有该文所有其余部分。弗雷格理论放弃主题概念，但提出涵义的一个复杂理论，我认为除了弗雷格被主题谬误欺骗这个假定外，该理论非常费解。

假设，指称主义的基本原则被视为在范式会话交际中我们寻求传达的是关于项所代表对象的信息，这些对象所满足的各种条件与我们指称、考虑它们的方式实际上不是我们所言的部分，那么自返指称理论是一个指称主义理论。我认为这是解释克里普克、卡普兰和汤尼兰理论所需的全部，这是我把这本书看作对指称主义的一个合格辩护的主要原因。当我们许多人阅读他们的论著，或许当他们撰写那些论著时，都能感觉到比这个简单观点所提供的更多的对于认识论和形而上学的意义。但是，如果我这样说是正确的，那么，只有当承认存在两个解释层面时我们才能体会和理解认识论、形而上学、其他哲学分支及认知科学的丰富蕴涵。存在对我们语言作为一个工具能做什么的解释和对具体场合中如何以言行事的解释。我们语言的一大部分用来帮助我们进行信息分离与识别——或者更好的说法是，信息分离、储存、交流、合并、改进、投射、识别、应用——的游戏。这里，指称性视角至关重要，使我们可以聚焦于分离表征。指称焦点反映我们许多民间心理学工具对于根据态度的正式内容——通常是指称内容——对态度进行分类的技能。我认为在完全弗雷格理论中捕获这一理论部分几乎是不可能的。但这只是该理论的一部分。还有我们的语言如何帮助完成这个信息游戏的问题和在具体情况中我们可用词语的意义如何帮助我们储存、合并、改进和交流信息使得信息可以被应用于合适对象的问题。我认为理解这一点是不可能的，除非我们对指称主义增添一个更加普遍意义上的弗雷格成分。因此，我对于自返指称理论提供的认识论与形而上学的见解，即对于批判指称主义有较高期望。论证的这个部分始于《知识、可能性与意识》，在我与卡塔合著的《批判语用学》中得到发展，还会在《意义与自我》中得到进一步发展。

小　　结

我认为，根据克里普克、卡普兰和汤尼兰的观点，我们仅得出以下结论：在范式会话交际中我们希望传达的信息主要是关于表达所指定的对象；我们指称对象的方式和为了以这些方式被指称这些对象所满足的条件通常不是所言的部分。这与存在我所说的“自返”和“话语相关”的条件这个观点是相容的，根据卡普兰的索引词理论这一点清晰可见。

显然交际涉及这些条件；说话人为了指称他想指称的事物需要对它们做出反应，听话人需要捕获它们，捕获说话人的意图。在一些情况中，指称一个人所想到的对象涉及这些条件，而且这些条件还是说话人意图所传达信息的重要部分。这是第 1 ～ 6 章所提出解释的批判指称主义的基本观点。因此，批判指称主义可以承认**语义学的**弗雷格 / 泰勒**认知制约**和指称主义的基本观点。

第二部分

网络与 N- 指称问题

第 8 章　空名称、阻滞与网络

8.1 导　　言

Jacob Horn（雅各布·荷恩）这个名称来自《荷恩文集》（*The Horn Papers*）（Horn, 1945），该书是由堪萨斯州托皮卡市的威廉·荷恩根据最近才被发现的他的曾曾曾祖父——一个生活在 18 世纪的美国人——的日记整理发表的。一开始，这本日记被认为是真实的，但最终学者们得出结论——它是威廉·荷恩的骗局，虽然他从来没有承认这一点。然而，我假定学者们的结论是正确的，那么雅各布·荷恩并不存在。感谢凯斯·汤尼兰（Donnellan，1974）提供这个例子。现在来看以下陈述：

（48）Jacob Horn does not exist.

（雅各布·荷恩不存在。）

（49）Jacob Horn exists.

（雅各布·荷恩存在。）

（50）Jacob Horn was an important person in Colonial America.

（雅各布·荷恩是美洲殖民地的一个重要人物。）

（50～）Jacob Horn was not an important person in Colonial America.

（雅各布·荷恩不是美洲殖民地的一个重要人物。）

（48）为真。（49）和（50）为 假。（50～）可以有两种理解：它为真，如果说话人说的是没有雅各布·荷恩这个人或者如果有此人但他不是美洲殖民地一个重要人物。但是如果说话人意图谈论雅各布·荷恩这样一个人，说他不是美洲殖民地的一个重要人物，那么说话人没有说真话。

根据通常的说法，我把 Jacob Horn 称为“空名称”。实际上，为空只是 Jacob Horn 的某些话语的属性，这个名称本身毫无疑问，对于真实存在名叫 Jacob Horn 的人有许多非空用法。我相信这不会引起什么混乱。与 C- 指称问题类似，N- 指称问题部分涉及认知意义。但像 Jacob Horn 这样的空名称使我们看到指称主义的一个更为基本的问题。这不只是“所言”没有捕获使用它们（空名称）的话语的认知意义；而且根据指称理论，这样的话语根本什么也没有说。根据指称理论，专名为含有它们的陈述所表达的命题贡献所指定的对象。既然 Jacob Horn 什么也没指定，那么它什么也没贡献。我们似乎对（48）～（50）表达什么命题还没有一个解释。这个问题似乎对于（48）更为攸关；如果它不表达一个真命题，那么它怎么可能为真？

我将维护（48）为真和（49）与（50）为假的观点，虽然它们不表达单称命题并因此没有指称内容是事实。我主张根据是否满足话语的*网络*真值条件，它们可以为真或为假，即使它们不表达单称命题。我会根据这一点调整对“所言”的解释。提出这些主张所用核心概念是*网络内容*。

网络内容是以在皮特·吉奇（Peter Geach，1969）、索尔·克里普克（Saul Kripke，1980）、汤尼兰（Donnellan，1974）对名称的讨论中以不同形式出现的一个观点为基础。这些作者都批评名称的描述理论，他们建议把指称的因果链条或历史链条视为解释名称的承载者和名称的时间之间联系的一种方法。格雷斯·埃文斯（Gareth Evans，1973）提出类似观点，虽然他为类似描述理论的一个理论给出一个合理且细致辩护。本章中，我将这样的链条和由这样链条的分支扩张与合并所得到的复杂结构称为“网络”，并在它们的基础上提出一个内容层面。

首先，我认为有必要为第 6 章中的解释补充网络的内容，然后为这样的网络给出一个初步解释，引入网络内容的概念，并应用于空名称，修正对所言的解释。下一章中，我将提出网络的一个更充分解释，讨论它们在关于现实和虚构的语篇中的重要性。在第 10 章，我将使用网络给出命题性态度报告的一个解释。

8.2 惯例与网络

首先，似乎为了处理 N- 指称我们需要的内容层面是在已知关于除了 Jacob Horn 的意义外的其他意义和语境的所有事实的情况下所得到的内容：

（P^x48T）That there is no person that is assigned to ***the convention being exploited by the use of* “*Jacob Horn*” *in* (48)**.

［不存在指派给***在（48）中使用 Jacob Horn 时所用到的那个惯例***的人。］

（P^x49T）That there is a person that is assigned to ***the convention being exploited***

by the use of "Jacob Horn" in **(49)**.

［存在一个指派给***在（49）中使用 Jacob Horn 时所用到的那个惯例***的人。］

（P^x50T）That there is a person that is assigned to ***the convention being exploited by the use of "Jacob Horn" in*** **(50)**, and he was an important Colonial American.

［存在一个指派给***在（50）中使用 Jacob Horn 时所用到的那个惯例***的人，并且他是美洲殖民地的一个重要人物。］

这个理论似乎给出了真值的正确解释。虽然没有指称内容，（48）为真因为在自返层面满足其真值条件。虽然没有指称内容，（49）和（50）不为真因为在自返层面没有满足其真值条件。我们可以借助范围歧义来解读（50～）。根据一种解读，它为真，如果不存在一个指派给所用惯例且是美洲殖民地的一个重要人物的人。根据另一种解读，它为假，如果存在一个指派给该惯例但不是美洲殖民地的一个重要人物的人。

但这个观点存在三个严重问题。其一，我第6章中提出的惯例的概念不能承受这样的重任。如果一个惯例允许一个名称用来指称一个个体，我们怎会有一个不指称一个个体的名称惯例呢？根据第6章中惯例的概念，如果关于同一名称的惯例涉及不同的人，那么它们是不同的惯例。上一章我们所讨论的两个戴维·卡普兰的例子中，这些不同惯例为同一名称指派不同个体。但这个惯例概念在这里不起作用。在 Jacob Horn 例中，没有个体涉及其中。设想有两个骗子都使用 Jacob Horn 这个名字；一个骗子用它指一个美洲殖民者，另一个骗子用它指一个美国内战老兵。同一名字可以是两个不同惯例的部分，是什么使这两个惯例不一样呢？这个名字不可能是被如此命名的那两个个体，因为在这两种情况中它都是空名称。第二个问题与真假有关。来看来自刘易斯·卡罗尔（Lewis Garroll，《爱丽丝梦游仙境》的作者）的话语 Borogroves are mimsy（无聊龙是粗劣蹩脚的）。这个话语似乎显然不为真。它有自返真值条件；假设所用语言是英语，那么应该存在 borogroves 所代表的某类事物和 mimsy 所代表的某种性质，并且这类事物有这种性质。因为 borogroves 和 mimsy 这两个词是临时创造的，不代表什么事物，该话语没有满足其真值条件，所以实际上它什么也没说，也就没表达什么真命题。但我们可以称它为假吗？这似乎有点奇怪，因为它实际上并没有做出关于世界的断言。它没表达真命题是因为该话语自身的缺陷，而不是因为该话语之外的世界不是该话语所断言的那个样子。

直觉上，（49）和（50）不仅不为真而且设法为假。通过仔细研究记录，而且因为没有发现《荷恩文集》之外的任何证据支持它们，学者们相信它们是假的，虽然威廉 · 荷恩从不承认这是场骗局。虽然缺少指称内容，但与 borogroves are mimsy 不同，它们似乎对话语自身之外的世界做出一个断言。

第三个问题与之紧密相关。很难知道一个人如何能够不同意 Borogroves are mimsy，似乎没有可以让人同意或不同意的事情。什么也没说。没有可相信或不相信的事情。但《荷恩文集》的第一批读者相信书中的这些陈述，即雅各布 · 荷恩是一位重要的美洲殖民者，后来学者们不同意他们所相信的内容。似乎存在这样的命题，它们先是被广泛相信，后又被广泛怀疑，它们被讨论、被争论、被调查。在本章其余部分，我提出避免这三个问题的一个解释。

汤尼兰和阻滞

荷恩这个例子来自汤尼兰。在《什么也没说》（*Speaking of Nothing*）这篇文章中，他为确定形如 N does not exist 的陈述的真值给出如下规则，其中 N 是一个专名（Donnellan，1974）：

> 如果 N 是一个在谓词陈述中意图指称某个体的专名，那么 N does not exist[①] 为真当且仅当这些使用的历史止于一个阻滞（Donnellan，1974：25）。

汤尼兰对阻滞解释如下：

> 当对一个名称（意图指称）使用的历史解释止于排除任何被识别的指称对象的事件，我把它称为其历史的一个"阻滞"（Donnellan，1974：23）。

我们可以把（一个名称的）一次使用的历史看作引向这次使用的一个事件流。当确定 Jacob Horn 的一次使用的指称对象时，我们按时间顺序向前追溯；我们要寻找这样一个对象可以成为该指称对象。但有时，我们向前追溯却找不到这样的一

① 这里汤尼兰使用双引号，原文作者使用单引号，译文去掉单引号。——译者注

个对象，因为存在一个事件阻挡了我们。在 Jacob Horn 这个例子中，这个事件是有人写了一本题为“荷恩文集”的虚假日记。该事件流始于该事件。但这个事件中没有参与者可以成为 Jacob Horn 的指称对象。

汤尼兰的规则是自返性的。包含一个空名称的陈述的真值条件是对该陈述中该名字的话语的一个制约条件：*其*历史止于阻滞。汤尼兰的解释在没有主题条件的情况下为陈述提供一个自返真值条件。注意，汤尼兰并没有断言他在告诉我们（48）这样的陈述的*所言*。因此，汤尼兰的策略适合并预示自返指称理论。

网络，类似汤尼兰的历史链条，是一个自然转折点，至少对于第一个问题。它们（网络）可以提供一个更可靠的命名惯例概念，它可以使我们解释 Jacob Horn 两次空使用的不同。原因是存在两个链条，分别追溯至不同骗子或骗局。我认为克里普克和汤尼兰最初将因果或历史链条引入专名的指称理论中的动机只是要提出指称描述理论的一个替代理论。但是，汤尼兰的空名称理论表明介于个体名称和名称的使用之间的指称链条也许本身有一些有趣的、有用的并且语义上相关的性质，是重要的研究对象（Donnellan，1970，1974）。

8.3　网络：一个简单理论

C-C- 指称与 C-C- 网络

这样的网络支持命名惯例。在本章中，我们认为网络把用来指称或意图用来指称的话语作为节点；下一章我们将补充其他种类的节点。因此，想一想适合用来指称时空上从语言开始出现直到现在的一切事物的所有话语。一个网络是这样话语的一个子集所构成的一个可能分支路径。其典型情况为，路径始于一个对象，我们将之称为该网络的源点。当一个地点或对象被首次发现或形成——例如，一个人出生，一棵树发芽，一座房子建起来——人们开始指称它。当我的儿子吉姆在 1963 年出生时，他的母亲和我还有那位产科医师已经指称他一段时间了，但不是用名字，因为在他出生前的那些日子我们不知道是男孩还是女孩。他出生后，人们开始用不同方式指称他，如“那个婴儿”“你（们）的孩子”等。直到那天晚上，我们才建立起这个许可惯例，即称他为“吉姆”，人们也开始用名字指称他。我们四处打电话告知人们孩子的名字，从未见过他的人们开始用这个名字来指称他。他们对吉姆的指称依赖我们对他的指称。所以我们不同话语之间有两个重要关系。所有这些指称都是指称同一个体即吉姆，即它们 C- 指称。另外，一些前话语和后话语对之间，存在意图性 C- 指称关系，即后指称意图与前话语 C- 指称。最后，还存在一个我称之为条件性 C- 指称或 C-C- 指称的关系。我们先来看意图性 C- 指称的情况，然后再解释 C-C- 指称的情况。

当我告诉我的母亲吉姆出生的消息，她用“吉姆”这个名字，其意图 C- 指称，即指称我用这个名字所指称的那个孩子。当她告诉我父亲，他也开始用这个名字指称吉姆，其意图指称我母亲所指称的那个孩子。相互谈论的人们经常会有理由去指称，经常会在指称时意图与其他话语 C- 指称。假设我正看着吉姆，对抱着他的护士说：“Isn’t he the cutest baby you have ever seen?”（他是你见过的最可爱婴儿吗？）她非常真诚地回答：“He certainly is.”（他当然是。）她意图指称吉姆，并且根据我所使用的的轻松隐含的意图标准，她也意图与我的话语 C- 指称。意图性 C- 指称所涉及的意图不必是有充分意识的意图；这是一种实践，知道如何指称并且如何使会话继续的那些人自然会这样做，虽然他们中大多数人并没有指称和 C- 指称的明确概念。

当消息传到那些听到或读到一个对象后才知道其存在的人那里，指称模式发生改变。至少一开始我母亲意图通过与我 C- 指称来指称吉姆，而我父亲则意图通过与我母亲 C- 指称来指称吉姆。无论 C- 指称是初始意图（一个人意图 C- 指称，并且通过 C- 指称来指称）或是一个衍生意图（一个人意图指称，并且通过指称来 C- 指称），它足以使一个网络起作用，当 C- 指称链条在时间和空间上延伸。

假设我妻子怀孕和吉姆出生的消息是我俩编造的一套谎话，目的是为了让我们的父母至少暂时不再为着急抱孙子不断骚扰我们。在这种情况下，不存在吉姆，不存在对吉姆的指称，不存在 C- 指称吉姆的话语对。但即便如此，我的话语和我母亲话语之间的关系，她的话语和我父亲话语之间的关系，基本与真实情况相同：我母亲仍是意图指称我所指称的那个孩子，并且如果我确实指称了一个孩子，那么她成功指称了同一孩子。

C-C- 指称是“条件性 C- 指称”的缩写。这表明 C-C- 指称是一类 C- 指称或 C- 指称的特殊情况，但这并不完全正确。一个后话语与一个前话语 C- *指称*，如果它们都指称且指称同一事物。一个后话语与一个前话语*条件性* C- 指称或者 C-C- *指称*，如果存在条件使得如果前话语指称那么后话语也指称且指称同一事物。所以存在不是指称情况并因此也不是 C- 指称情况的 C-C- 指称情况。我们知道如何生成用来 C-C- 指称的话语，并且我们意图那样做，但这并不要求我们有指称、C- 指称或者 C-C- 指称的概念。

这里我们可以做个类比。与同一车轴相连的车轮如果旋转则会以相同速度旋转。我们把以相同速度旋转称为“C- 旋转”。不同车轮可以 C- 旋转，即使它们没有与同一车轴相连，它们也可以连在同一个车轴上但没有 C- 旋转，因为它们都没有旋转。我把这种使得如果其中一个车轮旋转那么两个都旋转并且以相同速度旋转的连接状态称为“C- C- 旋转”。将两个车轮连在一个车轴上是建立 C- C- 旋转关系最简单的方式。但连在一个车轴上并不保证任意一个车轮旋转或者曾经旋转或将会旋转，而只保证如果一个旋转那么两个都旋转且以相同速度。

两轮相连于同一车轴使得如果一个车轮旋转，另一个也旋转，且速度相同。与此事实类似，C-C- 指称的机制使得如果前话语指称，后话语也指称，且指称同一事物。所以 C-C- 指称不是 C- 指称的一种特殊情况；但如果 C-C- 指称使指称发生，那么它是 C- 指称。

在 C-C- 旋转的情况中，我说过其机制是与同一车轴相连。但在 C-C- 指称情况中我没有做到这一点。一般情况下有三种 C- 指称方式：依赖性的、C- 依赖性的和收敛性的。前指是 C-C- 指称的一种依赖性方式。你说“Robert lost his job”（罗伯特丢了工作），我回答你说“He must be very worried”（他一定很担心）。我使用代词 he 作为你使用 Robert 的前指；我的话语用来指称因为你的话语用来指称。当我意图 C- 指称时，我隐含意图 C-C- 指称，即与你指称相同对象，如果存在这样一个对象。除了额外前指步骤外，我的话语用来 C-C- 指称因为我话语的指称机制与你话语的指称机制相同。前指关系反映了说话人 C-C- 指称的意图。

我也可以回答你说“Robert must be very angry”（他一定很担心）。这是 C- 依赖性 C-C- 指称；我使用 Robert 来指称并不依赖你对这个名字的使用；我可以说出相同话语即使你没有先说出。但我意图使用你所使用的惯例，所以我们使用相同指称机制。同样我隐含地进行条件性指称，因为我意图使我的话语有一个指称对象，如果你的话语有一个指称对象。

在收敛性 C-C- 指称情况中，后话语的指称并不真正依赖前话语的指称，它也不使用相同惯例，但后说话人意图并期望如果前话语用来指称那么他的话语也用来指称，并且与前话语指称相同对象。你说“San Sebastian is a nice place”（圣塞瓦斯蒂安是一个漂亮地方），我回应说“Yes, I have been to San Sebastian many times”（是的，我去过很多次）。这是 C- 依赖性 C- 指称：我使用相同名称和相同惯例。但我仍然可能意图 C-C- 指称，即使我使用了一个不同形式的指称。也许我回应说“Yes, you are correct, Donostia is quite beautiful”（是的，你说得对，多诺斯蒂亚非常漂亮），意图让你通过识别我 C- 指称的意图了解这座城市的另一个名字。或者假设我们正在飞过这个巴斯克地区上空，我指着窗外回应你说“That city is San Sebastian”（下面的城市是圣塞瓦斯蒂安）。我使用指示词 that city，意图 C- 指称你对 San Sebastian 的使用，但这不是它的前指，没有使用与 San Sebastian 相关联的惯例。这些是收敛性 C-C- 指称的情况。

一个人可以意图与一个前话语 C-C- 指称但可能失败。这对于依赖关于主题的辅助信念的收敛性 C-C- 指称最为常见。当我认为圣塞瓦斯蒂安与多诺斯蒂亚是同一城市或者我看到的舷窗外的城市是圣塞瓦斯蒂安，我也许搞错了。但 C- 依赖性 C-C- 指称，涉及关于前说话人的意图的信念，也可能出现这种情况。我说“David Kaplan lives in Los Altos”（戴维 · 卡普兰住在洛斯阿尔托斯），我指称戴维 · 卡普兰医生。我妻子问“When did David Kaplan move to Los Altos？”（戴维 · 卡普兰什么时候搬到洛斯阿尔托斯的？），她指称逻辑学家戴维 · 卡普兰。他意图使用我所使用的惯例，并以此 C-C- 指称，但没有成功。①

一个人可以意图与多个前话语 C-C- 指称。我们中有几个人一直在谈论奥巴马总统，你接着说“I hope he gets a health plan through Congress”（我希望他的健康方案能在国会通过），意图与我们的几个话语依赖性 C- 指称。这引发另一种出错的可能性。假设有人听到上段中我和妻子的对话，他说“I don’t think he has moved to Los Altos. He still teaches at UCLA”［我想他没有搬到洛斯阿尔托斯。他还在 UCLA（加利福尼亚大学洛杉矶分校）教学］。他意图与我的话语 David Kaplan 和我妻子的话语 David Kaplan 依赖性 C- 指称。但他不可能成功，因为我们使用不同惯例，指称不同戴维 · 卡普兰。

当 C-C- 指称的说话人认为所涉及的对象并不存在或者怀疑它不存在，条件性意图有可能更为自觉且清晰。假设安妮莎正在和她弟弟艾弗里特谈论圣诞老人。艾弗里特相信存在圣诞老人；安妮莎不确定他是否存在。艾弗里特问“Does Santa Claus live right on the North Pole, or just nearby?”（圣诞老人住在北极或北极附近吗？），安妮莎回答“No one really knows exactly where he lives”（没有人知

① 这个解释假定她意图指称那位逻辑学家，并且通过这样做与我 C- 指称。如果她意图与我 C- 指称，并通过这样做去指称那位逻辑学家，说她成功 C- 指称但无意指称那位医生似乎更为合理。当然，在实际实践中，什么意图是初始意图这个问题可能是不确定的，在这种情况下她指称谁这个问题也可能是不确定的。

道他究竟住在哪里），她对 he 的使用是一种依赖性 C-C- 指称情况。如果她回答 "No one knows exactly where Santa Claus lives"（没有人知道圣诞老人住在哪里），她的话语 Santa Claus 是一种 C- 依赖性 C-C- 指称的情况。①

安妮莎意图使她的话语与艾弗里特的话语有某种关系，使得如果艾弗里特的话语指称什么事物，那么她的话语指称相同事物。在第一种有前指情况中，安妮莎的话语对艾弗里特的话语的依赖保证这种关系。在后一种两人话语彼此独立的情况中，安妮莎的话语与艾弗里特的话语足够相似，使得足以使某个对象成为艾弗里特话语指称对象的这些事实将足以使同一对象成为安妮莎话语指称对象。如果，与她的怀疑相反，存在一个人与艾弗里特的话语 Santa Claus 合适相关从而成为其指称对象，那这个人将会是她的话语 Santa Claus 的指称对象。正如我们在圣塞瓦斯蒂安的例子中所看到的，她并不需要使用相同的名字。她可能说 "No one knows where Kris Kringle lives"(没有人知道克里斯·克利高住在哪里。(译者注：英语中，Kris Kringle 也指圣诞老人，是圣诞老人的另一名称)，意图告诉艾弗里特圣诞老人还有另一个名字。她相信如果这些事实使得 Santa Claus 用来指称，那么它们也使得 Kris Kringle 用来指称，并且指称同一个人。

即使安妮莎已经知道世上不存在圣诞老人，她仍然可以与艾弗里特 C-C- 指称。她可以使谈话继续；她意图使她的话语像意图性 C- 指称性话语那样符合艾弗里特的话语并对他的话语做出反应，即使她对指称发生没有幻想。在每种情况中，安妮莎与艾弗里特对圣诞老人的指称尝试 C-C- 指称。她意图使她的话语满足与艾弗里特话语 C- 指称的所有条件，除了指称条件外。

正如我所说过的，一个话语可以与几个前话语 C-C- 指称。艾弗里特和安妮莎在他们的母亲给他们讲了圣诞老人故事后开始谈话。回答艾弗里特问题时，安妮莎与艾弗里特话语和她母亲的话语 C-C- 指称。一个话语可以被任意数量的后话语所 C-C- 指称。所以 C-C- 指称既是一个多对一的关系也是一个一对多的关系，因此，C-C- 指称链可以在两个方向分支扩展。

C-C- 网络和惯例

我所想到的网络是由 C-C- 指称关系所引发的；这些网络可以存在，即使没有源点，没有指称，没有 C- 指称。

---

① 这个例子在第 1 版中就有些过时，现在安妮莎和艾弗里特都已是大学生了。

我把一个话语称为一个前话语的 C-C- 后代，如果存在从该前话语到该话语的一个 C-C- 指称链。埃尔伍德告诉你杰克喝了最后一瓶啤酒。你给我留言说 “Jack drank the last beer”（杰克喝了最后一瓶啤酒）。我又告诉玛莎 “Jack should be whipped”（杰克应该受到鞭刑）。她又告诉弗雷德 “Jack’s becoming unpopular because of all the beer he drinks”（因为乱喝啤酒，大家不喜欢杰克）。你的留言与埃尔伍德的话语 C-C- 指称。我的话语又 C-C- 指称你的留言，玛莎的话语又 C-C- 指称我的话语。玛莎的话语并不与埃尔伍德的话语 C-C- 指称，但因为这个 C-C- 指称链玛莎的话语是埃尔伍德的话语的一个 C-C- 后代。C-C- 祖先是 C-C- 后代的逆。这不依赖杰克的存在；可能是我捏造出这样一个杰克使我可以指责他喝了最后一瓶啤酒，实际上是我自己喝的。

我们可以规定指称性话语 C-C- 指称它们自身。如此，C-C- 指称具有自返性但没有传递性和对称性。C-C- 后代关系有自返性和传递性，但没有对称性，是多对一和一对多的关系。C-C- 祖先关系与此相同。指称性话语是 C-C- 相联的，如果存在一个从一个话语到另一个话语的链，它的每一环节都是从一个话语到它的一个 C-C- 后代或 C-C- 祖先。（根据下文资格条件）C-C- 相联是一个等值关系：自返的、对称的且传递的。来看话语的全域。以关于我儿子吉姆的任意话语为例。它与它的所有后代和祖先以及它们的后代和祖先等形成一个 C-C- 网络。

可能存在一些以吉姆作为源点的 C-C- 网络。当然存在一个大网络，它始自我和我妻子最初对他的指称，或许包括之后对他的大多数指称。但假设，如我当时所假定，每个走过医院育婴房的人都注意到这个长着红头发的不同寻常的可爱婴儿，并对他们的朋友和家人说起这个婴儿，他们谈论这个婴儿一阵子后最后还是彻底忘掉了他。这些事件每一件都开启一个以吉姆为源点的 C-C- 指称网络，但它们并不与那个支配性网络 C-C- 相关。虽然吉姆现在不像之前那样可爱，但毫无疑问这个过程还在继续。有人路过吉姆在其中作演讲的礼堂。她问旁边的朋友 “Do you know who he is?”（你知道他是谁吗？），那人回答 “No, I have no idea who he is.”（我不知道他是谁）。第二个人使用 he 与第一个人使用 he C-C- 指称。我们有一个以吉姆为源点的小 C-C- 网络。如果这两个人放弃了这件事，没有去查明她们看到的那个人是谁，那么这个网络将永远不与那个支配性网络相连。它仍将与该网络保持分离，即使那两个人后来又遇到吉姆并慢慢熟悉吉姆，只要她们没有认出吉姆是她们那天看到的那个作报告的人。

我们可以把更为典型的网络看作一个树干，它有树根和分支。树根以并非意图 C- 指称的指称开始；或许当吉姆出生时，我妻子、医生和护士彼此独立地指称他。但当她们继续喜欢上他，她们的指称 C-C- 指称她们彼此之前的指称；树根长成了一个树干。这个树干已经扩展了很多年。分支基本上是局部子网络，它们从树干开始，一直延续到一个会话结束；与大多数真实的树有点不同，它们可能是更大子网络的部分，在之后一个会话中再次并入树干。

与真实的树的另一个区别是，一个网络的树根可以在其树干之外开始，然后生出分支，分支之后并入该树干。我在部门会议上看到有一个新人，问旁边的你 “Was she appointed while I was on leave? ”（她是在我休假期间指派到我们部门的吗？），或许你也不知道，就问你旁边的人相同的问题。过了一会儿，有人用一个名字回答了这个问题 “That’s Alice Fritchey, our new logician”（那是爱丽丝 · 弗里奇，新来的逻辑学家）。我的问题所开启的树根并入这个树干，我对爱丽丝 · 弗里奇的最初指称开始与对爱丽丝的成千的指称共享一个网络，这个网络很有可能追溯到她出生那天或者更早的时间。那天晚上，我给我妻子讲了爱丽丝 · 弗里奇和我注意到她的一些有趣事情，我妻子在第二天午饭时又告诉给她的朋友们。这又是一个分支，它可以继续生长若干年，不需要回归主树干。

当然，出于我们的目的，关于 C-C- 网络的一个关键事实是它们不必以对一个真实对象的指称开始；它们可以始于虚构，像在之前雅各布 · 荷恩例或者刚刚提到的杰克例中那样。在这样的情况中我们有一个阻滞；该网络中的话语都没有指称，虽然它们相互 C-C- 指称。在这样的情况中，我们可以说 “指称同一个人” 和 “想到同一个人”。但实际上没有指称，没有指称对象的身份。这是谈论 C-C- 指称的一个松散方式。

这是我们对网络的初步解释。它是一种理想化解释。指称顺其流动的 C-C- 指称网络也是信息顺其流动的网络，并且这样的网络经常包括错误识别，这个事实使得情况非常复杂。错误识别经常造成我所说的*混乱*。当因为意图混杂一个指称性话语成为两个（或更多）C-C- 网络的部分，混乱就会出现。混乱意味着 C-C- 联系，正如其定义，至多是一个临近等值关系。因为混乱，除了汤尼兰所识别的那种阻滞即雅各布 · 荷恩例中所涉及那种阻滞，我们还需要识别几种阻滞，我们将在下一章讨论如何消除混乱。但是现在我们使用我们的理想化解释为专名的使用给出许可惯例的一个新概念。名字 N 的一个惯例受一个网络支持，如果沿着这个网络使用 N 进行 C-C- 指称。利用惯例的名字使用指称支持该惯例的网络的源点，如果它有一个源点；否则该惯例和该名字使用都为空。

当一个名字被用作一个网络的一部分时，一次实践便开始了。为了这个目的，通过指称一个现存突显对象，该实践可以被明确引入。或许爱丽丝母亲说“Let’s call her ‘Alice’”（我们叫她“爱丽丝”吧）。或者也许她刚开始使用这个名字，与对爱丽丝的其他指称 C-C- 指称。当其他人使用作为爱丽丝网络一部分的这个名字，该实践继续。用 Alice 命名爱丽丝这个许可惯例得到支持，只要该实践继续。

上文所考虑的杰克网络支持使用 Jack 这个名字所涉及的一个惯例，而雅各布 • 荷恩网络支持使用 Jacob Horn 这个名字所涉及的一个惯例。惯例允许一个人与相同网络上的其他指称行为 C-C- 指称。如果存在一个源点，那么通过 C-C- 指称，一个人可以指称。在这种情况下，我们有一个许可惯例可以用该名字来指称该源点。注意，用“许可”一词，我意在强调惯例并不意味着一个人不能用该名字指称其他个体或在其他网络上 C-C- 指称。所以允许我使用 Jack 表示我捏造出来喝了啤酒的那个家伙的惯例并不阻止我使用 Jack 指称我所知道叫这个名字的其他人，或者与讨论杰克 • 弗罗斯特、杰克 • 斯布莱特或其他叫杰克这个名字的人们 C-C- 指称。

在这个意义上一个网络可以支持一个人的多个惯例。追溯至美国第七任总统的网络支持把他称为 Andrew Jackson 和 Old Hickory 的不同惯例。只需通过与被命名对象的间接联系，即可形成新的命名惯例。英语单词 Aristotle 看上去根本不像亚里士多德的父母给他起的那个名字，或许听起来也不太像。他在其他语言中的不同读音不同拼写的名字，如法语 Aristote，也是如此。这两个名字分别在英语和法语的发音和拼写系统中形成，使人们可以指称亚里士多德。人们还可以为亚里士多德发明新的名字。在一个古代哲学的课堂上，一个初学者问了一个关于 Ari-whats-it（亚里 – 是 – 什么）的问题。很快班里每个人都用这个新名字称呼亚里士多德。

同一个网络也许支持用同一名字称呼同一人的两个惯例。假设第一个美国教皇被他的父母叫做 Gary，但他幼年时父母双亡，养父母为他重新起名为 Ellsworth。后来，他成为教皇，又选了一个新名字，碰巧是 Gary（加里），他成了教皇加里一世。这个有些不可能的可能性表明当一个网络支持一个惯例时，事实上这是该网络的某些部分支持该惯例。在此例中，这个网络的前一部分，涉及加里的亲生父母及他们的朋友亲戚的话语，支持第一个 Gary 惯例，而他成为教皇后他自己、他的主教们和世界上其他人的话语支持第二个 Gary 惯例。通常我将忽略这种可能性。

当一个说话人根据一个给定网络所支持的一个命名惯例使用一个名字，该说话人（或他的话语）*使用了*该惯例。

命名惯例现在要比我们第 2 章引入命名与表示之间的区分时的想法更为复杂。但这个区分现在仍然存在。对于名称，指定是一个单称项与所指定的那个个体通过一个惯例联系在一起的问题。命名是直接的，不是因为没有相关机制，而是因为没有像摹状词那样的识别性条件。所以，根据这个新理论，许多名称用来命名。但是，空名称意图在没有命名的情况下来命名。所以，名称与（可想象的非常小的）网络所支持的惯例相联。如果网络有源点，名称用来命名该源点。否则，名称只意图命名。在这些情况中，名称不指示也不描述。

我们也需要改进我们对名称歧义性的解释。解决名称歧义性仍是一个确定使用哪个惯例的问题。但这并不意味着要确定由该惯例指派给该名称的指称对象，而只是确定支持惯例的网络（或者网络的一部分，如教皇加里一世例）。那么，接下来的问题是网络是否有源点，如果有，它是什么。

8.4　再论 N- 指称

现在我们回头再来看看我们关于雅各布·荷恩的那些有问题的陈述：

（48）Jacob Horn does not exist.

（49）Jacob Horn exists.

（50）Jacob Horn was an important person in Colonial America.

我们最初理论的第一个问题是第 6 章中命名惯例的概念依赖存在一个指称对象。没有指称对象意味着没有惯例，也就没有（P^x48）～（P^x50）的真值条件。因此，它无法提供合适命题来解释当我们说出（48）～（50）这样的话语我们似乎说了什么且可能说的是相同对象这个事实。现在我们有了可以解决这个问题的工具。

当一个名称的一个话语使用一个网络所支持的一个惯例，我会说该网络*支配*该话语。由此，我们需要对（48）～（50）自返内容的分析修正如下：

（P'^x48）There is a network *N* which governs the utterance of "Jacob Horn" in **(48)**, but there is no *x* such that *x* is the origin of *N*.

［存在支配（**48**）中话语 Jacob Horn 的网络 *N*，但不存在 *x* 使得其

自身为 *N* 源点。]

（P′ ^{x}49）There is a network *N* which governs the utterance of "Jacob Horn" in **(49)**, and there is an *x* such that *x* is the origin of *N*.

[存在支配（**49**）中话语 Jacob Horn 的网络 *N*，并且存在 *x* 使得其自身为 *N* 源点。]

（P′ ^{x}50）There is a network *N* and a person *x* such that *N* governs the use of "Jacob Horn" in **(50)** and *x* is the origin of *N* and *x* was an important Colonial American.

[存在网络 *N* 和一个人 *x*，使得 *N* 支配（**50**）中话语 Jacob Horn，*x* 为 *N* 源点，并且 *x* 是美洲殖民地的一个重要人物。]

这些自返内容似乎正确说明（48）～（50）的真值。（48）为真，（49）和（50）为假。现在我们已经解决了第一个问题，这个问题与我们在之前的解决方案中对惯例过于简单的解释有关。但是我们还有第二个和第三个问题。对于以下问题，我们还没有一个合理解释：（49）和（50）错在哪里，（48）～（50）都说了什么，读过《荷恩文集》的人们以及谈论过这本书的其他许多人——他们中大多数也许没有读过这本书或甚至不知道其存在——在不同时间对于这本书相信什么，怀疑什么。为了处理这两个问题，我们需要引入一个新的内容层面——"网络相关内容"或简单的说法"网络内容"。

网络内容

网络内容是一种我所说的"增补内容"。最初，我们只有一类增补内容，即指称内容。但在一些情况中，我们视为固定的内容。虽然不足以使我们最终得到指称内容，但足以消除作为已确定的内容层面上的一个构成成分的话语本身。事实上，进行话语推理时，所有不是指称内容的增补内容种类都可能相关。

再来看自我介绍这个话题。假设，凯斯·汤尼兰在一个聚会上向某人介绍自己，他说"I am Keith Donnellan"（我是凯斯·汤尼兰）。其指称内容与他说"I am I"（我是我）或者"Keith Donnellan is Keith Donnellan"（凯斯·汤尼兰是凯斯·汤尼兰）时的指称内容相同。但这不是汤尼兰计划传递给对方的指称内容。假设汤尼兰为人低调，他或许只是想让那人知道他的名字，也就是，使那人相信正与她本人（译者注：原书中对此人性别没有严格界定。根据英语表达习惯，译者将此人界定为女性。）交谈的这个人名叫 Keith Donnellan（凯斯·汤尼兰）。汤尼兰隐含的计划是那人因为熟知英语所以会捕获他话语的自返内容：

我听到的这个话语为真，当且仅当，存在名字 Keith Donnellan 的一个惯例和一个网络，使得这个说话人使用这个惯例，该网络支持该惯例，该网络有一个源点并且该源点就是这个说话人。

这个人会明白这个说话人就是正与她本人谈话的这个人，并由此推出：

我听到的这个话语为真，当且仅当，存在名字 Keith Donnellan 的一个惯例和一个网络，使得我正与之交谈的这个人使用这个惯例，该网络支持该惯例，该网络有一个源点并且该源点就是我正与之交谈的这个人。

据此，她会推出以下结论：

这个人名叫 Keith Donnellan，

如果使用她刚刚知道的这个名字，她的结论还包括：

这个人是凯斯・汤尼兰。

如果这个人是一位哲学家或语言学家，她可能对凯斯・汤尼兰已经有所了解，或许再根据聚会的性质和 Keith Donnellan 是一个不很常见的名字这个事实，她可能推出她正与之交谈的这个人就是她在研究生学习阶段所读过的那几篇著名论文的作者。

她获知汤尼兰的名字并可能确定她正与她曾经读过其论文的那个人交谈的关键既不是他话语的自返内容也不是其指称内容，而是在说话人被确定为她正与之交谈的那个人的情况下得到的内容。正是这个内容使她获得汤尼兰想要传达的信息。这既不是 I am I 的一个内容也不是 Keith Donnellan is Keith Donnellan 的一个内容，这是 I am Keith Donnellan 是汤尼兰做自我介绍的一个更好方法的原因。

下面我们给出另外一个例子说明非指称性增补内容的重要性。假设我们正在开车，你是司机。因为注意到你准备超车的那辆车违规行驶，我突然大叫“That driver is drunk！”（那个司机醉酒驾驶！），我的计划是，因为你熟知英语，你会捕获我话语的自返内容，即你会识别出我是说话人，你会意识到我用 that driver 指称我正关注的那辆汽车的司机，你会根据我目光的方向确定我关注的那个人是哪辆车的司机，并且对于你所感知的那个人你会想到 That man is drunk（那个人醉酒驾驶），并采取合适预防措施。我的计划的关键是指示词 that driver。假设那个司机实际上是我们的朋友克里木，他经常喝醉酒。如果我认出那个司机是克里木，当我说“Clem is drunk”（克里木醉酒驾驶），我可以传达相同指称内容。但这样我的计划就不会起作用。你不会采取预防措施，相反你可能只是说“So what else is new?”（这有什么稀奇吗？）。我的计划依赖你对我话语增补内容的捕获，如果我是说话人且使用 that driver 来指称我所看到的那辆车的司机。

我认为，一个话语没有为真和为假之间的区别（译者注：此处下划底线部分的英语原文为 the difference between an utterance simply failing to be true，and being false），原因在于后一种情况中该话语提供了一个增补内容，即一个关于该话语之外的世界的断言。刘易斯·卡罗尔的话语 Borogroves are mimsy（无聊龙是粗劣蹩脚的）没有满足这个条件。它没有真值这一点与该话语本身的缺陷有关，但与该话语所做出的关于其余世界部分的增补性断言的缺陷无关。它不为真，但也不为假。它什么也没说。从现在开始，我只用“陈述”这个术语表示做出这样一个关于其余世界部分的增补断言的断定话语（assertive utterance）。无论以何断定方式说出 Borogroves are mimsy 或者 Borogroves are not mimsy（无聊龙不是粗劣蹩脚的），我都没有做出一个陈述。①

这意味着一个话语可以是一个陈述并且为假，只要它有网络内容，即使它缺少指称内容。如果陈述含有空名称并且这些空名称使用由一个网络所支配的一个惯例，这样的陈述确实做出了陈述，即使该网络被阻滞。陈述（3）有网络内容，即雅各布·荷恩网络有一个源点。它不仅没有为真，它还成功为假。

网络内容是非指称性增补内容的另一个例子。它表明，已知意义、语境和关于哪些网络支持所使用的命名惯例的事实，为了使一个话语为真，该世界其他部

① 这个观点并不十分准确。假设，我指称一株紫丁香 L 时说“That lilac bush is mimsy”（这株紫丁香是粗劣蹩脚的）。我们可以得到其增补内容——*存在一个说话人使用的一种语言和 mimsy 在该语言中所代表的一个性质*，并且 L 有这个性质。这使我们有了一个关于该话语之外世界的断言，具体地说，是一个关于 L 的断言。但它也是自返的，因为对这个性质的识别是话语相关的。我说了可以为假的话语吗？我不确定。也许我应该简单地认为，为了使一个话语为真，它必须有一个合适增补内容。这有些模糊，但在有更好想法前这对于我的目的或许已足够。

分应该满足什么条件。在“N- 指称”情况中，有相同网络内容将部分起到通常由有相同指称内容所起的作用。

已知威廉·荷恩出版了《荷恩文集》，并且他说这是他新发现的祖先日记。我们把他出版该书时由他开始的网络称为 N_{JH}。如果对 Jacob Horn 这个名字的使用利用了 N_{JH}，那么我们得到三个新内容：

（P^{Net}48）That N_{JH} has no origin（= ends in a block）.

［N_{JH} 没有源点（= 以阻滞结束）。］

（P^{Net}49）That N_{JH} has an origin.

（N_{JH} 有源点。）

（P^{Net}50）That NJH has an origin, and he was an important person in Colonial America.

（N_{JH} 有源点并且他是美洲殖民地的一个重要人物。）

我假定存在是一个条件，可以用恒等和存在量词对它给出合理定义：

$$\text{Exists}(\alpha) \Longleftrightarrow df\ \exists\, y\,(y = \alpha)$$

所以，存在是每个事物都有的性质或者至少是每个事物都满足的一个条件。既然底特律是一个真实的地方，那么

That Detroit exists.

（底特律存在。）

就是一个完美单称命题。它是话语 Detroit exists 所表达的命题，什么也阻止不了这一点。命题

That Detroit doesn’t exist.

（底特律不存在。）

也会是一个完美命题，虽然是一个假命题。但（48）～（50）又该怎么解释，它们似乎不是为真或为假的命题？

我上文提出，一个话语没有为真和它为假之间的区别，原因在于后一种情况中该话语提供一个（合适）增补内容，并因此做出一个关于该话语之外的世界

的断言。无论我以何断定方式说出 Borogroves are mimsy 或者 Borogroves are not mimsy，我没有做出一个陈述。但如果陈述含有空名称且这些空名称由一个网络所支配，无论该网络多么小，这样的陈述确实做出了陈述。

这意味着一个话语可以是一个陈述，且为假，即使它缺少指称内容，只要它有网络内容。陈述（50）有网络内容——雅各布・荷恩网络有一个源点。它不仅没有为真，它还成功为假。

根据真值条件的概念，我们可以定义话语何时为真何时为假。

● 一个话语为真，如果它在任意层面上满足其真值条件。如果它在一个给定层面上满足其真值条件，它将在任意增补层面上满足其真值条件。否则，它不为真。

● 一个话语为假，如果它有合适增补真值条件并且没有满足它们。

有了这些定义，我们可以说（48）为真，（49）和（50）为假，即使它们都没有指称内容。

现在来看

（50 ～）Jacob Horn was not an important person in Colonial America.

（雅各布・荷恩不是美洲殖民地的一个重要人物。）

存在两个我们可以视之为（50 ～）网络内容的命题：

（50 ～ A）That it's not the case that: N_{JH} has an origin, and he was an important person in Colonial America.

（并非 N_{JH} 有一个源点且他是美洲殖民地的一个重要人物。）

（50 ～ B）That N_{JH} has an origin, and he was not an important person in Colonial America.

（N_{JH} 有一个源点但他不是美洲殖民地的一个重要人物。）

在网络内容层面上存在一个范围问题，即使对于名称也是如此。

现在来看（48）和（49）：

（48）Jacob Horn does not exist.

（雅各布・荷恩不存在。）

（49）Jacob Horn exists.

（雅各布・荷恩存在。）

（49）为假，因为它在网络层面上有增补真值条件但没有满足这些条件，即使它没有指称内容。（48）在网络层面上有两个不同内容：

（48W）That there is an origin of $\mathbf{N}_{JH}$, and he does not exist.

（$\mathbf{N}_{JH}$ 有一个源点但他不存在。）

（48N）That it is not the case that there is someone such that: he is the origin of N_{JH} and exists.

（并非存在某人使得他是 N_{JH} 的源点并且他存在。）

根据存在的存在性概念，（48W）自相矛盾，所以（48N）（其为真）是优先解读。

至此我们已经处理了最初解释的前两个问题。但我们仍然需要解释：如果不存在指称内容来作为所言，那么我们如何有所表达。

8.5　网络内容与所言

阻滞与提升

一些哲学家把说话和诸如相信这样的命题态度视为处在一定时间的人与命题之间的关系：在 *T* 时 *S* 说出 *P*，在 *T* 时 *S* 相信 *P*，等等。但显然这个看法过于简单，特别是对于说话的情况。说话是一种行为，一种做事。在行为中，<u>*通过*和*的方法*这两种关系</u>（译者注：此处下划底线部分的英语原文为 the *by* and *way of* relations）非常重要。奥斯瓦德做了什么事情？他谋杀了肯尼迪，*通过*枪击，而他进行枪击又是*通过*扣动扳机完成的。扣动一个装有子弹的来福枪的扳机是枪击*的方法*，而瞄准一个人的头部准确射击是谋杀那个人*的方法*。通常，一个人可以根据不同环境用不同方法来做同一事情，一个人也可以在不同环境中用相同方法做不同事情。

对于说话，这个结构的一个显著特点是直接语篇和间接语篇之间的区别。假设汤尼兰通过说出“I taught at Cornell”（我在康奈尔大学教学）说他在康奈尔大学教学。而我通过说出“Donnellan taught at Cornell”（汤尼兰在康奈尔大学教学）说了相同事情。西德尼 · 休梅克（Sydney Shoemaker）在康奈尔大学校园散步时他可以通过说出“Donnellan taught here”（汤尼兰在这儿教学）说了相同事情。但当他说“I taught at Cornell”，他并没有说出与汤尼兰用相同话语所说事情相同且为真的事情。事实上，我们将在第 10 章中仔细讨论的引用消去原则（disquotation principles）是关于如何做事情的原则：说出 Donnellan taught at Cornell 是说汤尼兰在康奈尔大学教学的一种方法。

为了对 what did he do（他做了什么）这个问题的合适回答提出一个解释，

一个两步程序似乎很有希望。首先，我们要考虑已完成的所有活动和所实现的所有结果：奥斯瓦德用手指扣动扳机，射击，射中肯尼迪，杀死肯尼迪，杀死美国总统，暴露他在学校书库的藏身处，改变历史进程。然后我们可以考虑这些可能答案中哪一个在已知会话情境中是合适的。重要的是，他做的这些不同事情有不同性质，它们或许与不同的问题相关。射击并由此杀死总统是奥斯瓦德意图要做的事情。后者是他的目标，前者是他的方式。暴露他的位置或许也是他知道会发生的事情，但这不是他的目标，也不是他的方式；他不是故意做这件事情。也许该主体的首要目标是对 what did he do 这个问题的缺省回答——使他的活动得以实现的意图行为。如果他没有成功，我们通常问该主体要做什么，通常还是以首要目标作为所期待的答案。但该缺省答案经常被否决。如果我们问“What did Oswald do, that led to his arrest?”（奥斯瓦德做了什么使他被捕？），最好的答案或许不是 Killing Kennedy（杀死肯尼迪）而是 Revealing his location（藏身处被暴露）。

需要以类似方式来解释我们的说话和所言这两个概念。指称内容识别大多数说话情况的一个极其重要的方面。指称内容通常是同意和异议的焦点，捕获人们旨在传达的内容，虽然经常会有进一步目标。会话可能聚焦于指称内容，是会话参与者要表达的内容，以不同方法：“He taught at Cornell”（他在康奈尔大学教学），“I taught at Cornell”，“You taught at Cornell”（你在康奈尔大学教学），“Donnellan taught at Cornell”。在指称内容的意义上，我们关注所言而非如何言。指称内容是缺省内容。这是那些指称主义著名论著吸引我们注意力的地方，也是使我们放弃名称的摹状词理论的部分原因。因此，以这些论著为权威，我有时把指称内容称为正式内容。但指称内容并不是唯一可以被视为所言的内容层面。

我认为，“当我们有”一个阻滞，如在雅各布·荷恩例子中那样，其他增补内容可能得以提升到所言的高度。当学者们讨论是否存在一个雅各布·荷恩，他们之间的异议在于雅各布·荷恩网络是否以阻滞结束或该网络是否有一个源点。阻滞提升其他内容。但是，我认为不是只有汤尼兰所考虑的那类阻滞可以这样做。不只缺少指称内容可以阻滞路径，其*无关性*也可阻滞路径。现在我们先来找寻可以作为我们焦点的其他内容，甚至在存在指称内容的情况下，在它不能为所涉及陈述的相关性给出解释的情况下。

回头再来看汤尼兰说 I am Keith Donnellan 来介绍自己的简单例子。他这个话语的指称内容与他说 I am I 或者 Keith Donnellan is Keith Donnellan 时的指称内容相同。但正如我们所见，这个指称内容并没有捕获他意图要传达的内容。他的受话人可以恰当地说“He said his name was ‘Keith Donnellan’”（他说他的名字是 Keith Donnellan），只有勉为其难的哲学家可能会说“He said that Keith Donnellan was Keith Donnellan”（他说凯斯 · 汤尼兰是凯斯 · 汤尼兰）。在回答“What did he do?”这个问题时，指称内容的平凡性和无关性使我们选择其他内容。在这样的情况中，我们并没有期望“What did he say?”（他说了什么？）或者“What was said?”（说了什么？）或者“What are they arguing about?”（他们在争论什么？）这样的问题只有唯一可接受答案。为了解释究竟说了什么，可能需要考虑可用内容的结构或可能结构。关于存在的会话经常如此。

谈论存在

因为乔治 · W. 布什（小布什）是一个真实的人，

That George W. Bush exists.

（乔治 · W. 布什存在。）

是一个完美命题，我们可以把它看作 George W. Bush exists 这个话语的所言。但如果有人说：

（51）George W. Bush does not exist.

（乔治 · W. 布什不存在。）

那么其所言是什么呢？一般情形下，假设他意图传达关于乔治 · W. 布什的如下单称命题

不存在 *x* 使得 *x* = 乔治 · W. 布什

似乎不合理，因为如果他是正确的，就不会存在这样的命题。我认为说话人通常会被认为表达乔治 · W. 布什网络没有源点这个信念。如果有人想使在其他情况下无法当选的迪克 · 切尼执政但又担心控制了媒体的共和党工业家们根据老布什的旧照片让熟练模仿艺术创造出一个假小布什，那么他也许会说出这样的话语。所以我们或许可以假设表达指称内容的这种尝试的自我挫败的性质是一种阻滞，它将假网络内容——乔治 · W. 布什网络没有源点——提升为所言。

但假设乔治 · W. 布什偷听到（4）并抗议道：

（52）I do exist.

（我真实存在。）

他似乎不是要给出一个关于他的网络的话语而是给出一个关于他自己的话语。难道我们不应该认为 George W. Bush does not exist 和乔治 · W. 布什说的 I do exist 直接相互矛盾吗？

但是，为了理解该会话，我们显然需要引入网络内容。布什的交际计划是什么？他意图通过使用 I 指称（52）的说话人并因此指称他自己。但他也意图驳斥（51）。他想这么做，因为他把自己视为支持在（51）中使用 George W. Bush 的网络的源点，他用自己来 C-C- 指称其存在尚处讨论中的乔治 · W. 布什。他对 I 的使用并不能从 George W. Bush 在前话语中的使用得出其指称。但如果他使用 I 不与 George W. Bush 在前话语中的使用 C-C- 指称，那么他的话语就没了动机。他意图以通常方式使用 I，并由此指称自己，但同时他还意图使之与（51）中话语 George W. Bush C-C- 指称。为了理解布什用来反驳（51）但毫无疑问有些隐含的计划，我们需要引入其完整结构。

我的建议是：对于存在陈述，将其缺省内容转变为网络内容。网络内容解释所讨论的做出如（48）或者（51）这样断定的人和与他们有不同意见的人之间的事情。那些断定存在而非否定存在的人认为，通过表达网络内容，他们也断言一个真实对象的存在性质，即他们认为他们的话语有指称内容；甚至当指称不是通过网络但有一个指称内容，因为如（52），通常会存在理解该指称为其一部分的会话所需的一个突显网络。但如果乔治 · W. 布什一反常态以一种哲学口吻自言自语说出（52），那么就不存在相关网络内容，我们将不得不否决这个缺省内容。

George W. Bush might not have existed（乔治 · W. 布什可能没有存在过）似乎有一个不会有争议的指称性解读，即存在不包括这个人的可能世界。这个陈述可能有一个简单的形而上意图，或许提醒我们他出生的或然性：为了使这个孩子存在，需要老布什和芭芭拉 · 布什相遇，存在布什家族的祖先，生命要在地球上进行进化，等等。这个意图更有可能是一个认知意图：存在未被我们的真正*知识*所排除且在其中不存在这个人的可能世界。根据我们大多数人都有的证据包括乔治 · W. 布什网络的存在，它可能完全是一个恶作剧，因为，就我们实际所*知*，该网络受到阻滞。

但这可以与存在陈述的一个网络解读相一致，如果我们假设此解读如下：

> 乔治 · W. 布什网络有一个源点，但也可能没有（或者就我们所知可能没有）。

这是之前相信乔治 • W. 布什阴谋论的人在断言他之前信念时可能会说的话，虽然不是真的，但也并非完全荒谬。

假设这个令人担忧的对象是一个实际上不存在但又可能存在的对象，又该如何？如果这样，我们不会有一个让我们忧虑的指称性解读。但是我们仍然有网络解读。先前相信雅各布 • 荷恩存在但后来相信他并不存在的人可能说“Jacob Horn might have existed”（雅各布 • 荷恩可能存在过）。根据指称性解读，这句话似乎显然为假。既然不存在雅各布 • 荷恩，也就不存在在其中存在雅各布 • 荷恩的可能世界。他意图断言的且可能为真的内容是雅各布 • 荷恩网络可能有一个源点。他可能只是意图断定这个可能性，但他更有可能意图要说在他被骗上当之时所有已知信息都阻止不了该网络的一个源头的存在，并且或许认为这个证据支持这一点。

对反事实可能性的考虑对于激发指称主义起到一个更大的作用。我们需要区分为了使*话语*为真这个世界需要满足的条件和为了使*所言*为真这个世界需要满足的条件（译者注：此处下划底线部分的英语原文为 We have to distinguish what the world would have to be like for *the utterance* to be true, from what it would have to be like for *what was said* to be true）。话语 I am the President（我是总统）在任何该话语的说话人在其中是美国总统的世界中为真。但如果巴拉克 • 奥巴马说“I am the President”，其所言为奥巴马是总统；他的所言在在其中该话语没有发生的世界中为真，只要奥巴马是美国总统。（What he said is true in worlds in which the utterance itself does not occur, so long as Obama is the President.）

如果我们保持所言和反事实可能性之间的联系完整不变，但对那些反事实可能性是什么持开放态度，我们会为在肯定存在和否认存在的情况中所言通常是网络内容这个观点找到证据。调查雅各布 • 荷恩真相的学者们努力去确立或消除的可能性大体上是关于雅各布 • 荷恩网络有一个源点的可能性。他们所调查并使用（48）和（49）表达意见的问题是一个关于网络内容的问题。甚至当该指称内容可用，如在对乔治 • W. 布什的存在表示怀疑的例子中，只要提出这个问题，网络和网络内容通常都是相关的。

小　结

本书第二部分在第 2 版中改动较大。第 10 章和第 11 章是新增加的部分。本章和下一章是对第 1 版第 7 章和第 8 章做出较大改动的结果。它们为**网络**和**网络内容**给出不同解释。

第 6 章中的专名理论是由名称歧义性所激发。名称歧义性要求我们承认不同惯例可能将同一名称指派给不同对象，在不知道一个语句的一个具体话语使用了与该话语中名称相联系的不同惯例中哪一个的情况下，我们可以理解该语句其他词语的意义。这样的惯例是名称指称机制的一部分，所以也可用于自返内容——除了那些惯例之外其他意义得以固定的内容——层面。

本章首先注意到这个理论并不足以处理所有与空名称相关的问题，特别是，没有给出我们处理非存在陈述所需的工具。对于这些问题，我们需要网络——我对吉齐、汤尼兰、克里普克和埃文斯所承认的因果链条 / 历史链条 / 信息链条的说法。

我们把网络不仅用作不同于摹状词解释的指称机制理论，而且用作陈述语义的一部分。这种做法来自汤尼兰的论文《什么也没说》。他的阻滞理论为肯定存在陈述和否认存在陈述的真值条件给出了一个令人信服的解释，这与他对摹状词理论的拒绝和他对名称与其承载者之间如何相联系的历史性解释相一致。虽然他并没有断言这个理论可以对肯定存在陈述和否认存在陈述的所言以及含有空名称的陈述的所言给出一个解释，但我认为可以对他的观点加以发展从而给出这样一个解释。

为了提出我的网络解释，我引入 C-C- **指称**——条件性 C- 指称——的概念。C-C- 网络不只包括含有名称的话语 C-C- 相联的指称性话语而是包括所有种类的 C-C- 相联的指称性话语。这样的话语指称网络的**源点**，如果有的话，但不必一定有。网络可能始自汤尼兰所说的“**阻滞**”，也就是说，使一个网络开始但如果我们想要沿该网络找寻其源点又会阻止我们的创造行为。网络支持使用名称进行指称该源点或声称使用名称进行指称该源点的惯例。

当我们确定意义、语境和支持所使用惯例的网络后，我们得到网络内容。不同的话语可以有相同的网络内容；该内容与网络相关，但并非话语相关。

在本章最后一节，我建议，在某些情境中，特别是那些涉及存在问题的情境中，相比指称内容，网络内容是“所言”的更好选项。

第9章 文件网络

9.1 观念、文件与网络

假设，我相信苏格拉底（Socrates）大腹便便。根据我对认知的简单解释，我的这个信念涉及我关于苏格拉底的观念（notion）与我关于大腹便便这个性质的观点之间的联系。关于我如何形成这样一个关于苏格拉底的观念，一个简单的解释如下：柏拉图（Plato）在《对话录》中记录了苏格拉底的事情；威尔·杜兰特（Will Durant）读过柏拉图的《对话录》并在他所著《哲学的故事》一书中写了苏格拉底的事情；我十几岁时读过杜兰特的这本书，从而形成了一个关于苏格拉底的观念。这里有一个因果相连观念的简单网络，包括柏拉图关于苏格拉底的观念、杜兰特关于苏格拉底的观念和我关于苏格拉底的观念。这就是我这个观念的形成*原因*或*谱系关系*。这个网络的*源点*是苏格拉底，因为当柏拉图形成他关于苏格拉底的观念时他所感知和与之交流的就是苏格拉底本人，因此，他的观念是关于苏格拉底的。而杜兰特的观念也是关于苏格拉底的，因为柏拉图的观念是关于苏格拉底的；我的观念也是也是关于苏格拉底的，因为杜兰特的观念是关于苏格拉底的。

观念包含于C-C-指称网络中。话语由认知行为所激发，指称性话语受涉及关于一个人所意图指称事物的观念的认知行为支配。我们需要一个识别其他节点——特别是观念——的网络理论，目的有二：其一，为了理解混乱和在其中C-C-指称似乎最多是临近等值的其他情况；其二，理解说话与相信、所言报告与所信报告之间的联系。

现在来看我关于大腹便便这个性质的观点与我关于苏格拉底的观念相联系这个事实。我是通过始于古代的另一条路线得到这个信息，即一个关于苏格拉底的观念与大腹便便这个性质之间的联系。色诺芬（苏格拉底的学生）或许亲眼看到苏格拉底确实大腹便便（假定对他的定性是准确的）。斯坦福哲学教授克

雷斯 • 波波尼奇（Chris Bobonich）通过阅读色诺芬的著作知道这一点并告诉我。我关于苏格拉底的观念与（苏格拉底）大腹便便这个观点相联系，因为波波尼奇关于苏格拉底的观念如此；他的观点与这个观点相联系，因为色诺芬关于苏格拉底的观念如此。所以，我说苏格拉底是这个信息的*源头*（*source*）[或许说色诺芬是该信息源头更符合直觉，但我是根据格雷斯 • 埃文斯（Evans，1973）的观点这样使用“源头”一词的]。因此，苏格拉底既是我的观念的源点，又是该观念与（苏格拉底）大腹便便的观点在我头脑中联系的源头。但使我形成关于苏格拉底的观念的路线与用来解释该观念和我认为（苏格拉底）大腹便便的观点在我头脑中联系的路线大不相同。

这个指称性联系和这些观点沿网络——相同网络——“流动”。但是这些看法所采取的路线和该观念的谱系关系可能如本例中这样大不相同。

我们在第 8 章中所讨论的网络存在并不仅仅使我们可以指称和 C- 指称相关事物。这些指称是话语的部分，而在话语中我们做出陈述，表达愿望，对事物提出问题。它们是信息可沿之流动的网络，也是错误信息可沿之流动的网络。为了解释这是如何发生的，为了更好地理解指称传递，我们需要一个更细致的网络概念。为了理解信息如何从一个节点传递到下一个节点和 C-C- 指称在其中的作用，我们需要识别更多种类的节点。

本章第一部分中，我将提出一个更详细的概念，在之后部分中我将根据我对 N- 指称问题的处理使用这个概念对虚构提出一个简单解释。

但首先我想通过我的解释让人明白这些网络对于人类生活的重要性。上文我谈过信息游戏和认知关系。对于认知关系，我们自然要从感知认知关系开始谈起；如果我能看到或触摸一个对象我就会对它有更多了解。但很多情况下我们获取信息时都是与我们感知不到的对象相关。通过查明其他人的感知和推理，我们可以获取关于我们感知不到的对象的信息。当然，在包括错误信息在内的更广泛意义上，我们经常获取的信息不是基于感知或可靠推理而是基于错误感知、错误推理甚至只是基于想象。每一个人的头脑都是一个关于许多对象的信息的库，这些信息或是他们关于这些对象的观念，或是他们将之与这些观念联系在一起的观点——他们所有的关于这些对象的文件。通过语言我们可达及这些信息库。借助网络所提供的间接联系，我们从未见过面的人们的文件与我们的文件相联系，影响我们的文件。他人头脑中的信息库生成以书面个例——书籍、档案、记录等——为其痕迹的话语，借助这样的书面个体，我们可以获取储存在这些人头脑中的信息。当然现在人们使用计算机来储存信息，不是把信息作为个例而是作为奥尔森和利维所说的模板，即在某些情况下在屏幕上或书面生成个例的结构（Levy and Olson, 1992）。

指称主义传统经常与名称是标签这个观点相联系。与摹状词不同，名称并不通过它们的意义为关于所指称对象的信息编码。与索引词和指示词不同，名称的意义并不与感知认知角色紧密相联。根据我使用一个名称——如 Michael Bratman——来指称某人这个事实，你并不能确定我是在谈论我指称的那个人还是看到他，或者甚至不确定他是否仍然在世或者是否是一位古人；根据这个名称，你甚至不确定我指称的是一个人还是一种跑车商标或是一个州级公园。即使你确定这是一个人，一个男人，你从这个名称也无法知晓他的任何其他信息：他是哲学家？老师？还是一个职业篮球运动员？

虽然如此，如果听到了 Michael Bratman 这个名字，你就得到一个强大的工具来获取更多关于迈克尔·布拉特曼（Michael Bratman）的信息；你和他有重要认知关系。通过与我对他名字的使用 C-C- 指称，你可以向我和其他对他有了解的人们询问关于他的问题。你可以在《名人录》（*Who's Who*）或电话簿中查到他的名字。当然，现在你可以在谷歌上搜索这个名字，只要你已获取关于我在谈论的是哪个迈克尔·布拉特曼的足够信息从而确定这样一个搜索所生成的超过 350 000 个条目中的哪一个提供关于他的信息（提示：是第一个），你就可以得到比你也许想要知道或他也许想让你知道的更多的信息。你甚至还可以找到他的一些照片。

在另一本书[①]中，我讲了一个老笑话，我想在这里再讲一遍。在一个舞会上，萨姆遇见爱丽丝·弗里奇。萨姆喜欢爱丽丝，并认为爱丽丝也喜欢他。舞会结束时，萨姆问爱丽丝他是否可以给她打电话。爱丽丝说：“当然可以。”“你的电话号码是多少？”萨姆问。爱丽丝回答：“电话簿里有。”萨姆又问：“那么你叫什么名字？”爱丽丝回答：“电话簿里也有。”

在早前那本书中，这个笑话用来说明索引词和指示词通常所传达的信息的重要性。即使萨姆有些强迫症，能背诵电话簿，所以在某种意义上也知道爱丽丝·弗里奇的电话号码，但该信息对他没什么帮助，除非他能够确认“她叫爱丽丝·弗里奇”。但这个笑话也说明了名称的重要性。如果爱丽丝对萨姆说“我叫爱丽丝·弗里奇”，她就会给他一个有力工具使他知道更多关于她的信息。他可以在电话簿中搜寻她的名字，还可以在谷歌上搜索她或者在 Face book 上找到

---

①《知识、可能与意识》（*Knowledge, Possibility and Consciousness*）。

她。爱丽丝知道她的名字对于他会是一个强有力的工具，这也是她不告诉他的原因。名称可以只是标签，但它们这些标签通常可以作为将使用它们的那些人和无数信息库联系在一起的一个巨大网络的部分。有了一个名字是一个认知关系（译者注：此处下划底线部分的英语原文为 having a name is an epistemic relation），是最强大的认知关系之一。

9.2　交互主题性文件网络

在我们对网络的更为详细的解释中，观念和与它们相联系的文件成为焦点。C-C- 指称网络是这个更详细解释的一部分。我们现在认为网络是允许大型信息游戏的，它们从为感知主体提供信息的感知行为开始，以一个听话人或读者结束，该听话人或读者将该信息与她自己的一个观念联系起来从而影响她自己的行为。斯拉斯马科斯可能从姗蒂柏（苏格拉底之妻）那里得知苏格拉底在什么地方并去找寻他。很多古希腊人肯定知道柏拉图是苏格拉底的学生；柏拉图自己对此也有记录；该信息通过持续两千年的一个复杂网络——涉及一些人、著作、图书馆等——最终传至当代学者，如克雷斯 • 波波尼奇。一个学生可能从波波尼奇那里知道苏格拉底是柏拉图的老师，并使用这个信息来回答一个考试问题。

需提醒：我对“信息”这个词的使用有些松散。在严格使用中，信息应该是正确的。更松散的说法是，信息和错误信息都很重要。我不是要讨论标准认识论问题，如学生的信念是否及如何被看作知识，或者我们如何区分信息和错误信息。我在本书中的兴趣主要是信息如何流动，无论正确信息还是错误信息。①

正如我对它的使用，观念属于单个思考者。我有我关于苏格拉底的观念，你有你关于苏格拉底的观念。我的这个观念是我头脑中的一类变化，而你的那个观念是在你头脑中的一类变化。我们可以使用语言提出这样观念的交互主题结构。该网络上的其他节点，包括话语、个例和对个例的感知行为，在那里促使信息从一个观念到另一个观念的传递。

基本部分非常简单。我们通过感知获得关于对象的信息。当我们感知事物时，我们就有了关于它们的观点（观念），我们把这样的观点与关于我们所感知事物所有（或者认为它们可能有，或者希望它们有，等等）的性质的观点联系起

① 相关讨论可参见 Dretske（1981）、Barwise 和 Perry（1983）、Perry（1990b）、Israel 和 Perry（1990）、Stalnaker（1984）和 Perry（2002）。

来，创造一个内在文件（一个与观点相联系的观念）。因此，我们网络中的第一个联系是：感知引发观念，信息从感知流向观念。我们保持这些观念，当我们不再感知这些对象时，相联文件的相关部分是分离－识别信息游戏的一部分（见4.3节）。我们使用语言来分享我们以这种方法得到的信息。因此，这些网络是交互主题性的，涉及不同人对相同对象所持有的观念和文件。当我们分享信息时，告知信息的人，根据他所持有的关于该对象的内在文件，构建一个含有一个指称用语的陈述。这是该网络的节点之间的第二种联系：从观念到话语。接受该信息的人感知该话语和它使用的个例，或者也许只感知该个例——在其生成的几分钟后或几天后或几个世纪后，并推出该话语。以他的感知为基础，他能够开始一个新文件或者扩展他已有的文件。这是第三类联系：从对一个话语的感知到观念。我们再来更细致地解释这些类型的节点。

对象感知

在我的用语中，感知行为是被观点和观念进行结构化的感觉行为。现在，我正感知我的计算机。我有一个复杂的视觉感觉行为，我用我的观点——如对计算机、桌子、一个放在另一个东西上面的东西、键盘等的观点——来解释这个视觉感觉行为。所以我感知到一个桌子上有一台前面带有一个键盘的计算机。可以想象，我可以在不知道我在看一台计算机或者不知道我看到的那个东西与下面桌子可分离的情况下，有这个复杂感觉行为或者与之类似的行为。

观念、缓冲和文件

在4.5节中所引入的认知状态公认简单模型中，有观点、观念和文件。观点是关于性质、关系、具体对象或事件的一个认知细项（cognitive particular）。这里我用“观点”只表示关于性质和关系的观点，而关于细项的观点则用“观念”来表示。从观念中又可以划分为缓冲，缓冲是与一个人所感知或者积极积累其信息的事物和事件有活跃联系的观念。更持久的观念，有时被称为“长期观念”，是我们在没有感知或者其他获取信息方式的情况下所保持的观念。它们可以被用作缓冲，一旦我们识别出一个对象是我们对其已有长期观念并根据对它的感知开始为它提供信息的一个对象时。文件是与观点相联系的观念、缓冲或者长期观念。

例如，许多古希腊人见过万神庙。设想，有一个来自斯巴达的游客第一次来到雅典，他看到万神庙，一座建在山上的雄伟建筑，并形成关于它的一个缓冲。一开始他并不知道这是雅典的哪座著名建筑；他仔细观察，将更多观点与他的缓冲联系起来：它高大，建在山上，有很多柱子。在斯巴达他对雅典及其重要建筑已有学习，来雅典之前他已经有了一个关于万神庙的分离观念，这个观念与被称为“万神庙”这个名字的性质（译者注：此处下划底线部分的英语原文为 the property of being named “Parthenon”）相联系。过了一会儿，他明白他眼前的这座建筑就是来雅典前老师教过的万神庙。或许一开始他是尝试性识别，他的缓冲和观念虽然联系在一起，但是是以一种尝试性的方式，也可能没有联系在一起。然后他开始有信心，与该缓冲（即含有其相关观点的缓冲）有联系的那个文件中的观点被他的万神庙观念吸收或与之合并。这个万神庙观念作为一个缓冲起作用直到他离开去了雅典的其他地方。虽然是已与万神庙分离，但是，他的这个观念保持活跃。随着时间推移它以某些方式自动更新，并在他继续学习雅典和整合他的信息时作为推理的基础。在他离开雅典返回斯巴达时，他对万神庙有了一个更大文件；它是他参观过的一座建筑，在阿格拉的东南，等等。

指称与陈述

指称通常是子话语。话语是有意图的行为，是既有认知方面又有可观察到的实体方面的细项。本章中我将主要讨论包含单称项、有交际内容意图的简单直陈语句的话语；我把这样的话语称为*陈述*。

指称和陈述受说话人的信念所影响。作为范例情况，一个说话人想告知一个听话人一个对象有某性质。说话人想让听话人有关于该对象的一个合适观念，说话人有某类型的一个观点与他的观念联系在一起，而听话人的这个观念与相同类型的一个观点有联系。例如，你问我一个计算机方面的问题，我指着戴维对你说：“He is a computer scientist.”（他是一位计算机科学家。）我想让你把是一位计算机科学家这个观点（译者注：此处下划底线部分的英语原文为 the idea of being a computer scientist）和与你对戴维的感知相联系的一个观念联系起来。也许，我认为你认知状态中的这个变化会使你向戴维咨询你的计算机问题。

当我们感知话语时，我们形成关于它们的缓冲。我们识别所用的词语，确定它们的结构、说话人、各词语的意义、指称对象，等等。当我们确定关于一个陈述的更多这类信息时，它的越来越多的各种增补内容也同时得以确定。

指称－感知

这些是感知指称所涉及的各种感知行为。与这些感知行为相联系的缓冲适合用来解释指称和指称前指链（anaphoric chains of reference），它们为获取的信息在被识别前提供一个地方。当你听到我说 David，对我所指称的这个人形成一个缓冲。当你得到足够信息知道我指称何人，这个缓冲就融入你关于戴维·伊兹瑞尔的一个长期文件。有经验的说话人计划他们的话语使得听话人能够做出识别。例如，当电话通话时，他们不使用指示词来指称他们身边的对象，因为他们的听话人无法识别。当使用 David 这样的普通名称时，他们确保他们指称哪个戴维在语境中是清晰的，否则就会提供更多的信息。

9.3 谱系结构：源点与母节点

观念结构的节点相互引发的方式确立了我所说的它们的“原因”或“谱系关系”。以下是生成节点的八种方式。

E-1）*对象－感知行为引发缓冲* 一个感知行为的对象是它所引发的感知缓冲的源点。当斯拉斯马科斯看到苏格拉底，他的感知对象是苏格拉底，苏格拉底就是他的感知缓冲的源点。是一个节点的源点这个性质（译者注：此处下划底线部分的英语原文为 this property of being the origin of a node）被*母子*关系所保持，即当一个节点引发另一个节点，第一个节点的源点也是第二个节点的源点。如果斯拉斯马科斯关于苏格拉底的感知缓冲引发一个长期观念，苏格拉底也是这个观念的源点。这是一个*主题内*关系。这个观念在进行该感知的那个人头脑中生成。

我们可能有过适合作为关于一个对象的感知但却是由其他事物引发的这类经历。例如，我听到有声响，认为是有人在敲门，但门外却没有人。我想我看到有人在雾中朝我走来，但实际上并没有人。我感到有鱼咬钩了，但实际上并没有鱼。所以，一般情况下，我们需要区分（大致）适合是并被认为是对对象感知的感知行为（译者注：此处下划底线部分的英语原文为 perceptions that are（more or less）suited to be, and are taken to be, perceptions of objects）和对对象的实际感知行为。

因为水草或者石头，一个人感到有鱼上钩，他看到水下晃动的影子，认为自己感觉到他可以看到其模糊轮廓的一条鱼在咬钩。但他可能错误地猜测那是一条大鲈鱼，力气很大，至少有四五岁，在他这几年常下钩的那根圆木下活动，他之前钓到过四五次但都跑掉了。他也许还给这条大鱼起了个名字，叫霍迪尼，还给朋友们讲起过它，他们也许还告诉了他们的朋友；最后他钓鱼的这个地方也许被所有那些来此捕捉霍迪尼的人破坏了。虽然如此，但从霍迪尼到一条鱼的路径会被阻滞。所以这是我们在一个观念网络中可以有的一种阻滞。我们得到一个引发一个观念但其自身并非对一个对象的真正感知的感知事件。怀疑论者也许会认为这样的事件应该对 Nessie（苏格兰尼斯湖水怪）、Yeti（尼泊尔喜马拉雅雪人）、Sasquatch（美国西北部大脚兽）这样的名称负责。这是第一类阻滞，（E-1）阻滞。

E-2）*观念引发指称* 当一个观念引发并支配一个指称，这个观念是该指称的母节点，如果这个观念有一个源点，那么它也是这个指称的源点。例如，如果斯拉斯马科斯想告诉亚西比德关于苏格拉底的事情，他关于苏格拉底的观念会使他指称并支配他所说的内容；苏格拉底是这个指称的源点。这也是一个主题内关系；该观念存在于进行指称的那个人头脑中。

E-3）*指称引发对它们的感知* 有时，我们感知指称行为（或者在话语过程中生成的个例，或者这样个例的拷贝，或者这样个例拷贝的翻译，或者其他指称行为的甚至更遥远的踪迹）。

这是一个交互主题关系；一个人指称，另一个人感知这个指称或者该指称的踪迹，根据该踪迹他可以推断该指称的发生。这个指称是对该指称的感知的母节点，这个指称的源点是对该指称的感知的源点。

有时，一个话语——不是对传统上被视为单称项的一个项的使用——触发相同缓冲 - 形成反应。你说："I saw an interesting man today."（今天我看见一个很有趣的人。）根据 an interesting man（一个很有趣的人）这样的非限定摹状词的传统语义，你没有实际指称你看到的那个人，或者甚至没有严格隐含只有一个人。[①] 也许你的意思只是说，今天你走过旧金山大街时看到的几千人中有一个人非常有趣。但也可能你头脑中有这么一个人，你想告诉我们关于他更多的事情。我可能期待得到更多信息，并开放一个关于你头脑中那个人的缓冲。即使你没有严格指称，但如果我认为你头脑中确有这么一个人，我可以前指性 C- 指定那个人："Tell me what made *him* interesting."（告诉我*他*怎么有趣。）当然，我可能想错了，我的缓冲结果至多是一个没有母节点和子节点的短暂观念网络。

---

① 奇斯坦（Chastain，1975）认为我们应该把通过非限定摹状词对话题的引入视为指称的情况。

正如有人似乎可以感知到一个不存在的对象，有人似乎也可以听到或看到一个没有发生的陈述或指称。艾米莉·拉特拉（Emily Lattella）是天才喜剧女星希尔达·雷纳（Gilda Radner）在美国电视节目《周六夜现场》(*Saturday Night Live*）最辉煌时期所创造的一个角色。艾米莉的特殊才能是误解事物。设想艾米莉把“Solipsis is a position that philosophers try to avoid”（唯我主义是哲学家们设法避开的一个立场）听成“Sol Ipsism is a physician that philosophers try to avoid”（卫·沃西西是哲学家们设法避开的一个医生）。她把这个奇怪的情况告诉了她的所有朋友，人们开始相互散播关于这个卫·沃西西医生的事情和发现，关于他是一个什么样的人，为什么哲学家们都要避开他。有人开始专门研究这个医生并为之著书立传。这是第二类阻滞，（E-3）阻滞。

E-4）*指称－感知引发观念* 当我们听到或读到一个陈述并且我们不能立即识别出这个陈述所涉及的人或物时，我们创造出关于所指称对象的一个缓冲，并且基于我们所听或所读将这些观点和我们的新观念联系起来。这个指称感知是这个观念的母节点，这个新观念的源点是这个指称感知的源点，如果存在这样一个源点的话。这个关系是主题内关系；这个观念在感知该指称的那个人头脑中生成。

对于可以长期持续且C-C-指称网络为其一部分的网络，现在我们万事俱备。假设，我在我的哲学课上给学生讲授苏格拉底。我的指称是关于苏格拉底的（他是这些指称的源点）因为这些指称受我关于苏格拉底的观念（E-2）所指导。我的观念以苏格拉底为源点，因为它或许是根据感知威尔·杜兰特在《哲学的故事》——我读的第一本哲学书——对他的指称而形成的（E-3）。杜兰特的指称是关于苏格拉底的指称，因为这些指称受他关于苏格拉底的观念（E-2）所指导，并且如此这样，最后一直追溯到某个人，他关于苏格拉底的观念是通过他对苏格拉底的直接感知形成的（E-1）。也许不存在这么多中间环节。杜兰特可能是通过阅读柏拉图的著作第一次听说苏格拉底，而柏拉图则是在对苏格拉底感知基础上形成了他关于苏格拉底的观念。

E-5）*观念可以被自由创造* 至此我们已经遇到两种以一个没有源点的观念结束的方法。其谱系关系可以追溯至对一个对象或一个指称的错误感知。但我们可以在没有源点、没有任何错误感知或没有任意其他类型错误发生的情况下创造观念。这在雅各布·荷恩例和设计出虚构人物的其他情况中发生过。这是我们第三类阻滞，（E-5）阻滞。

信念可能涉及自由创造的观念和它们的子节点。这可以是错误——没有意识到所听到的故事是虚构的——的结果，或者，如在雅各布·荷恩例中那样，是欺骗的结果。但是，我们也可以创造一个预期观念，作为关于将来会遇到但可能甚至根本不存在的个体的信念的结果。

观念的自由创造有时是一个合作、社交行为，或许可以被更好地描述为创造一个没有源点的网络。一些普遍原则、科学突破或者所感受到的文化需要一致促成一个丰富文件网络的创造，这些文件是关于一个对象的，该对象或符合某个描述或扮演某文化角色。人们也许会想到关于上帝、救世主和其他生灵——它们扮演不同角色，比如在平安夜给孩子们送去礼物等——的各种观点。

这整个过程比人们可能所认为的更为常见和世俗。戴维·伊兹瑞尔指出，父母甚至在孩子出生前就为孩子起好名字的情况很常见。我们假设，布朗夫妇在他们结婚不久就决定给他们第一个孩子起名叫“查尔斯”。他们确定他们会有孩子，确定他们的第一个孩子会是男孩。他们谈论查尔斯会长什么样子，要送他去什么学校，等等。最后他们有了孩子，是个男孩，他们就叫他查尔斯。关于查尔斯的话语从形成概念前开始，到孕育、出生、孩童再到以后无间断地一直持续下去。

查尔斯这个名字是什么时候成为查尔斯的名字呢？他父母使用查尔斯这个名字的话语又是什么时候开始涉及对查尔斯的指称呢？只有在查尔斯出生后。首先，根据*是我们第一个孩子*这个识别性条件自由创造出一个观念（E-5）。然后，更多的观点与该观念相联系，包括为之起名查尔斯的意图和它会有这个名字的信念。当这个孩子开始存在，这个孩子被视为是为之创造该观念和文件的那个孩子。基于感知关于这个孩子的这个观念被*融入*这个被自由创造的文件中。随着与这个观念相关的意图被应用于这个孩子——例如，他接受洗礼，接受教名查尔斯——和根据与这个孩子在一起的经历所得到的关于他的信息通过将观点与该观念联系在一起被收集储存，该观念*开始成为*关于这个孩子的观念。

一个观念可以被视为并逐步成为关于一个具体对象的观念，即使该对象不符合创造该观念时与之相联系的那个描述。也许查尔斯是一对双胞胎中的老二，老大出生时就夭折了，所以实际上他并不是布朗夫妇的第一个孩子。也许几经周折没能怀孕后，他们收养了一个孩子或者通过一个代孕母亲或父亲才有孩子。也许这个母亲关于查尔斯的观念在经历几次没有孩子的婚姻后一直没变，最后她才有了这个孩子，这个孩子是她的第一个孩子但不是她和第一任丈夫布朗的第一个孩子。

*虚构*是一种特殊的自由创造模式。当我们基于一个真实对象的文件创造一个小说人物时会发生这种情况。我们从那个原始文件中获取我们感兴趣的内容，丢弃我们不感兴趣的东西，再增加我们想要的东西。我们认为这个新文件没有其母节点的源点，而是受到阻滞。

当托尔斯泰创作《战争与和平》时，他显然是从他关于拿破仑的文件开始。书中有一个人物名叫"拿破仑"，该人物做了拿破仑历史上做过的一些事情，包括入侵俄罗斯。这个人物也做了一些显然是虚构的事情，例如与书中许多虚构人物对话。"拿破仑"在《战争与和平》中的出现是指称历史上的拿破仑从而使得包含它的那些陈述中关于拿破仑的内容有的正确有的错误吗？或者它们是一个虚构人物的空名称——其谱系关系在托尔斯泰通过虚构进行自由创造时受到阻滞——吗？观念结构的概念回答不了这个问题，但至少它可以使我们对它进行概念化处理。或许影射小说是对这个问题的回答有意不确定的一种文体。

E-6）*观念可以相联系、融合与合并* 我们经常对于同一个体有两个观念，每当有识别的情况，就会发生这种情况。例如，我可能读过很多关于蒯因的书，有一个关于他的非常丰富的文件。之后在一次美国心理学会（APA）招待会上我遇到他并与之交谈，但我不知道自己在跟谁谈话。我对正跟我谈话的那个人形成了一个观念、一个缓冲。过了一会儿我意识到那个人就是蒯因，我把这个缓冲融入之前我关于蒯因的观念中。这两个观念有不同的谱系关系，但都可追溯至相同源点，即蒯因。我进入招待会时我的观念所在的那个网络是以蒯因开始的，经过其他不同人对他的感知和关于他的著作，通过对他们关于蒯因的著作的感知最后到达我那里。而我在招待会上看到他时获得的观念只有一个较短的谱系关系，只涉及（E-1）阻滞。

我们可以区分联系、融合与真正合并。也许我猜测我看到的那个人就是蒯因；我把我之前的观念和我的新缓冲联系起来，尝试让信息在它们之间传递，从而使我可以验证我的猜想。然后我确信，我的感知缓冲融入我关于蒯因的长期观念中，这个观念在我们谈话期间既是一个缓冲又是一个长期观念，但之后被分离。但有些情况被视为合并更好，即将两个长期观念合并从而得到一个新的观念。假设我读过哲学家哈罗德·迈克达夫（Harold McDuff）的几篇文章。哈罗德退休后搬到帕罗奥图市区居住。我经常遇到他，看到他出来散步，但没有把他与哲学家哈罗德联系起来。当我后来知道他就是哈罗德，我可能有两个关于迈克达夫的同样丰富的文件并将它们合并在一起，而不是将一个融入另一个中。

在一个网络的早期阶段有很多观念合并的情况。很多人基于他们自己的感知形成对一个新人的观念，并将它们与他们根据与其他人交谈所得到关于这个新人的观念合并。史密斯搬到城里来住。街对面的琼斯太太和隔壁的罗伯茨先生在不同时间看到他。然后琼斯太太和罗伯茨先生在一起谈话并比较他们对史密斯的看法。在谈话前，存在两个有着共同源点的网络（参见下文 I-4）。存在两个网络，因为琼斯太太关于史密斯的观念和罗伯茨先生关于史密斯的观念没有共同的母节点。但当他们在一起谈话时，所有这一切都改变了。琼斯太太说“这位新邻居……”，罗伯茨先生形成了关于琼斯太太所指称的这个人的一个缓冲，并当即把它与他基于感知的关于史密斯的观念相结合。这个观念现在以他对史密斯的感知和琼斯太太对史密斯的感知作为母节点。所以现在我们只有一个网络。当他们知道他的名字，这个网络与关于史密斯先生的大型共同 C-C- 指称网络相结合。

我们可以区分文件合并的三种情形。第一种情形：涉及对身份的识别；两个有着相同源点的观念相结合。第二种情形：涉及对身份的错误识别；两个有着不同源点的观念相结合。第三种情形：涉及我所说的等*同*（*identification-with*）。当一个真实对象被认为是一个自由创造的观念所涉及的对象，就会出现第三种情形。

我把错误识别的结果称为混乱。混乱是我们的第四种阻滞，（E-6）阻滞。最简单的情况涉及感知错误识别。我看到戴维 · 伊兹瑞尔穿过街道但我没认出他。我把他看成保罗 · 纽曼（Paul Newman）。也就是说，基于感知，我形成一个其源点为伊兹瑞尔的缓冲。当我认为他是保罗时，根据我对伊兹瑞尔的观察，这个缓冲将观点输入保罗 · 纽曼文件。

我们可以粗略地把混乱分为平凡、严重和无望三种。一个平凡混乱在造成危害之前可以被修复。走近后我看到那个穿过街道的人不是保罗而是戴维。所以我把在帕罗奥图出现的观点（译者注：此处下划底线部分的英语原文为 the idea of being in Palo Alto）从我的纽曼文件中去除。一个严重混乱持续时间长，足以造成一些迷乱，但仍是可以修复的。一个学习美国历史的学生把西奥多 · 罗斯福和富兰克林 · 罗斯福混在一起，形成一个观念，这导致他期中考试丢了不少分数。但他在期末考试前将它进行了整理区分。一个无望混乱是不可能进行整理区分或难以区分清楚的混乱。有盖博三姐妹，分别是莎莎、伊娃和玛格达，都是著名演员。但多年以来我把我听到的关于她们三人的所有信息都放进我莎莎文件。当我发现她们是三个人时，我只能放弃原来的文件，在我头脑中新建三个新的但内容寥寥的文件夹。

混乱可以始自语言。假设你正站在哲学系前面与你的朋友们谈论希腊船王亚里士多德·奥纳西斯（Aristotle Onassis）。我加入你们的谈话，并自然地认为你们在谈论哲学家亚里士多德。你们所讨论的问题是亚里士多德（亚里士多德·奥纳西斯）对柏拉图了解多少，我说："Aristotle knew Plato and his philosophy very well."（亚里士多德对柏拉图和他的哲学非常熟悉。）一个对他们了解不多的学生在一旁听着我们说话，如果此时他离开，他头脑中有一个混乱，即一个作为那位船王网络和那位哲学家网络中一个节点的观念。

这种情况下，我们可能对于我说了什么有不同看法。根据我所倾向的一种看法，我无意中指称奥纳西斯并对于他说了错误内容，虽然我的陈述是受我关于哲学家亚里士多德文件的指导。我们可以把会话中对名称的使用视为前指性的。说话人利用已经在活动中起作用的惯例的意图战胜了他指称他的指导性观念所涉及的那个人的意图。结构上，这种情况类似指示词使用中的"导向性意图"。[①] 我*通过*利用已经在活动中起作用的"亚里士多德"惯例意图指称哲学家亚里士多德。这个低层次的意图是成功的，但高层次意图没有成功；通过使用在活动中起作用的这个惯例，我指称的是奥纳西斯而不是亚里士多德，但我意图指称并认为我正指称的却是哲学家亚里士多德。或者，我们可以认为，我说的话语对于哲学家亚里士多德是正确的，但对于你们的谈话却是不相干的。虽然*我的所言*可能不很清晰，但对于发生了什么却是清晰的。我打开了一个关于你们正在谈论的那个人的缓冲，并从我关于哲学家亚里士多德文件中下载信息在这个缓冲中，而我关于哲学家亚里士多德的文件指导我对你们说的话语。

当含有一个相对大型文件的一个自由创造观念开始被用来储存关于一个真实对象的信息时，会出现*等同*的情况。在确认一个具体嫌疑犯是杀人犯之前，一名侦探也许有一个关于这个杀人犯的非常丰富的文件。在实际观测到海王星之前，根据理论和推理已经有了关于海王星的文件。布朗夫妇自由创造的查尔斯文件被认为是当孩子出生时关于这个孩子的文件。这个真实对象被认为是为之创造该文件的那个对象。这个自由创造的观念实际上*接受*一个有一个源点的母节点（或者被一个这样的母节点所接受），并因此得到一个源点。

E-7）*观念分裂* 观念和它们的相联文件一起可以被分裂，使得观念一分为二，每一个都与之前文件中某些成分相联系。这正是当我们认识到我们造成或者

① 参见 Perry（2009）。

继承一个平凡或严重混乱时，如果有能力去做我们就会去做的事情［我们已经遇到过另一种文件分裂，即（E-5）中的虚构］。

有一次，我发现我把关于两个名叫"艾伦·范·斯莱克"的人的信息合并成一个文件。将这个文件分开创造两个观念不存在具体问题。（根据我的这个文件）对于艾伦，令人奇怪的事情是虽然她是一个非常好的学生（根据助教的看法），但是她认为她只能得到课程的部分分数，因为她表现很糟糕并且需要时间来改正个人问题（这是她在我办公室谈话时告诉我的）。但当我认识到有两个完全不同的艾伦时，把这个文件拆开，创造出两个文件，一个是关于那个我从未见过的好学生艾伦，另一个是关于那个跟我谈过话但从没见过助教的差学生艾伦。这个艾伦例是一个*严重*混乱，需要对现有文件中的信息进行重组，丢弃基于错误推理得到的信息。平凡混乱则更简单；在戴维·伊兹瑞尔和保罗·纽曼例中，一旦我认识到我的错误我能够将在帕罗奥图被人看到过这个观点（译者注：此处下划底线部分的英语原文为 the idea of having been seen in Palo Alto）从我的纽曼文件中去除并添加到我的伊兹瑞尔文件中。但还有*无望*混乱；有时可能会出现这样的情况：一个人有一个充斥着关于两个或更多不同个体的信息和错误信息的文件，但他又不知道如何将它们分开。在这种情况中，如我在盖博例子中所做的，最好放弃这个文件，然后几乎从零开始创建三个文件，开始创建时它们只有是个匈牙利人、名叫盖博、有具有同样天赋的姐妹等信息。

E-8）*分叉和转向* *转向*不是创造节点的一个方法，而是为了修复严重混乱，等同和文件分裂——特别是文件分裂——所要求的观念结构的一个结构特点。在这些情况中，当我们回溯一个观念的谱系关系时，其路径会有一个分叉。在等同情况中，一个分叉导向一个自由创造的观念和一个阻滞，另一个分叉导向一个被认为是指称对象的个体。在混乱情况中，如果该网络穿越该混乱，它将分裂为两个观念，导向不同源点。当我们等同或修复混乱时，我们建立转向使我们通过这些分叉。

在查尔斯例子中，布朗夫妇在他们第一个孩子出生前为他起名查尔斯，然后将他们的儿子等同于这个自由创造观念的指称对象。当他们这样做，他们实际上改变了他们的查尔斯观念的谱系关系，使得它没有在最初路径上受到阻滞，反而有了查尔斯本人作为其源点（"源点"这个词也许对这种情况并不非常恰当）。对迎接儿子出生时他们所创建文件的使用发生转向，从其最初的使用转变为关于所接收源点的信息的容器。当我们想象沿此历史链向前追溯，我们从导向一个自由创造观念和一个阻滞的路径发生转向，沿导向对一个真实对象和该名字承载者的感知的路径向前。

在一个严重混乱中，存在两个以该迷乱观念为母节点的观念。现在来看这个迷乱观念的母节点。在我的例子中，存在关于其中一个艾伦的一个感知缓冲和根据我的助教对另一个艾伦的指称形成的一个指称缓冲。前一个艾伦是前一个缓冲的源点，后一个艾伦是后一个缓冲的源点。这两个缓冲是这两个新观念的祖先节点吗？如果是，那么似乎我的两个观念是以两个艾伦·范·斯莱克作为源点，即使在文件分裂后。但这并不是我们想要的结果。我们需要承认接受与*否认*（*disowning*）的可能性。想一想否认与一个母节点的关系（混乱）和接受一个祖母节点作为其中一个的母节点（其中一个缓冲）。在这种情况中，我的两个新观念都断绝与这个混乱的关系；一个接受了关于我在办公室见过的那个艾伦的感知缓冲，另一个是我与助教的谈话使我形成的观念。第一个是关于我所遇到的那个差学生艾伦的观念，第二个是关于我从未见到但有所耳闻的那位好学生艾伦的观念。

这是第二种转向。这些文件中的其中一个从用于储存关于其中一个艾伦的信息和指导对这个艾伦的指称发生转向，另一个是从用于储存关于另一个艾伦的信息和指导对这个艾伦的指称发生转向。当我们回溯此链时，我们从引向错误艾伦的路径发生转向。

在我所描述的这个例子中，这个关系是*主题内关系*。然而，文件分裂也可以是一个合作社交过程。它可以简单相当于*C-选项*（*co-option*）：一个混乱被重复用来储存关于它的一个源点的信息，这最终成为该文件的“支配性源头”（Evans, 1973）。而关于另一个源点的事实对于该网络的使用则是不相干的，并最终从这些文件中消失。

9.4 观点流：文件的交互主题性网络

还记得本章一开始提出的几点看法吗？先来看我的信念——苏格拉底喜欢哲学。假定这不是侥幸猜测而是准确的知识，那么在这个信念与苏格拉底之间存在两种不同的关系。因为存在我们所认为的从我的观念回溯至杜兰特的观念、再到柏拉图的感知、最后到苏格拉底这个谱系结构，所以苏格拉底是我观念的源点。但喜欢哲学这个观点（译者注：此处下划底线部分的英语原文为 the idea of enjoying philosophy）是如何与这个观念相联系的？我们可以假设，这种联系也是先从柏拉图通过其著作流向杜兰特，再从杜兰特通过其著作流向我。如果用埃文斯的说法，它的最终*源头*是苏格拉底，他喜欢哲学的表现影响了柏拉图对他的感知。如此，苏格拉底与我的信念——苏格拉底喜欢哲学——之间存在两种关系：他是该观念的源点，也是与该观念有联系的喜欢哲学这个观点的源头。

现在我们再来看我的信念——苏格拉底大腹便便。在我们的模型中，大腹便便这个观点（译者注：此处下划底线部分的英语原文为 the idea of being pot-bellied）与我关于苏格拉底的观念相联系是个事实。这个观念的源点和这种联系的源头都是苏格拉底，但路径不同。色诺芬自己亲眼看到如此，而克雷斯·波波尼奇是通过阅读色诺芬的著作知道这一点并告诉我的。

因此，在我关于苏格拉底的文件中有两个事物联系在一起，分别是我关于苏格拉底的观念和他大腹便便这个观点，它们通过不同路径到达我的文件中。在这种情况中，这个观念的谱系关系和这个观点流的路径大不相同。第二组关系涉及观点从一个节点流向另一个节点，从一个观念所在的文件流向另一个观念所在的文件。如此，我们必须在我们的观念结构中增加使观点与观念相联系的路径。在交际中，使用旧观念，创造新观念。我把这个扩展结构称为*文件的交互主题网络*。

内容状态（典型的情况是信念，还有愿望、直觉、推断等）涉及关于与一个节点（或节点结构）相联系的性质（或关系）的观点。对于一个简单的情况，可解释为：*A* 通过感知一个对象获取关于这个对象的信息。它采用了一个观点的表达形式：一个被感知的性质与该对象的一个观念相联系。这个信息，也许与其他内容一起，通过语言，流向 *B*；如果一切顺利，她就得到一个关于相同性质的观点，该性质与她的一个观念——关于相同对象的一个观念——相联系。或许，*A* 看到万神庙有许多柱子，他对 *B* 说："The Parthenon has lots of columns."（万神庙有许多柱子。）其结果是 *B* 将她关于有许多柱子这个性质的观点（译者注：此处下划底线部分的英语原文为 her idea of having lots of columns）和她关于万神庙的观点联系在一起。

观点是认知细项。然而，当我们说"相同观点"与 *B* 关于万神庙的观念相联系，我们并不是说同一认知细项。这个解释是不一致的，除非我们借助观点*类型*的概念。所以这里我假定存在观念和观点的其他结构。我认为我们关于性质和关系的观点可以被类分，这样我们就可以有意义地谈论不同人头脑中属于相同类型的具体观点。

为观点分类的最根本的方法是根据它们*所属*性质或关系。我认为对于是红色的、是一棵榆树、是一个人等性质我们都有自己的观点。但在关于相同性质的观点之间存在重要区分，存在重要相似的观点，虽然最后并不存在它们所属的性质或关系。

例如，你我可能都有关于（短尾）*鼬鼠*的观点和关于*貂*的另一观点；但我们都不知道“鼬鼠”和“貂”表示同一种类的动物。根据一个相关分类方法，我们关于貂的观点属于同一类型，但我关于鼬鼠的观点和我关于貂的观点并不属于同一类型，虽然它们是关于相同种类动物的观点。当我看到一个富人脖子上搭着一只冬天皮毛白色时被猎杀的鼬鼠，这时被激发的是我关于貂的观点而不是我关于鼬鼠的观点。也存在空观点，例如，刘易斯·卡罗尔的读者将之与 bandersnatch 和 jabberwock 联系在一起的那些观点。

显然，在许多情况中，通过与观点相联系的不同词语，我们区分关于相同性质或关系的不同观点；这些观点可以被合并在一起，当我们了解到，比如，“鼬鼠”和“貂”是同一种类动物的不同名称。

有时，关于相同性质的观点起不同认知作用，并且这些作用无法用不同名称来解释。因为我在帕罗奥图很多地方见过银杏树，我可能有一个关于银杏树的观点；我能够识别出银杏树，知道这种树有什么种类的树叶，是为这座城市的秋天增色的少数树种之一。虽然熟悉，但我并不知道这些树叫什么名称。我也读过一些关于银杏树的资料，知道野生银杏树只生长在中国，它们被认为是活化石，是同属中唯一存活的树种，它们还是医治记忆问题的黄酮类物质的来源。但我不知道它们在帕罗奥图也有种植。

像观念一样，观点也可以以不同方式被合并、迷乱、分离、创造和阻滞。我们需要区分：谱系关系——支持用来命名与表达性质和结构的各种惯例的结构的谱系关系，和网络——提供一个具体文件的某个观念中一个观点的联系的源头的网络。一个范例情况是在其中源头是例示一个性质且被观察到例示一个性质的一个对象的情况，但有许多模式。在我头脑中，夏洛克·福尔摩斯和<u>是一个侦探这个性质</u>（译者注：此处下划底线部分的英语原文为 being a detective）之间的联系可回溯到柯南·道尔的创作；莎拉·佩林和<u>不知道非洲是一个大洲这个性质</u>（译者注：此处下划底线部分的英语原文为 not knowing that Africa was a continent）（不再是我的一个信念）之间的联系，通过几个网络和有线新闻机构不负责但极为可信的报告，回溯到一个创意博主。

以上虽然很难形成关于性质和关系的观点的一个非常详细的理论，但也许能够满足我们的目标。

有八种方法可以使观点在文件中出现并从一个文件流向另一个文件；它们与创造观念的方法成对搭配，但观点流经常涉及已经存在的观念。

I-1）*观点从对象感知为其一部分的感知行为流向与感知缓冲相联系的文件*（主题内）柏拉图在不同时间不同地点看见苏格拉底做不同事情；这些感知行为涉及不同观点：聪明智慧、热爱哲学、大腹便便等。观点从这些感知行为流到柏拉图对苏格拉底的感知缓冲，再流到他对苏格拉底的长期观念。根据我这里粗略勾勒且公认过于简单的解释，柏拉图对苏格拉底的第一个感知行为引发他关于苏格拉底的观念。这种情况中既有该感知行为和该观念之间的谱系关系，还有观点流。

如果柏拉图看见斯拉斯马科斯并把他错误地当作苏格拉底，观点会从他对斯拉斯马科斯的感知流入他的感知缓冲，并从那里流入他关于苏格拉底的文件。虽然他的感知缓冲与他关于苏格拉底的观念没有谱系关系，但观点仍可从前者流向后者。

I-2）*观点从文件流向陈述*（主题内）柏拉图写有关于苏格拉底的著作，他的著作受他的苏格拉底文件指导。在这种情况中，我们既创造指称，并且观点流向指称为其中一部分的陈述。

I-3）*观点从陈述流向对陈述的感知*（交互主题性）杜兰特读过柏拉图关于苏格拉底的著作（或者更有可能是它们的翻译版本）。我们认为，在阅读柏拉图著作前，杜兰特从未听说过苏格拉底。当他第一次遇到对苏格拉底的指称，他形成了关于这个名字以柏拉图使用“苏格拉底”这个名字进行指称的方式（E-3）进行指称的一个缓冲，基于柏拉图使用什么词语（I-3）观点与该缓冲相联系。当我阅读杜兰特的相关著作时同样的事情发生。

I-4）*观点从对陈述的感知流向文件*（主题内）当杜兰特阅读柏拉图和其他作者关于苏格拉底的著作时，这些陈述中的观点流向他关于苏格拉底的文件。

这里也会出现错误。我可能读了一个包含“罗斯福”这个名字的陈述，实际上它是关于西奥多·罗斯福的陈述，但我却把这些观点添加到我的富兰克林·罗斯福文件中。

I-5）*观点可以被（大致）自由地添加到文件中* 当然，当有人创造出一个小说人物，或者一对夫妇为他们还未出生的孩子创建一个文件，或者一个侦探根据他所建立的事实推断一个犯罪行为人的财产，或者对该行为人提出一个假说时，这种情况就会发生。但观点可以以较为自由的方式被添加到现存文件中。有人可能仅仅基于厌恶开始造谣。

I-6）*观念被合并时，文件被合并* 这或许要求一些调整；改正不一致的地方，推出由合并信息所保证的结论。当柏拉图错误地把斯拉斯马科斯当作苏格拉底，斯拉斯马科斯可能正在训练诡辩。这样，这个观点与柏拉图关于苏格拉底的观念相联系（我们可以认为是暂时联系）。他也许需要调整他的想法，相信苏格拉底也有不一致的时候，有时批评诡辩士有时自己却也与人诡辩。

I-7）*观念被分裂时，文件被分裂* 可以一并舍弃其中一些观点。例如，在艾伦·范·斯莱克例子中，我先是得出结论：艾伦表现不稳定，因为她在课堂上表现很好，但作为一个哲学学生却瞧不起自己。但当我认识到实际上涉及两个人时，这些文件中的数据就不支持这个结论：存在一个好学生和一个很现实的问题学生。

I-8）*分叉和转向* 有两种转向。第一种转向涉及“等同”，即将一个自由存在的观念与另一个观念相结合，范例的情况是与一个源点相结合。在这种情况中，所得到的文件包含被隔离文件中的许多观点。例如，当布朗夫妇认定他们的新生儿就是查尔斯，他们之前对于查尔斯所做的决定和梦想从那个自由创造但现在被隔离的文件传递到关于他们新生儿的文件中。当一个侦探认为他在美国联邦调查局（FBI）记录中找到的某个罪犯——比如叫史密斯，就是他称之为“坏蛋先生”的那个人，是他正在调查的犯罪行为人，他将他关于坏蛋先生的许多观点并入他关于史密斯的文件。

然而，在涉及混乱的转向情况中，我们期望这些文件反映它们的祖母节点，至少在令人满意地完成文件分裂的条件下。

局部网络

因为读过威尔·杜兰特的《哲学的故事》，琼斯和我可能都有关于苏格拉底的观念。但我们的观念可能并没有联系，观点不能在它们之间流动，单向流动也没有。一方面，使观点流动所必需的感知事件可能永远不会发生。我可能永远不会读过琼斯关于苏格拉底的著作或者听过他关于苏格拉底的谈话，反之亦然。即使我听到琼斯关于苏格拉底的谈话，我可能不知道他谈论的是苏格拉底。

甚至一个人头脑中也可以有关于苏格拉底的两个不相联系的观念。这种可能性是那些让我们感到困惑的情况的症结。如果我们换个哲学家举例，这种可能性似乎更为合理。假设在罗马历史课上西塞罗被普遍叫做“图利”，而在哲学课上他被普遍叫做“西塞罗”。我们很容易想象这样一个不很聪明的学生，他选了这两门课程，于是对于同一个罗马人有了两个没有联系的观念。这两个观念是相同网络的一部分，这个网络可追溯至古罗马语篇。我认为，当时大多数罗马人知道马库斯 · 图利乌斯 · 西塞罗有三个名字。

第 10 章中，当考虑态度报告时，我们会提出局部网络和线索的概念来帮助分析这样的令人困惑的情况和在会话语境中报告态度的方式。从根本上来说，局部网络是贯穿一个话语序列的网络的部分，而线索是由一个主体的单个观念所确定的网络。

9.5 网络与信息游戏

当我们认为我们自己在处理真实对象时，我们处理我们的文件使得它们反映关于对象的基本形而上原则。我们力求使我们的文件自洽，这反映了对象不能既有又没有一个给定性质这个事实［（非）矛盾律］（译者注：国内逻辑学著作一般称为“矛盾律”。为了与原文中的 non-contradiction 保持一致，译者将“非”保留，放在括号中）。我们期望，对于任意合适性质 ϕ，对于一个对象是否有 ϕ 这个问题实际上存在一个答案（排中律）。我们区分人们对一个对象的想法及说法和事实（实在律）。我们认为，关于一个对象的一个真命题，无论是谁的看法或谁来陈述，它总为真（客观律）。

这些期望反映了这样一个假说：提出文件网络是为了能够积累关于真实对象的信息并与其他人交流信息。交际是分离－识别信息游戏的扩展，观念的交互主题性网络始自简单面对面交际，即两个人谈论同一事物并交换关于该事物信息的现象。

如果我们的观念和文件系统对我们有用处，我们必须有能力保持事物的条理顺序，即保持关于一个事物的信息依附于我们关于该事物的观念。也就是说，在我们的文件中，我们不仅需要可以使我们在遇到文件所涉及对象时能够识别出该对象的观点，也需要可以使我们识别出对该对象的指称的观点。

一种描述主义认为一个心理文件是关于它最适合的那个对象，即其*指示*的。这可能是基于被错误理解的几个看法得出的结论。第一个是说，一定存在对为什么一个名称指定它所指定的那个对象和为什么一个观念涉及它所涉及的那个对象的某个解释。但这个关系不必是那些摹状词将之与该名称联系在一起的什么的一部分或者该文件将之归属为它所涉及对象的什么的一部分。第二个是说，当我们遭遇没有合适识别机制的文件所涉及的对象时，这些文件对我们没什么用处。还有一个是说，为了通过交际获取关于这个对象的更多信息，我们需要对它足够了解以识别对它的指称。这些看法都不是描述主义的观点；后两个混淆了为了有用指定一个对象文件必须满足的条件和为了指定一个对象文件必须满足的条件。

另一个观点是我们观念的源点，应该也是所有与该观念有联系的信息的源头。它应该至少是埃文斯（Evans，1973）所说的该信息的“支配性源头”。如果这些指示性和支配性源头条件没有得到满足，这个文件对于帮助指导它所涉及对象的行为没有用处。

如果把我关于苏格拉底的观念称为*Soc*，那么，乐观地看，我们有

Soc 的源点 = 与 Soc 相联信息的支配性源头 =Soc 的指示

我已经使用了观念*所涉及*的对象。这个对象的性质决定一个人因头脑中有一个文件而生成的信念的真值。当是这个观念的源点这个关系（译者注：此处下划底线部分的英语原文为 the relation of being the origin of the notion）与该文件的支配性源头重合，这个对象显然就是该观念所涉及的对象。但是也有事情并不那么显然的各种情况。在一些情况中没有支配性源头：经过一系列错误识别，一个文件变成一个有不同源头的混乱。也许存在一个支配性源头，但由于持续了较长时间的一个错误识别，它已经随时间而发生改变；这个文件可以说是从其源点偷来的并由另一个网络接管。也就是说，自身有一个源点的一个观念成为关于另一个对象的内容的系统存放处。在一些情况中，有一个源点的一个观念，如圣诞老人，成为虚构内容的一个仓库，在某种意义上这些虚构内容打败了历史内容。如果指示、源点和支配性源头是不同的，那么该观念究竟是关于哪个对象的一个观念呢？埃文斯（Evans，1973）选择支配性源头。描述主义传统选择唯一指示或者临近指示。一个历史理论家可能坚持认为是源点，这也是我到现在为止的看法。

如果有内容的分类概念和对这些选项通常如何组合在一起但有时却彼此分离的一个清晰理解，那么一个观念*究竟*涉及哪个对象或者一个名称在一个有问题的情境中的使用*究竟*代表何物何人这个问题就显得不是那么急迫了。即使如此，我

认为埃文斯的支配性源头概念背后的想法与观念 - 网络解释比较匹配。如果一个观念或者一个观念网络被用来处理关于一个对象的信息而非关于最初源头的信息，那么我们就有一个 C- 选项情况：一个事物的一个观念与其相联文件，与另一个观念合并，创造出一个混乱；但随着时间的推移，该结果显然被用来处理关于其中一个源点的信息。这些文件中的一个被 C- 选择：我们有一个有多个源点和转向的混乱。例如，圣尼古拉斯网络历史上曾经被 C- 选择过一次或两次。第一次发生在当关于那位生活在公元 8 世纪喜欢孩子的土耳其主教的观念被认为是孩子们的保护神时。也许这是一个正确识别，或者也许它只是被添加进关于一个真人的文件中基于宗教的一个迷信看法。但在 19 世纪和 20 世纪克莱门特 · 摩尔、托马斯 · 纳斯特和可口可乐公司霸占了这个网络，对它进行虚构并创造出我们今天的圣诞老人——圣诞节商业化的保护神（《美国百科全书》，1987）。

埃文斯（Evans，1973）提供了一个非常好的例子——马达加斯加。一个当地人给马可 · 波罗讲了“马达加斯加”这个名称，他用这个名称表示非洲大陆东南部的地方。马可 · 波罗错误地认为他用这个名称说的是非洲大陆外的那座大岛屿。马可 · 波罗的指称缓冲以非洲大陆为源点，因为这是那个当地人的观念的源点，他用该观念指导自己与马可 · 波罗的话语。马可 · 波罗随即将这与他关于非洲大陆外的那个岛屿的观念合并，但得到的是一个混乱。所以欧洲人从马可 · 波罗那里所继承的马达加斯加网络开始时是一个混乱，但通过 C- 选项，成为关于该岛屿的一个观念，支持对“马达加斯加”这个名称使用所涉及的一个新惯例。① 有人可能认为当时发生的事情并不像 C- 选项那样具有戏剧性。除了作为马可 · 波罗与那位当地人谈话的结果添加到他的岛屿文件中的错误信息——被叫做“马达加斯加”——的重要性，通常不会认为这些文件的合并改变了马可 · 波罗观念涉及哪片地方这一点。这有点像我将戴维 · 伊兹瑞尔看作保罗 · 纽曼所犯的错误，但它不是一个严重混乱。根据这个解释，马可 · 波罗关于那个岛屿的观念仍然是关于该岛屿的观念，通过重复（E-2）、（E-3）和（E-4）从他的观念中衍生的观念也是如此。改变的是“马达加斯加”这个名称；它先是被错误地用来表示该岛屿，但当在某不确定时间把这个岛屿叫做“马达加斯加”成为一个确定的惯例时，它变成了这个岛屿的一个新名称。或许我有生之年都会说我在帕罗奥图看到保罗 · 纽曼。但这个错误信息并不会生成我关于伊兹瑞尔的纽曼文件。

---

① 但标准的说法是马可 · 波罗在他去亚洲旅行期间听到这个名称，或许用来指称今天索马里境内的摩加迪沙，他告诉他人那是一个有着无数财宝的岛屿。后来绘图员认为这个岛屿是马达加斯加，并为它取了这个名字。

9.6 名称游戏

在某种意义上，分离、共享和识别信息的游戏对于我们使用名称至关重要，这似乎显然且合理。在实际处理被命名的事物——人、动物、物体和地方——时，名称帮助我们分享和储存有用的信息。名称帮助我们找到人和宠物并与它们交流，名称用来对我们不知道的事物提出问题并向其他人解释我们所知道的信息。虽然也许并非不可能，但很难想象使用名称的实践行为如何进化，如果不是用于这个具体目的。

但这本身对于我们如何使用名字并没有太多隐含。我们可类比人手——四指长且灵活，拇指则相反——的进化。人手为什么会有如此进化？或许是因为它们当初可以很好地撕裂小动物或者很有效地对付其他猿人？或许并不是因为它们适合打字、弹钢琴、表达思想或者投掷、接住和击打棒球。但是现在正是这样的事情体现出人手的价值。我们中极少有人现在会花很多时间撕裂小动物或者将其他猿人赶出我们的领土或它们的领土。

同样，名称经常是与直接处理被命名的人无关的宏大信息游戏——历史和虚构——的部分。我们中很多人喜欢阅读已故人物和虚构人物的故事，喜欢进行这方面的写作，喜欢与其他人谈论这些人物及事情。的确，对于我们中的一些人，或许我们与人直接交流的主要原因是这可以帮助我们在其他时间研究这些已故人物和虚构人物。我与图书管理员交谈，与学生在办公时间谈话，因为这样的交流可以帮助我找到关于休谟的书籍，可以帮助我吸引其他人参加关于已故哲学家的精彩阅读讨论活动。除此之外，与真人直接交流与撕裂小动物一样吸引人（这里，我故意有点夸大）。

人手得以进化并非因为打字、弹钢琴、打开音响旋钮、梳头发、化妆等用途而是因为更粗俗的用途，这是一个事实，但以上这些用处并不会因为这个事实而被贬低。同样，历史和虚构或许是名称和网络相对较晚才出现的用途，但这不会减损它们的价值或重要性。

我们可以区分我们在关于现实的语篇中使用名称的三种方式：与对象直接交流；与对象间接交流；在我所说的*纯语篇*，即含有用来指称的名称的语篇中使用但没有直接交流的可能性（见第 171 页表 9-1——译者注）。

显然，名称可以在我们与对象的直接交流中帮助我们。也许在万神庙那里有一个指示牌，上面写着“万神庙”，这可以帮助雅典人正确识别这个建筑。假设斯拉斯马科斯知道他要去万神庙。他有关于万神庙的一个观念和与之相关的一些观点，诸如，*它是一个人可以申请许可在那里教授诡辩的一个建筑*。他之前从未去过万神庙，实际上不知道万神庙是什么样子。但他知道它叫“万神庙”。这是他与万神庙联系在一起的一个观点。当他看到那个指示牌，他知道他眼前的建筑就是万神庙。

我们也为有生命的对象设置名称牌。猫和狗项圈上会挂有名字牌，士兵胸前也挂有姓名牌，参加会议时哲学家衬衣上卡有姓名牌。如果我们的名字与我们每个人永久黏附在一起——或许可以将名字刺在脑门上，那就太方便了。但在这种做法流行之前，我们可以使用姓名牌。

我们也使用人们或动物的名称吸引他们的注意。戴维·卡普兰指出，孩子们的父母使用他们的名字喊他们回家吃饭。斯拉斯马科斯可以使用苏格拉底的名字来识别他，即使苏格拉底没有戴着姓名牌。他可能听说过苏格拉底但从没见过他。或许他正要找苏格拉底辩论。所以，当他带着他的诡辩许可离开万神庙时，他大声喊“苏格拉底”，谁答应谁就是苏格拉底。

人们和与他们所感兴趣的对象进行互动的他人交换内容。为了做到这一点，他们需要指称这些对象，而名称是指称这些对象的一种方法。苏格拉底的母亲可以告诉少女姗蒂柏——后来成了苏格拉底的妻子并在苏格拉底死后成了寡妇——苏格拉底正在万神庙闲逛，这样姗蒂柏可以去找他并与他一起闲逛。苏格拉底的母亲和姗蒂柏都有关于苏格拉底的观念和较丰富文件。苏格拉底母亲与姗蒂柏分享内容，她用“苏格拉底”这个名字来识别她正谈论的那个人。这是*间接交际*，即，使用名称交换将在稍后与一个对象的交际中被用到的信息。当姗蒂柏从苏格拉底母亲那里了解到苏格拉底现在何处时，她当时并没有在与苏格拉底交际，但她得到的信息将会帮助她稍后与苏格拉底的交际。

我们也会在信件或著作中使用人们的名字。苏格拉底的母亲也许留给姗蒂柏一个便条，上面说“苏格拉底正在万神庙闲逛”。我也把这些归属为直接交际和间接交际。

当对象不复存在——人去世，建筑被毁，事件结束——也就不存在直接交际或间接交际的可能性。但存有记忆的人们仍存在。下代人与那些存有记忆的人们交际，后代人与前代人交际，以这种方式网络得以发展，内容得以一代一代传承。语篇持续存在，基于已有书面记录和对话还会有新的语篇。这是*纯语篇*；在没有与相关对象直接交际可能性的情况下，通过使用名称，信息得以交换。在苏格拉底去世两千年后，我们仍在谈论他。我们不再与苏格拉底交际，我们与那些持有关于苏格拉底的观念、信念和书面材料的人们交际。关于苏格拉底的语篇会继续，因为一些人喜欢与书面材料交际，他们创作新的语篇，并与其他喜欢相同活动的人们交际。其他人会遇到其他情境——例如，上古代哲学课，在这些情境中他们必须与这些人交际。为了成功与这些人交际，他们需要让他们自己与材料交际，并形成他们自己关于苏格拉底的文件，这些文件可以与他们老师的这类文件相一致，也可以与他们的文件不一样，但要合理。其中一些人最后会喜欢上它。会话从而继续。（见表 9-2——译者注）

表 9-1　网络与交际

	直接交际	间接交际	阻滞途径
初始语篇	是	是	否
纯语篇	否	否	否
虚构	否	否	是

表 9-2　为什么要谈论事物？

	更好交际	真	好玩和（或）智慧
初始语篇	是	作为更好交际的手段	也许
纯语篇	否	作为好玩和 / 或智慧的手段	是
虚构	否	否	是

关于现实的语篇的逻辑

在关于现实的语篇中，我们假定非矛盾律和排中律，也假定客观律和实在律。我们是实在的，因为我们认为在 a 是否有 ϕ 这件事上没有一致性可以衍推 a 有 ϕ。一件事情的真和关于这件事情的信念之间存在形而上差异。即使每个人都认为苏格拉底是个大塌鼻，他也可能不是。这些原则都是根据难以置疑的形而上原则推出的。事物要么有性质要么没有性质；如果它们没有性质，那么一定没有性质（they don't have them and not have them）。根据一个对象的表征，不能推出该对象的信息，因为表征可能不准确。表征和对象之间的对应可能较为可靠，但很少是必然对应。

我们可以把这些原则适用于纯语篇。苏格拉底去世时不可能既是大腹便便又不是大腹便便，他只能是其中一种情况。原则上，那时他可能不再大腹便便，即使我们现在掌握的所有证据表明他仍大腹便便。一个纯语篇传统持续时间越长，与那个人或对象的任何直接交际就越遥远，这些原则的影响就越小，我们通过最成功的研究得到的表征所表明一个事物如何与它*实际上*如何之间的区别似乎也越显学术。当要确定苏格拉底在牢房中是否日益消瘦，如果没有超越那些文本的可能性，那么坚持真与证据之间的区分还有什么真正意义？是在于坚持这件事情必须有一个答案吗？除了表明我们认为我们自己是在讨论现实而非虚构这一关键价值之外，我们坚持这些原则或许没有什么真正实际价值。在已经不存在与人们和事物直接交际可能性的情况下，我们为什么要在意关于他们 / 它们的某些断言是否为真呢？一个原因是，我们认为真是事物表征的一个重要品质，即使在这些事物已不存在的情况下。我们认为，知道关于世界中对象的真将有助于我们与其他对象的交际。也许类似的情境将来还会出现，知道关于过去的真会使我们能够更好地预见未来。

作为分离 - 识别信息游戏的一种扩展，在某种意义上，与源点的直接和间接交际是整个名称和网络系统的中心部分。从这个视角看，空名称破坏文件 - 网络的整个效用，为了给我们提供一个将分离信息传达给该网络中其他人的方法，他们也许认为这些信息有用。

所以，根据这个视角，应该避免空名称，而在其中虽然名称非空但源点不再能够以任何方式伤害或者帮助一个人的纯语篇显得有点奇怪。但人类当然要比这个视角所表明的更为复杂。想一想：图书馆和书店中所有历史和虚构语篇，剧场和电视里的戏剧，那些没有机会与新闻中人物进行直接或间接交际的读者的新闻阅读，我们花费时间来讲述那些已故去人们的故事并追忆他们。作为纯语篇或者虚构的语篇的数量似乎可能等于甚至超越涉及与源点直接或间接交际的语篇的数量。我们非常喜欢语篇，不会把它们局限于存在交际可能性的情况，我们在人去世或建筑毁掉后继续与纯语篇的交际。纯语篇非常有趣，不只局限于真实对象，所以我们创造出虚构对象，创造出没有源点的网络以支持空名称。

虚构的逻辑

在虚构的情况中，我们放弃实在律和完全性，即排中律。没有人认为夏洛克 • 福尔摩斯在他 45 岁生日时脖子后面有多少根头发或福尔摩斯的曾祖父比莫里亚蒂教授的曾祖父有更多曾孙会为真。

通常一致性是好故事的要件。而明显的不一致会让我们怀疑虚构语篇的假装真实性。如果一部小说的一种解释或解读使该小说不一致，那么我们有理由怀疑该解释或解读。

虚构语篇的语义学不只要求对虚构语篇中出现的空名称的意义和内容给出一个解释。我们也需要区分不同标准的正确性，需要识别与虚构相关的态度类型。我将用*真*和准确性（或者*合适性*）来讨论不同类型的*正确性*。真是与事实对应的问题，合适性是与典范表征的内容相一致的问题。根据这个用法，夏洛克·福尔摩斯是一个大侦探这种说法是正确的，但不是真的。它是正确的，因为它符合典范表征，即柯南·道尔所留下的关于夏洛克·福尔摩斯的虚构部分。它不是真的，因为实际上并不存在这样一个侦探。最后，我们需要一个类似信念的态度，它可以像信念那样激发情感和激情，可以使人们在读狄更斯时大叫，使人们敬佩福尔摩斯，使人们讨厌拉斯可尼可夫，但它不是信念。肯德尔·沃尔顿（Walton，1990）提出一个非常符合这个角色的虚假理论。我把这样的态度称为“p- 信念”。

以“夏洛克·福尔摩斯”这个名字的使用情况为例。根据由柯南·道尔所确立的一个许可惯例我们使用这个名字。事实上，我们所遇到的对“夏洛克·福尔摩斯”这个名字的所有使用都是一个网络的一部分，这个网络没有源点，始于道尔的自由创作。柯南·道尔已逝，但他留下的著作可以作为 p- 信念正确性的一个典范基础。我不知道他的著作是否完全一致；似乎直觉上可以怀疑其完全一致性。我听说福尔摩斯迷们的数据库中列举了很多不一致的地方（或者至少存在冲突的地方）。除了他本人的著作，还有其他人根据道尔的故事所创作的剧本和将道尔故事中人物置于不同虚构场景的虚构作品。[①]

我们显然可以认真思考福尔摩斯故事中所描写的虚构事件，在感情上与这些人物和事件发生关系，争论在这些故事中不同时候发生了什么或者肯定发生了什么或者可能发生了什么等。做这些事情时，我们回避对排中律的无意义应用。如果这个故事的一个重要问题没有清晰答案，我们可能会担心。但通常我们并不太在意那些对故事或人物的发展没有什么影响的细节，如福尔摩斯的外祖母有几个表亲。至于对亚里士多德的外祖母的一个类似担心，我们可能会说，即使这件事有一定重要性，也没有方法知道答案。另外，对于福尔摩斯，如果这个问题是重要的，如果我们对故事或人物的理解取决于我们是否知道某细节，那么就应该有方法去查明它；柯南·道尔应该在某个地方对它已有所提及。但是，如果他没有提及，问题不在于没有方法知道而在于没有什么需要知道。

---

① 例如，其中一些让福尔摩斯和华生参加了第二次世界大战，虽然他们与道尔故事中生活在 19 世纪的福尔摩斯和华生年龄相同。

存在一组虚构游戏，它们涉及读者、解释者、电影观众、手稿、书籍、剧本、电影、视频等。在这样的游戏中，我们可以计划话语以实现影响 p- 信念、行为等的意图。

p- 信念的内容是什么呢？相对于基于我们所支配且可被解释的人造物的某正确性标准，我们能够解释这种信念的最大增补层面是网络层面。假设我们正在谈论（在道尔原版故事语境中）福尔摩斯对华生的看法。你对我说：

Holmes admired Watson's physical courage.
（福尔摩斯敬佩华生的勇气。）

你的这个陈述显然是正确的，如果，在道尔原作中，有说明或隐含福尔摩斯敬佩华生勇气的陈述，且没有具有同等重要性和意义的陈述与之相矛盾。这里你不是给出关于该原作的一个陈述，它不是你这个陈述的主题。你这个陈述的网络承载内容——它的合适性条件，大致如下：

支持支配在这个陈述中使用"福尔摩斯"和"华生"这两个名字的那些惯例的网络的典范源头将关于敬佩的想法与那些和这两个名字相联的观念联系在一起。

在这个夏洛克 · 福尔摩斯例中，这根本上要求柯南 · 道尔意图使我们认为福尔摩斯敬佩华生；在我们认为是权威的书面语料库中，他要么这样说过要么有这样的隐含。

指称内容重要性背后的理论根据似乎是它与语言的关键功能的最合理解释——传达关于我们所指称的对象的信息，这对语言的进化至关重要——相联系。但是，正如我们所看到的，在实施这个功能时，语言有能力去实施其他功能。语言的一些部分，尤其像 is identical with（与……等同）和 exists（存在）这样的表达，似乎主要对那些其他目的有用。

小　　结

C-C- 网络并不只是通过话语存在。这样的网络中的话语由说话人涉及其观念的意图和信念所激发，从而使听话人的观念发生改变。这些观念与观点、形成性文件、信息及错误信息相联系，沿这些网络从说话人文件流向听话人文件。

因此，我们有作为 C-C- 网络的基础的**文件的交互主题性网络**或者*文件－网络*。我使用文件－网络来分析在网络中出现但被前一章所讨论的理想化 C-C- 网络所忽略的各种**混乱**。我强调了这样的网络在人类生活和文化中的重要性并讨论了它们在各种形式的语篇中的作用。

第 10 章　内容与态度

10.1　导　　言

本章中我将讨论如何将批判语义学和批判语用学的观点应用于命题态度报告（如相信和知道）这个棘手问题和间接语篇，如 Sally said that Paris was beautiful（萨利说巴黎很漂亮）（从现在起，我经常会用“态度报告”涵盖二者）。我的理论不同于马克·克里明斯（Crimmins，1989）在《有观点与有概念》（*Having Ideas and Having the Concept*）中提出并在《关于信念的谈话》（*Talk About Beliefs*，Crimmins，1992b）中加以发展的信念报告理论[①]。这里主要的创新是使用文件－网络、网络内容和稍后解释的线索等概念将这个方法与自返指称理论相结合。

作为内容性质的态度

内容性质首先是哲学家所说的“态度”，即人类通过使用所谓“命题态度动词”（诸如“相信”和“知道”）所表现出来的心理性质。在范例情况中，这些动词与其后的 that 从句一起构成主体的谓语，例如，believes that London is pretty（相信伦敦很漂亮）、knows that Santa Cruz is east of Berkeley（知道圣克鲁斯在伯克利东边）、thinks that glass is full of water（认为玻璃杯里盛满水）、worries that he has arthritis in his calf muscle（担心他小腿肌肉有关节炎）。除了这样的范例，态度还包括通常由不定式、动名词和疑问从句而非 that 从句（虽然临近等价通常可以用这个模式表达）所识别的性质，如 desiring to own a Bentley（渴望有辆宾利汽车）、hoping to catch a plane（希望赶上飞机）、remembering throwing a ball（记着投球）、wondering who Tony Blair is（不知道托尼·布莱尔是谁）。

---

① 在该书和之后 Crimmins（1992a）、Crimmins（1993）、Crimmins（1998）、Crimmins（2002）等论文中，克里明斯针对一些反对意见对其理论进行辩护，并将它应用于新领域，还以奇特方式与沃尔顿的假装理论相联系。这些发展大多与我这里讨论说话并将该理论与自返指称理论相联系的做法相结合。

“命题态度”一词来自这样一个观点：内容性质涉及一个在某时对一个命题持有一种态度（相信、知道、希望、害怕等）的人。根据这个观点，我们通常有某人、某时和某个要处理的命题。这里语言哲学的主要问题是说该命题由什么构成或包括什么。

但我认为这并非事实真相，命题态度的这个解释至多是一个非常不完整的解释，它遗漏了持有态度所涉及的许多因素，我们报告态度时对这些因素较为敏感，需要在一个合适的理论中识别它们。

我会继续使用这些术语，但我会提出一个不一样的观点。我提出的这个观点可以根据本书中至此所阐释的理论自然推出。根据这个理论，一个人在某时处于几个*内容状态*中。这些状态有不同种类的成功条件，特别是，如信念这样的状态有真值条件。我并没有深入考虑它们为什么有这样的成功条件，我认为它们的成功条件衍生于它们的因果角色，它们的因果角色使我们能够获取、储存、解释、应用和传达信息，但出于本书目的，存在内容状态才是重要的。[①]

例如，因为我们的信念有真值条件，我们可以根据为了满足这些条件世界应该如何，即它们的内容来为信念分类。正如我试图所解释的，根据当我们在回答为了使一个信念为真，世界还需要满足什么条件这个问题时，我们认为什么已确定和什么可以改变，它们不只是有指称性真值条件或主题真值条件，而是有完整一套这样的内容。

显然，在可被真值条件所类分、借助 that 从句和我们所提及的其他结构可被描述的意义上，不只是信念这样的内在状态才有内容。还存在有内容的活动，最为明显的是*语言*活动，但也包括思考、想象等活动。我们用来描述语言活动的动词表现了我们在范式态度中所发现的所有相同结构。

- Pierre says that London is ugly.
  （皮埃尔说伦敦很丑陋。）
- Alphonse asks who Tony Blair was.
  （阿方斯问谁是托尼·布莱尔。）
- Elwood was asked to repair the fence.
  （埃尔伍德被要求修葺篱笆。）
- Angela describes going to the store with her mother.
  （安吉拉描述与母亲一起去那家商店。）

---

① 我在第 11 章和 Perry（2002）最后一部分中对此有更多解释。

另外，语言行为的内容与我们各种解释和推理中态度的内容相互影响，我们用来描述一个语言行为的相同内容经常可以在激发该行为的信念和愿望中找到。

- Pierre said that London is ugly because he believed that London is ugly.
（皮埃尔说伦敦很丑陋因为他相信伦敦很丑陋。）
- Alphonse asked who Tony Blair was because he didn't know who Tony Blair was.
（阿方斯问谁是托尼·布莱尔因为他不知道谁是托尼·布莱尔。）
- I assume Fred ordered Elwood to repair the fence, because he wanted the fence repaired.
（我认为弗雷德要求埃尔伍德修葺篱笆，因为他想找人修葺篱笆。）
- Angela remembered going to the store with her mother, and that led her to describe going to the store with her mother.
（安吉拉记得与母亲一起去过那家商店，这使她可以描述与母亲一起去那家商店。）

克里普克提出一个重要原则——*引用消去原则*（*disquotation*）。如果埃尔伍德真诚地说“Sacramento is a pretty city”（萨克拉门托是一座漂亮城市），那么我们可以推出埃尔伍德相信萨克拉门托是一座漂亮城市。我会在下文讨论这个原则的局限。

正如我在上一章中所指出的，相比更为纯粹的认知态度的情况，主体的行动有结构这一点在说话的情况中更为显然。*通过*做其他事情——在某个语境中按照某些意图生成特定顺序的某些词语，一个人说圣克鲁斯在伯克利东边。说圣克鲁斯在伯克利东边有不止一种方法。我可以站在伯克利说“Santa Cruz is east of this city”（圣克鲁斯在伯克利东边），或者，我站在圣克鲁斯说“This city is east of Berkeley”（这个城市在伯克利东边）。我们几乎找不出不对人们如何说话、如何能够以不同方式说出相同内容、在不同场合以相同方式说出不同内容给予解释的说话理论。

本章中我要做三件事情。首先，我会使用本书目前为止所给出的不同概念——包括各种内容和文件 - 结构，对我们说话和我们报告我们与其他人说话现象进行细致观察。然后，我提出 say that 的一个解释以回应这些现象。最后，我会简单说明这个解释对于命题态度的作用。

圣塞瓦斯蒂安和多诺斯蒂亚

首先需要对本节中这个主要例子给出一点背景介绍：“圣塞瓦斯蒂安”是多诺斯蒂亚这个巴斯克城市的西班牙语名称，即

（53）Donostia and San Sebastian are the same city.

（多诺斯蒂亚和圣塞瓦斯蒂安是同一座城市。）

当伊万第一次参加在圣塞瓦斯蒂安举行的一个会议，他在宏达瑞比亚机场乘坐公共汽车去市里。根据路上标识牌，从机场到圣塞瓦斯蒂安和多诺斯蒂亚有着相同距离，先是 10 千米，再是 7 千米，再是 3 千米，等等。伊万从未听说过多诺斯蒂亚这座城市，对此他感到非常困惑。假设，途中伊万苦思冥想，说 "This bus is going to San Sebastian"（这辆公共汽车驶往圣塞瓦斯蒂安）和 "This bus is not going to Donostia"（这辆公共汽车不是驶往多诺斯蒂亚的）。以下是关于伊万这两句话直觉上为真的报告。

（54）Ivan said that the bus was going to San Sebastian.

（伊万说这辆公共汽车正驶往圣塞瓦斯蒂安。）

（55）Ivan did not say that the bus was not going to San Sebastian.

（伊万没说这辆公共汽车不是正驶往圣塞瓦斯蒂安的。）

（56）Ivan said that the bus was not going to Donostia.

（伊万说这辆公共汽车不是正驶往多诺斯蒂亚的。）

（57）Ivan did not say that the bus was going to Donostia.

（伊万没有说这辆公共汽车正驶往多诺斯蒂亚。）

假设我们现在是专名指称主义者，我们会认为

伊万所在的公共汽车正驶向**圣塞瓦斯蒂安**这个命题 = **伊万所在的公共汽车**正驶向**多诺斯蒂亚**这个命题。

那么，据此，（54）～（57）怎么可以都为真？

10.2　初 始 理 论

克里明斯和我提出的这个观点用来处理信念报告。假设我对伊万谈起圣塞瓦斯蒂安，他对我说："San Sebastian is very beautiful. I saw some pictures of it in a brochure."（圣塞瓦斯蒂安非常漂亮。我在一个册子中看到它的一些照片。）我向其他人报告说：

（58）Ivan believes that San Sebastian is beautiful.

（伊万相信圣塞瓦斯蒂安非常漂亮。）

来看伊万心中所想。他对于同一座城市有两个观念。一个或许是他在学生时期地理课堂上获得的，最近这个观念又增加了关于会议地址的信息。他翻看了标有“圣塞瓦斯蒂安”的照片，并据此相信这座城市非常漂亮。我把他的这个观念称为“‘圣塞瓦斯蒂安’相关观念”(或者简单地称为他的“圣塞瓦斯蒂安观念”)。当遇到“圣塞瓦斯蒂安”-这个名称，他的这个观念会受到影响，而且这个观念控制他对这个名称的使用。在去圣塞瓦斯蒂安的路上他在公共汽车里看到外面多诺斯蒂亚的标识牌后他获得了第二个观念，是他的“多诺斯蒂亚”相关观念。这两个观念并不相联，特别是，对于多诺斯蒂亚是否漂亮他并没有看法，即他对于一个地方漂亮的观点与他的多诺斯蒂亚观念无关。

我们引入*根据观念 n 相信 F(a)* 这个术语。*根据*他的圣塞瓦斯蒂安观念而非根据他的多诺斯蒂亚观念，伊万相信圣塞瓦斯蒂安非常漂亮这个命题（并且根据他的圣塞瓦斯蒂安观念而非根据他的多诺斯蒂亚观念，他还相信多诺斯蒂亚非常漂亮这个命题——同一命题）。

使用这个术语的一个报告是*观念上明确的*。根据克里明斯和我的观点，普通报告通常是观念上*隐含的*。持有信念所依据的观念没有被明确指称；它们是该报告内容的未言明构成成分。

在此例中，我所想到的观念是伊万的圣塞瓦斯蒂安观念，这也是听众认为我正谈论的观念。以下这种简单直接的说法可能有助于理解：如果我使用报告中名称 *N* 来报告一个信念，那么我正谈论有此信念之人的 *N* 相关观念。在我的报告中，“圣塞瓦斯蒂安”这个名称有两个语义作用：识别伊万的信念所涉及的那座城市和识别我说他持有这个信念所依据的那个观念。

但事情并非这样简单。我也许说：

（59）Ivan believes that Donostia is beautiful—I don’t mean to imply he would say “Donostia is beautiful.” He doesn’t know San Sebastian is called “Donostia” .

（伊万相信多诺斯蒂亚非常漂亮——但我没有意图隐含他说的是“多诺斯蒂亚非常漂亮”。他并不知道圣塞巴斯蒂安也被叫做“多诺斯蒂亚”。）

在（59）中，我取消了我的暗示——是伊万的多诺斯蒂亚观念在起作用。这种可取消性，对于判断所传递的信息是格莱斯含义意义上的语用信息而非语义信息，是一个经典（但或许不是完美）测试（Carston, 2002）。

克里明斯和我认为，我在（59）第一部分使用“多诺斯蒂亚”这个名称会在多种会话情境中创造一个可取消的暗示，即所涉及的观念是伊万的多诺斯蒂亚相关观念。然而，在某些情境中，这个暗示并不会出现。如果我的听众，至少当他们在那个巴斯克地区时，几乎总是用“多诺斯蒂亚”指称圣塞瓦斯蒂安，并期望我也如此，而且大家都清楚像伊万这样的新来之人不会知道圣塞瓦斯蒂安的这个巴斯克名称，在这种情况下我在（59）第一部分使用“多诺斯蒂亚”这个名称就不会给人这样的暗示。那么根据我们的方法，报告人用来识别该信念主题的这个名称或其他手段是表明哪个观念在起作用的一个重要证据，但并不自动把信念主题识别为一个语义问题，而是在语用上暗示它可能是什么。

10.3　两面态度

这个方法可能似乎更为合理，如果我们先来考虑我们对态度报告的使用。这些报告有两面，我称之为“认知方面”和“世俗方面”，分别对应我们对它们的两种不同的使用。[①]

一方面，态度报告告诉我们主体的状态和活动；他们相信什么、知道什么、推测什么、猜想什么；他们说了什么、问了什么；等等。这是认知方面。报告的目的是帮助我们理解主体，在这个意义上，认知方面才是重要的。我把这种使用称为“作为解释的态度”。

另一方面，主体相信什么、知道什么或说了什么可以为我们提供关于他所相信、知道和所说之事物的信息。如果主体对事物的看法是权威的、准确的，那么因为我们知道他的态度，我们可以得到关于那些态度主题的信息。我把这种使用称为“作为信息的态度”。在这种情况中，世俗方面才是重要的。

假设，因为伊万精力充沛，我们这群人让他来领路。其他人都多次来过这个巴斯克地区参加会议。不同于伊万，我们都知道多诺斯蒂亚和圣塞瓦斯蒂安是同一座城市。但我们当时非常疲惫并且厌倦这些俗事，再加上我们都没有从宏达瑞比亚机场走过，所以我们都乐于让精力充沛的伊万来带路。在宏达瑞比亚机场，伊万从会议组织方拿到方位图，告诉我们大家跟他走，按照汽车上的数字找到去圣塞瓦斯蒂安的公共汽车。然而，汽车走了一阵子后，我们开始怀疑我们乘坐的是否是去圣塞瓦斯蒂安的公共汽车。所以我问伊万：“Where is this bus going?”

① 参见 Almog（1984）。

（这车驶往什么地方？）伊万回答道：

（60）This bus is going to San Sebastian.

（这趟公共汽车正驶往圣塞瓦斯蒂安。）

我向其他人报告：

（61）Ivan believes the bus is going to Donostia.

（伊万相信这趟公共汽车正驶往多诺斯蒂亚。）

这似乎没有什么难以理解的。我们这些人想知道伊万是否带我们乘坐驶往正确地方的公共汽车。我们对伊万的态度感兴趣是世俗的。我们认为他知道该公共汽车驶往哪里，并且通过了解他对此的想法，我们可以使自己对于该公共汽车驶往什么城市感到放心。我这个关于伊万信念的报告不是用来解释他做了什么；相反，我是在传递我从伊万那里所得到的关于那辆公共汽车驶往什么地方的信息。实际上，伊万认为多诺斯蒂亚是“多诺斯蒂亚”还是“圣塞瓦斯蒂安”或者既是“多诺斯蒂亚”又是“圣塞瓦斯蒂安”对我们并不重要；重要的是那座城市，是该公共汽车是否驶往那座城市。根据我们的看法，我报告的未言明构成成分是当伊万考虑会议地址时所涉及的观念；我是说根据该观念他相信该公共汽车是驶往该城市的。所以我的话语为真。

另外，假设我们途中经过一个很大的标识牌，上面写着：Free Drinks for Linguists and Philosophers at Noam's Bar in Donostia（多诺斯蒂亚诺姆酒吧免费为语言学家和哲学家提供饮品）。注意到这个标识牌，有人问：“Does Ivan know the bus is going to Donostia?”（伊万知道这趟公共汽车是驶往多诺斯蒂亚的吗？）此时我要说出（61），它会非常误导人。显然，问题在于看到这个标识牌伊万是否会像我们那样欢欣鼓舞，这取决于他是否想到我们要去的那座城市也可以被称为“多诺斯蒂亚”；不确定的是他态度的认知方面。根据我们的看法，我的话语不仅误导而且为假。因为，这种情况下，我话语的未言明构成成分是伊万的多诺斯蒂亚观念，但根据这个观念他不相信那辆公共汽车是驶往那座城市的。

10.4 说　　话

作为将这个理论扩展以涵盖说话的第一个关口，我可能只是简单地用名称和其他指称手段（指称事物的方法）来替代观念（考虑事物的方法）。我们可以引入*借助指称模型 X 说 F(a)* 这个技术用语。Ivan said that Donostia is beautiful via “San

Sebastian”（借助“圣塞瓦斯蒂安”，伊万说多诺斯蒂亚非常漂亮）为真，如果伊万使用“圣塞瓦斯蒂安”这个名称指称该城市并表达了该城市非常漂亮这个命题。然而，我认为根据自返指称理论，我们可以提出一个更充分或更完美的解释。

说话相同

构建这个解释时，我将使用*说话相同*这个概念，我认为它是话语（包括子话语）之间的一种关系。唐纳德 · 戴维森（Donald Davidson）引入这个概念作为他的说话并列理论的一部分。戴维森认为表面形式为 *A* says that *S* 的说话报告其形式实际上应为 *A* says that. *S*。此报告为真，如果报告者的陈述 *S* 与 *A* 的某陈述有说话相同关系。

我不接受戴维森的创新性句法。如果 u 是一个说话 - 报告，我用 u_C 表示这个内容语句中那个子话语，即 that 之后部分。如果 u 是我的话语 Elwood said that San Sebastian is pretty（埃尔伍德说圣塞瓦斯蒂安非常漂亮），u_C 就是我的子话语 San Sebastian is pretty（圣塞瓦斯蒂安非常漂亮）。所以，这里的基本想法是

> *A says that S* 的话语 u 是话语 u' 的一个真报告，当且仅当，A 是 u' 的说话人并且子话语 u_C 与 u' 之间存在说话相同的关系。

局部网络与线索

我认为不同说话相同情况的相同点是*内容*；语言、词语、语境，当然还有说话人都可以不同。但是什么类型的内容呢？它一定是某类增补内容，因为不同话语不可能共享自返内容。我们有三种增补内容可供选择：网络内容、指称内容和指定内容。指定内容对于涉及名称的情况没什么帮助。指称内容对涉及空名称的情况没有帮助。像 Elwood said that Jacob Horn was an important person（埃尔伍德说雅各布 · 荷恩是一个重要人物）或者 Anissa said that Santa Claus didn’t bring her what she wanted（艾尼萨说圣诞老人没有送她礼物）这样的报告非常常见，即使 Jacob Horn 和 Santa Claus 是空名称。所以，似乎一般情况下，我们需要网络内容相同。我们可以把说话相同（我用 *SS* 表示它）定义如下：

如果 $SS(u, u', N)$ 当且仅当 [内容$_N(u)$ = 内容$_N(u')$]

如果我们就此止步，那么，对于报告（54）～（57）中关于圣塞瓦斯蒂安和多诺斯蒂亚伊万说了什么和没说什么，这个解释帮助不大。我们还需要两种特殊子网络，我把它们称为*局部网络*和*线索*。一个局部网络是一个具体会话所涉及的子网络。一个局部网络贯穿会话所涉及的序列个体 $a_1, \cdots, a_n$ 的头脑，内容沿此序列传递，该局部网络还包括内容从其流入 a_1 的观念的所有节点和信息从 a_n 的观念所流入的所有节点。伊万和我之间会话所涉及的局部网络由伊万关于圣塞瓦斯蒂安的观念和他对它的指称、我对它们的感知和我关于圣塞瓦斯蒂安的观念和内容从我的指称所流向的所有其他人节点等来定义。它不考虑没有流经这些观念的圣塞瓦斯蒂安主网络的所有子网络。

一条线索是由具体某人的具体观念 n 所定义的局部网络的部分。一条线索只包括观点从其流向 n 的节点和观点从 n 所流入的节点。在伊万头脑中有两个线索，都是刚才所提及的局部网络的部分，一个贯穿他的多诺斯蒂亚观念，另一个贯穿他的圣塞巴斯蒂安观念。

当伊万说 “This bus is going to San Sebastian”（这辆公共汽车正驶向圣塞瓦斯蒂安），观点从他的圣塞瓦斯蒂安观念流向他对圣塞瓦斯蒂安的指称，而他的圣塞巴斯蒂安观念的谱系关系可追溯到他学生时代的地理课堂。这个线索并没有贯穿伊万的多诺斯蒂亚观念或者他对那些“多诺斯蒂亚”标识牌的感知。但它的确从伊万的头脑继续延伸，从而包括我在（54）和（55）中对圣塞瓦斯蒂安的指称。我形成了关于伊万所指称那座城市的一个缓冲，并把它与我的多诺斯蒂亚 / 圣塞瓦斯蒂安观念合并，这个观念和我将之与该观念联系在一起的观点引发我在（54）和（55）中的指称，这样，在（54）中，沿此线索，我的子话语 the bus is going to San Sebastian（这辆公共汽车正驶向圣塞瓦斯蒂安）和伊万说出相同语句的话语之间存在说话相同关系。但是，沿此线索我在（55）中的子话语与伊万任何话语之间都不存在说话相同关系。

同样，对于（56），沿贯穿伊万多诺斯蒂亚观念的线索，我的子话语和伊万的话语之间存在说话相同关系，但对于（57）它们之间不存在说话相同关系。所以我们得出直觉判断：我的所有报告都为真，（54）和（55）相对于贯穿伊万圣塞瓦斯蒂安观念的线索为真，（56）和（57）相对于贯穿伊万多诺斯蒂亚观念的线索为真。（56）为真因为沿此线索存在说话相同的情况，（57）为真因为不存在说话相同的情况。

我认为局部网络及其各部分、线索都是说话 – 报告的未言明构成成分。所

以，一个间接语篇解释的第一个观点为

如果 *A says that S* 的话语 u 是关于线索 *T* 的，那么 *u* 为真当且仅当 ∃ *u*′［*A* 是 *u*′ 的说话人且 *SS*（u_C, *u*′, *T*）］

但情况要比这更为复杂。

网络内容和态度使用

现在我们在 10.3 节中所描述的情境语境中来看（54）～（57），在该语境中我们一些人对公共汽车驶往什么地方有担心，我先与伊万谈过然后向其他人报告。我用 *R* 表示贯穿该会话的局部网络，用 T_S 表示由伊万的圣塞瓦斯蒂安观念所定义的线索，用 T_D 表示由伊万的多诺斯蒂亚观念所定义的线索。

伊万说：

（60）This bus is going to San Sebastian

（这趟公共汽车正驶往圣塞瓦斯蒂安。）

我向其他人报告：

（54）Ivan said that the bus was going to San Sebastian.

（伊万说这辆公共汽车正驶往圣塞瓦斯蒂安。）

我的报告为真，如果我的子话语和伊万的话语之间相对于相关网络 N 存在说话相同关系。所以，它为真，如果 *N* 是 *R* 或者 T_S；它为假，如果 *N* 是 T_D。

假设，为了使事情明朗，我继续说：

（55）Ivan did not say that the bus was not going to San Sebastian.

（伊万没说这辆公共汽车不是驶往圣塞瓦斯蒂安的。）

（55）相对于 T_S 为真。如果，我们假定，对于我在其中使用了“圣塞瓦斯蒂安.”的报告（54）和（55），我心中想的是 *R* 或 T_S，那么我们得到二者都为真的直觉结果。

现在假设，当我向其他人报告时，我没有说（54）和（55），而是说：

（56）Ivan said that the bus was not going to Donostia.

（伊万说这辆公共汽车不是正驶往多诺斯蒂亚的。）

（57）Ivan did not say that the bus was going to Donostia.

（伊万没有说这辆公共汽车正驶往多诺斯蒂亚。）

一开始我们说这些报告直觉上为真。但是，给定以上情境——我们这些人在那个巴斯克地区通常用“多诺斯蒂亚”指称我们要去的那座城市并且我使用作为信息的态度——这些报告直觉上为假。它们会引发担忧。自然的解释是伊万让我们上错了车。它们会自然相对于 R 即该会话子网络被解释，并隐含伊万虽可任意使用这两个人名称但没有说那辆汽车驶往圣塞瓦斯蒂安。

虽然如此，仍可以解释我们一开始的直觉。（56）和（57）相对于 T_D 为真。当我们最初考虑这些报告为真，我们认为这些报告是关于线索 T_D 的。

如果主题——其信念和断言被报告——有关于报告人在其报告中所指称对象的无关联观念，则线索是相关的。有三种基本模式：

（a）态度用于解释，并且解释性信念只涉及其中一个观念；

（b）态度用于信息，但主体的权威局限于只涉及该主体一个观念的信念；

（c）报告是对态度的否认，其中报告人并非要说不借助主体关于主题的*任意*线索持有相关态度，而只是说不借助一个具体线索持有相关态度。

因为我们分别把（56）和（57）看作是（a）类和（c）类报告，所以我们最初认为它们都是关于伊万的真报告。它们是说话报告，意图阐明解释主体说了什么的信念。最初，不存在伊万的话语用作信息的更大语境。我对该例的介绍强调伊万在不同线索上有不同观念这个事实，使这些线索突显。

另外，当我向其他人报告时，他们会认为我引用伊万的话语作为证据来判断汽车驶往什么地方。即使在我的报告中我使用了“多诺斯蒂亚”这个名称，他们也不会认为我是在具体谈论 T_D，因为他们知道或者认为伊万不知道多诺斯蒂亚就是圣塞瓦斯蒂安。他们会自然地认为我是在报告伊万根据 R 或者 T_S 所说的话；在后一种情况中，我们会有模式（b）的情况。

对于类型（a），来看涉及相同人物的另一个例子。我们在该机场的公共汽车站看到一辆目的地标牌上写着“多诺斯蒂亚”的汽车驶进车站。看到这辆汽车，伊万说：“Not this one!”（不是这辆！）我们中一些人意识到我们错过了要乘坐的汽车。问题是伊万为什么不让我们上这辆车。对于他的错误，我们需要一个解释。我问他，他说：“That bus was not headed to San Sebastian. It was headed to Donostia.”（那辆汽车不是驶往圣塞瓦斯蒂安而是驶往多诺斯蒂亚的。）直觉上，如果我说“He said the bus was not headed to San Sebastian”（他说那辆汽车不是驶往圣塞瓦斯蒂安的），这并没错。自然，这可以被视为对伊万错误举止的解释的一部分。我的报告意图提供关于伊万的相关心理状态——其话语证明他有这样的心理状态——的信息。我这个话语的目的不是去影响我的听众关于那辆汽车驶往什么地方的信念，除了伊万每个人都知道它是驶往我们要去的那座城市的。其目的是使他们能够理解伊万考虑事情的方式和他那样说的依据。该相关线索涉及伊万的圣塞瓦斯蒂安观念、他的话语“圣塞瓦斯蒂安”和我们其他人的多诺斯蒂亚 / 圣塞瓦斯蒂安观念。相对于这个线索，我的子话语 that bus is not headed to San Sebastian（那辆汽车不是驶往圣塞瓦斯蒂安的）和相同语句的伊万话语之间存在说话相同关系。我要传达的信息是：如果你们沿该*相关*线索根据伊万的话语回推他的想法，你们会明白*那辆汽车不是驶往圣塞瓦斯蒂安*这个想法与他的圣塞瓦斯蒂安观念相联系。

在这个情境中，如果我说“He said the bus was not headed to Donostia”（他说那辆汽车不是驶往多诺斯蒂亚的），那就不正确了。我用“多诺斯蒂亚”这个名称表明这里相关的是涉及伊万的多诺斯蒂亚观念的一条线索。相对于这个线索，他的话语与我的话语没有相同的网络内容，因为他的话语并不涉及他的多诺斯蒂亚观念和这个子网络，我们话语之间没有说话相同关系。

再来看类型（b）的另一个例子。假设我们最后到达圣塞瓦斯蒂安，来到那所大学。在门口我们碰到杰西 - 马雷（Jesus-Marie）。杰西 - 马雷是一位优秀学者，性格开朗，精力充沛。我们大家都知道杰西 - 马雷的大名，当时在门口除了伊万我们其他所有人都认出杰西 - 马雷。杰西 - 马雷情绪不高，事情有些混乱，因为我们迟到的缘故杰西 - 马雷不得不推迟会议开幕时间。杰西 - 马雷和伊万简短说了几句。伊万回头对我说：“That man is in a very grouchy mood.”（这家伙牢骚满腹。）我向其他人报告说：“Ivan said that Jesus-Marie is in a very grouchy mood.”（伊万说杰西 - 马雷牢骚满腹。）

伊万有两个不相联的杰西 - 马雷的观念：一个是根据他之前收到的杰西 - 马雷的邮件和关于杰西 - 马雷相关传言形成的，这个观念与杰西 - 马雷是一位优秀开朗的学者这个观点相联系；另一个是根据他对杰西 - 马雷的感知获得的。显然，我要告诉其他人的是伊万根据后一个线索所说的话；这里相关的是涉及这些观念的一个线索。就我所知，根据他的杰西 - 马雷观念，基于错误信息，伊万也许相信杰西 - 马雷总牢骚满腹。根据这个假的普遍信念，他也许相信杰西 - 马雷现在无论在哪儿都牢骚满腹。虽然这样一个信念没有权威，但他根据和杰西 - 马雷的交谈形成的信念则非常权威；我们中没有人能够判断杰西 - 马雷现在的情绪。虽然我是把态度用作信息，但我也只关注使伊万有一个杰西 - 马雷观念的一条线索。

现在，假设伊万感到被杰西 - 马雷冒犯，伊万对我说：“That man is a rude

idiot."（那家伙很粗鲁，是个白痴。）[①] 再假设伊万和我谈过杰西－马雷，并且我知道因为读过杰西－马雷的文章伊万对他的学识有很高评价。我报告如下：

> Ivan thinks that man is an idiot. Of course, he doesn't really think that Jesus-Marie is an idiot.
>
> （伊万认为那人是个白痴。当然，他并不真的认为杰西－马雷是一个白痴。）

我第二句话是类型（c）的一个例子。当我说 "Ivan thinks that man is an idiot"（伊万认为那个人是个白痴），我想到的是由伊万的杰西－马雷感知观念所定义的线索。通过使用指示词 that man（那人）和动词 think（认为），我同时表明其中哪个隐含一个可能短暂的看法。构成我报告第二部分的否定所涉及的是伊万的杰西－马雷的观念所依赖的线索。当与想法对比时，名词"信念"表明一个更确定的看法。我所否定的是一个人可以沿该网络找出杰西－马雷是一个白痴这个信念。really（真的）这个词表明，根据伊万的杰西－马雷观念，涉及杰西－马雷的这个信念是真正重要的信念，是当伊万意识到他信念相互矛盾时会保留的那个信念。

10.5 再论信念

似乎我们可以通过改进对线索这个概念的使用来改进信念的克里明斯－佩里解释。该解释认为观念是信念报告的一个未言明构成成分，但我们认为观念所定义的线索是未言明构成成分。

首先，我引入"说话相同 *"这个术语。来看一个形如 *A* ATTS that *S* 的陈述报告或信念报告。我把这个报告称为 *u*。子话语 *S* 识别所报告的内容；我把这个子话语称为 u_C。这个报告告诉我们在识别子话语 u_C 的内容和被报告的态度状态或说话事件——我称之为 σ——之间存在说话相同 * 关系。基本的观点是：只相对于线索 τ，陈述或信念 σ 和内容子话语 u_C 之间存在说话相同 * 关系。

> **说话相同 ***（σ, u_C, τ）当且仅当内容$_\tau$（u_C）= 内容$_\tau$（σ）。

---

① 根据我心目中的伊万和杰西－马雷，这个例子不符合实际情况。

我将对这个分析加以扩展使其涵盖在其中谈论不止一个对象的情况。这意味着说话相同 * 是相对于一个网络序列，u_C 中的每个指称表达和 σ 中的每个指称表达或观念都有一个网络与之对应。为了使解释更简单，我假定信念所涉及的观念是有序的，对应用来报告它们的语句中指称的顺序。

首先，我们需要定义在更普遍情况中谈论不止一个对象的话语和信念的网络内容。对于该话语或信念所涉及的每一个项或观念，我们都需要一个网络。如果

- u 是形如 $\phi(t_1,\cdots,t_n)$ 的一个话语；
- ϕ 指定 P;
- $N_1,\cdots,N_n$ 是网络；
- $\forall i, t_i$ 沿 N_i 存在；

那么

$$内容\ N_1,\cdots,N_n(u)=\exists x_1,\cdots,x_n[或(x_1,N_1),\cdots,或(x_n,N_n)且P(x_1,\cdots,x_n)]。$$

如果

- b 是结构为 $I(t_1,\cdots,t_n)$ 的一个信念；
- I 是关于 P 的；
- $N_1,\cdots,N_n$ 是网络；
- $\forall i, n_i$ 沿 N_i 存在；

那么

$$内容\ N_1,\cdots,N_n(b)=\exists x_1,\cdots,X_n[或(x_1,N_1),\cdots,或(x_n,N_n)且P(x_1,\cdots,x_n)]。$$

如果 σ 是一个信念或者话语，u 是一个话语，那么：

说话相同 * $(\sigma,u_C,\tau_1,\cdots,\tau_n)$ 当且仅当内容 $\tau_1,\cdots,\tau_n(u_C)=$ 内容 $\tau_1,\cdots,\tau_n(\sigma)$

如果 u 是关于线索 $T_1,\cdots,T_k$ 的态度报告 A says that S，那么

$$u为真当且仅当\exists\sigma[\sigma是A的一个话语且SS^*(u_C,\sigma,T_1,\cdots,T_k)]。$$

如果 u 是关于线索 $T_1,\cdots,T_k$ 的态度报告 A believes that S，那么

$$u \text{ 为真当且仅当 } \exists\sigma\ [\sigma \text{ 是 } A \text{ 的一个信念且 } SS^*(u_C, \sigma, T_1, \cdots, T_k)\text{。}]$$

10.6 观念与线索的类型

在我们的文章中，克里明斯和我对以上所描述的理论有所增补，在该理论中，具体观念是信念报告的未言明构成成分，而在我们的增补理论中，观念*类型*是未言明构成成分。这样做的一个原因是：使说话人能够得到在另一人思想和行为中起作用的一个观念类型而非具体观念似乎较为合理。我们熟悉人们在其中持有并表达信念的各种情境。在其中一类情境中，人们直接感知一个对象，根据对它的观察形成关于它的信念。在另一类情境中，人们通过阅读，获取关于其名称在书中出现的个体的知识，这大致相当于克里明斯所说的人们的"共有观念"（Crimmins，1992b）。普通态度报告人对于这个区别较为敏感。埃尔伍德和萨姆都读过关于迪克·切尼的文章书籍。他们看到有一个人在海滩上挖螃蟹。埃尔伍德认出了他，但他不确定萨姆是否也认出了那个人。埃尔伍德问道："Isn't that man digging for clams?"（那个人是在挖螃蟹吗？）萨姆回答："Yes he is."（对，他是在挖螃蟹。）因此，埃尔伍德相信萨姆相信那个人正在挖螃蟹。既然他认为萨姆没有认出切尼，他可能继续说："Well, that man is Dick Cheney."（哦，那个人是迪克·切尼。）埃尔伍德区分了相对于一个感知缓冲持有一个信念和相对于与被观察之人的被标准使用的名字相联系的一个观念，即共有观念持有该信念。关于几个人的信念的报告是第二个原因。假设埃尔伍德说："Sam and I both believed Cheney was digging for clams, but Sam didn't realize that it was Cheney."（萨姆和我都相信切尼在挖螃蟹，但萨姆没有认出那个人是切尼。）因为萨姆和埃尔伍德没有分享观念，我们并不能轻易把他报告的第一部分理解为是关于这些观念的。如果假设埃尔伍德说的是根据他们关于切尼的不同但类似感知观念他们二人都相信切尼在挖螃蟹，则更为自然，但萨姆的感知观念并没有与他的"迪克·切尼"相关观念相联。

线索的概念沿另一维度增加灵活性。来看下例。在公共汽车上我坐在迪克·切尼旁边，但没有认出他。我认为这个人看上去很像迪克·切尼，但我没有想到迪克·切尼会乘坐公共汽车。以下是发生在我、切尼和其他乘客之间的对话。

我：You look a lot like Dick Cheney.

（你长得很像迪克·切尼。）

切尼： Yes, I do look a lot like Dick Cheney.

（是，我确实长得很像迪克·切尼。）

我： So we both believe that you look a lot like Dick Cheney.

（所以我们两人都相信你长得很像迪克·切尼。）

切尼：（Loudly）Everyone on the bus believes that I look exactly like Dick Cheney.

（大声）（车上每个人都相信我长与迪克·切尼一模一样。）

听到我们谈话的一个女士： I don't think you look at all like Dick Cheney.

（我认为你一点也不像迪克·切尼。）

切尼： Yes you do.

（不对，你认为我长得像迪克·切尼。）

来看我们第一个信念报告：

（62）We both believe that you look a lot like Dick Cheney.

（我们两人都相信你长得很像迪克·切尼。）

我的报告意图表达我根据一个关于迪克·切尼的感知观念所持有的信念和他根据他的自我观念所持有的一个信念。我头脑中的线索以我形成一个感知缓冲开始，然后，通过我使用 you 和他对我正与他谈论他自己这个事实的识别，与他的自我观念相联系，然后激发他使用 I。我们的相关观念不相同但都依赖该线索，所以，相对于该线索，我们两人都相信同一命题，即切尼长得很像切尼。当然，我还有另一个关于切尼的观念，即我的共有观念，并且，相对于这个观念，我相信同一命题，因为我相信每个人长得都很像他们自己。但这不是我这里谈论的信念。

根据我的理解，切尼的下一句话

（63）Everyone on the bus believes that I look exactly like Dick Cheney.

（车上每个人都相信我长得与迪克·切尼一模一样。）

意图让人误解。他认为我和其他乘客会把这句话看作是关于其他乘客的感知观念，大致是说，和我一样，他们相信，相对于这些观念，他长得跟迪克·切尼一模一样。但是他真正意图要做的是让所有的乘客借助他们关于他的共有观念都相信切尼长得像切尼。那位女士就上钩了，根据她的感知观念，她断言她持有的信念对于他这个概括是一个例外。

对我来说，为了解释这一切，除了观念和观念类型之外，我们似乎还需要线索。我认为我们可以用线索类型来处理对观念类型的需要。我和其他乘客理解

（63）的方式是把它看作是关于根据看到切尼我们所持有的信念的，即根据始自对车上同一个乘客的感知并引发感知缓冲的类似线索。但是，他意图让我们理解（63）的方式是把它作为关于导致共有观念的这类网络——涉及阅读关于切尼的书籍文章、收看他的电视节目等并且在讨论副总统的情境中支配对“切尼”这个名字使用的网络——的一个概括。

10.7 马赫与准指示

来看我们报告本书第一个例子的几种可能方式。在该例中，马赫看到镜子中的自己，一开始并没有认出来，但后来还是认出来了。我们想象他会说：

（1）That man is a shabby pedagogue.

（那个人是一个邋遢学究。）

（2）I am a shabby pedagogue.

（我是一个邋遢学究。）

因为当时站在他旁边，我可能会将他所说的话报告给你。首先，我指着镜子中那个人对你说：

（64）Mach said that man is a shabby pedagogue.

（马赫说那个人是一个邋遢学究。）

在马赫认出自己并说出（2）后我说：

（65）Mach said that he* is a shabby pedagogue.

（马赫说他*是一个邋遢学究。）

he 上面的星号表明我是*以准指示的方式*来使用这个词的。“准指示”这个用语来自卡斯塔尼达（Gastañeda，1966），用星号表示。为了解释态度他引入这个概念：一个以准指示方式被使用的代词有两个功能：其一，它告诉我们一个语篇单位或信念是关于谁或者什么的；其二，它告诉我们报告人对那个人或者事物的看法。我把这个观点扩展至间接语篇，将第二个功能改为告诉我们说话人如何指定事物。在（65）中该代词前指 Mach，所以它告诉我们他就是被说成邋遢学究的那个人，另外还告诉我们说话人使用 I 来指定他自己。

卡斯塔尼达不会像我这样描述准指示。他认为 he 和 he* 是两个不同的词，虽然语音相同。因此他认为，简单地说，关于所涉及的这类观点的信息是一个语义问题。准指示词 he 用来前指，表明第一人称呈现模式，而与之同音的另一个词只有第一个功能。

另一种方法是把它看作语用问题。当听到（65）这样的一个报告，我们可以自然地认为它是说马赫把自己看成自己；毕竟，一开始他没有认出自己这个事实使人觉得滑稽可笑。在语用上，准指示解读是理解它的自然方法。我们不需要一个发音相同的代词 he* 来告诉我们可以这样理解；这是（65）的说话人通常期待他的听话人理解这句话的方式，除非有特殊情境成分取消这个看法。

即使如此，我仍可以用（64）来报告马赫的话语（1）。只要我也没有认出镜子中的那个人是马赫，就不会误导人。如果我认出镜子中的那个人是马赫自己，我实际上应该接着说“I don’t mean to imply that Mach realizes who he is seeing”（我不是意图要隐含马赫意识到他看到的是谁）或者“I don’t mean to imply that Mach said that he himself was a shabby pedagogue”（我不是意图要隐含马赫说他自己是一个邋遢学究）。

10.8　皮埃尔与引用消去原则

关于信念报告的一个有名疑惑来自索尔 • 克里普克（Kripke，1979）。年轻时，皮埃尔通过伦敦的法语名称对该城市有所了解，正如他那时所说，他相信 Londres est jolie（伦敦很漂亮）。后来，他移居伦敦，但保持以前的信念，而且并没有意识到他现在居住的地方就是他年轻时有所了解的那座城市。正如皮埃尔所说，他开始相信 London is ugly（伦敦很丑陋）。克里普克用两个原则——引用消去原则和翻译原则——生成这个疑惑。翻译原则简单地说就是：如果 S 为真且 S' 是 S 在另一种语言中的正确翻译，那么 S' 也为真。引用消去原则是说：如果 A 在没有说错话的情况下真诚地说出 S，那么我们可以推出 A 相信 S。根据这两个原则，我们可以从皮埃尔的真诚话语 Londres est jolie（伦敦很漂亮）中，推出 Pierre believes that London is pretty（皮埃尔相信伦敦很漂亮）这个结论。根据相同原则，我们可以从皮埃尔的真诚话语 London is ugly（伦敦很丑陋）中，推出 Pierre believes that London is ugly（皮埃尔相信伦敦很丑陋）这个结论。但皮埃尔似乎不会相信一个矛盾。

克里普克指出，他认为应用引用消去这个原则时并不涉及索引词、指示词和名称歧义性（使用相同名称表示不同事物）。我们把 London 这个名字除了指英国的著名城市伦敦还可以指安大略省的一座城市这个事实暂放一边。

虽然如此，我认为处理名称歧义性时考虑引用消去原则的表述方式将会帮助我们找到解决克里普克疑惑的一个方法。

为了使我们从直接语篇处理转向间接语篇处理，先来看一个更为简单的引用消去原则。

> 引用消去原则*：
>
> 如果 *A* 说“*S*,”，那么 *A* 说了 *S*。

对于这个简单原则，名称歧义性提出一个问题。假设我指称得克萨斯州的帕里斯（与“巴黎”拼写发音相同）和里诺时说：“Paris is larger than Reno.”（帕里斯比里诺大。）你听到我说这句话，在你和其他人谈论法国巴黎和内华达州的里诺市的对话中，你这样报告：“JP said that Paris is larger than Reno.”（约翰·佩里说过巴黎比里诺大。）你的话并非为真，因为，根据你所使用的网络，在我的话语中并没有法国巴黎比内华达州里诺市大的内容。对这个原则更好的表述如下：

> 引用消去原则**：
>
> 如果 *A* 的话语 *u* 是“$S(\alpha_1,\cdots,\alpha_n)$”，那么关于网络 $N_1,\cdots,N_n$ 的一个报告 *u′*“*A* says that $S(\alpha_1,\cdots,\alpha_n)$”为真，如果 $SS(u'_C, u, N_1,\cdots,N_n)$。

我们需要以类似方法处理克里普克的引用消去原则。

> 引用消去原则′：
>
> 如果 *A* 的话语 *u* 是“$S(a_1,\cdots,a_n)$”，那么关于网络 $N_1,\cdots,N_n$ 的一个报告 *u′*“*A believes* that $S(a_1,\cdots,a_n)$”为真，如果 $SS(u'_C, u, N_1,\cdots,N_n)$。

在担心使皮埃尔自相矛盾的语境中，我们显然利用了态度的认知方面；我们想要理解的不仅仅是如果皮埃尔信念为真世界会是什么样子还有皮埃尔的信念表达什么。假设我们这些思考皮埃尔问题的哲学家都知道他有两个关于伦敦的不相联观念，那么他的话语的相关报告则是关于贯穿他两个不同观念的线索的。Pierre believes that London is ugly（皮埃尔相信伦敦非常丑陋）和 Pierre croit que Londres est laid（皮埃尔相信伦敦非常漂亮）都为真，如果我们谈论的线索是涉及他移居伦敦后所获取观念的线索；这两个信念都为假，如果我们谈论的线索是回溯至他在法国的童年时期的线索。

对于翻译原则，我们指出，处理一个人关于一个对象的话语和信念的报告的翻译时，我们需要特别小心，如果此人有这个对象的不相联观念。一个好的翻译应该不仅要正确翻译话语的内容，而且要尽可能保持其可能语用效果。在皮埃尔例中，如果我们使用含有认知方面的报告，那么根据这个标准把 Pierre croit que Londres est laid 翻译成“皮埃尔相信伦敦非常漂亮”就是不正确的翻译。原文中 Londres 这个词表明这是皮埃尔根据他的 Londres 观念所持有的一个信念，但是这一点在翻译中丢失了。当讨论克里普克这个例子时，人们自然接受的解决方法是将它翻译成“皮埃尔相信 Londres 非常漂亮”，这个翻译保留了该报告与哪个线索相关这一点；这个解决方法有点特殊，但其原因是它适合用来处理这样不寻常的例子。

10.9　再论奥斯丁双管例

在本章结束前，我将履行第 5 章所做的承诺，即回头讨论奥斯丁双管例中的信念报告。先来回顾该例基本情况：史密斯借助两根管子来观察，每个眼睛使用一根管子，实际上他不知道两根管子瞄向同一对象——一个圆形红点，我们称之为 **Dot**。当他谈论他通过左眼看到的这个对象他用 this 来指称，当他讨论他通过右眼看到的这个对象他用 that 来指称。奥斯丁用此例反驳指称主义，如下：

（A）一个人相信以一个偶然事物而非他自己作为一个构成成分的一个单称命题是可能的。

（B）如果（A）为真，那么史密斯相信他用 this=this 所表达的单称命题和用 that=that 所表达的单称命题。

（32）By “this = this” Smith expresses the proposition that **Dot** = **Dot**.
　　史密斯用 this=this 表达命题 **Dot=Dot**。

（33）By “that = that” Smith expresses the proposition that **Dot** = **Dot**.
　　史密斯用 that=that 表达命题 **Dot=Dot**。

（34）By “this = that” Smith expresses the proposition that **Dot** = **Dot**.
　　史密斯用 this=that 表达命题 **Dot=Dot**。

（C）如果史密斯相信他用 this=this 所表达的单称命题和用 that=that 所表达的单称命题，那么他相信他用 this=that 所表达的单称命题。

（D）但并非史密斯相信他用 this=that 所表达的单称命题。

奥斯丁认为指称主义一方面承认从（C）推出的所有命题；另一方面却认为，根据应用于以下情境的常识，（D）是显然的。

> 毕竟，史密斯想知道是否 this=that。所以，似乎（D）一定为真，如果考虑史密斯的无知。对于（单称）命题的支持者来说，问题是根据这个观点，（A）、（B）、（C）和（D）都为真。但它们又是不一致的，所以不可能同时为真（Austin，1990：23）。

在第 5 章中，借助史密斯关于同一对象的两个不同观念，我解释了自返指称理论如何可以区分含有 **Dot=Dot** 这个内容的三个不同认知——两个信念和一个假设。据此，我们可以在相联内容层面或自返内容层面为（32）～（34）中所引用的话语指派不同真值条件。但这并没有处理（C）和（D）的问题，即基于史密斯自己的陈述对他相信什么和不信什么的报告。

因为史密斯有两个关于 **Dot** 的不同观念，他也有两个以 **Dot** 作为源点的不同线索，如同伊万有两个关于圣塞瓦斯蒂安的线索那样。在第 5 章中，我们把他的两个观念分别称为 **l** 和 **r**，一个与他左眼的感知相联，另一个与他右眼的感知相联。现在我们可以使用这两个标签表示由这些观念所识别的两个线索。根据史密斯在（32）～（35）中的陈述，他自己关于他相信什么和不信什么所说话语可以证明（C）和（D）中报告是合理的。这些自我报告如下：

（66）I believe that this = this;

　　我相信 this=that。

（67）I believe that that = that;

　　我相信 that=that。

（68）I do not believe that this = that.

　　我不相信 this=that。

陈述（66）和（67）为真，无论我们认为该语境是解释性的还是信息性的。但是这对于（68）是有区别的。如果语境是解释性的，我们需要注意不同的线索。史密斯没有一个信念其真在自返层面要求线索 **l** 和线索 **r** 涉及同一事物，他只有它们可能如此相联的假设。所以相对于这些线索，（68）为真。但相对于整个网络，（68）为假。

一个人可能会搞错他的信念，这似乎很奇怪，但实际上这是一个相对常见的现象。任何错误识别或者识别失败的情况都有可能造成这样的错误。假设，在一次聚会上认出蒯因之前，我在写作中一直将他称为一个 committed extensionalist（坚定的外延主义者）。他对我说："So you believe I am a committed extensionalist."（所以你相信我是一个坚定的外延主义者。）我可能回答："I do not, sir!"（我没有，先生。）相对于控制我使用 you 的线索，这可能是一个真自我报告。但它相对于整个网络则为假，在这个语境中整个网络似乎更为相关。随着会话的继续，我可能这样对付他说："I didn't believe you were a committed extensionalist, because I didn't believe you were Quine。"（我相信你不是一个坚定的外延主义者，因为我相信你不是蒯因。）或者，我可能不得不说："I was wrong. I did believe you are a rabid extensionalist, I just didn't know that I did."（我错了。我的确相信你是一个固执的外延主义者。我只是刚才不知道自己相信。）虽然我们似乎可以知道我们心中所想，如果我们仔细考虑的话，但当我们根据其真值对外在世界的要求来对正发生的事情进行分类时，我们可能把事情搞错。

10.10　结　　论

本章中，为了解释我对自返指称理论与马克·克里明斯和我在《王子和电话亭》一文中所提出的理论相融合的看法，我采取一条有点狭窄的路径来讨论态度报告这个重大主题。我投入此项研究的有限时间和精力，更重要的是，我的能力和我对这个话题浩瀚文献中最近发展的有限掌握，使我只能浅尝辄止。

小　　结

本章中我提出了对间接语篇和态度报告的一个解释。这个解释使用网络内容的概念对信念报告的克里明斯－佩里解释进行改进和归纳。

在克里明斯－佩里解释中，观念被视为这种报告的未言明构成成分。弗雷德在海滩看到他的邻居奥特卡特。他穿着短小的速比涛（Speedo）牌泳衣，所以他没有认出他。他看见奥特卡特将一个写有"CIA 机密"的公文包交给一个苏联人。如果我说"Fred believes Ortcutt is a spy"（弗雷德相信奥特卡特是一个间谍），我可能表示他根据他的感知缓冲持有这个信念；如果如此，我的报告为真。但我也可能表示他根据他关于奥特卡特的分离观念持有这个信念；如果如此，我的报告为假。

根据本章所给出的这个解释，子网络而非观念被视为这种报告的未言明构成成分，这个观点被扩展至间接语篇。**线索**是一类子网络，在弗雷德和奥特卡特的例子中，弗雷德关于奥特卡特的两个观念确定两个线索，每一个都是整个奥特卡特网络的一个子网络，假定随着事情进展，弗雷德的一个谈话人会做出识别。所以克里明斯－佩里解释中的观念被这些观念所确定的线索所替代。

有了这些观点，我提出**说话相同**的概念，即一个间接语篇报告的内容语句和一个之前话语之间的关系。说话相同关系是相对于一个子网络的，要求网络内容相对于这个子网络是相同的。然后这个解释又扩展为**说话相同***，即信念和其他认知是关于它们的报告的态度报告的内容语句之间的关系。在提出这个解释并为之辩护的过程中，我将之应用于表面令人迷惑的认知和语篇报告的一些经典和非经典情况。

第11章　外 在 主 义

11.1 导　言

将语言哲学家引向指称主义的例子和见解将心理哲学家引向*外在主义*。其主要论点为：我们用来描述心理的内容性质实际上并不是心理*状态*，而是我们借助我们内在状态和我们与其他事物之间的关系所持有的复杂*环境*性质。这里的想法是：我们对之有态度的命题，即我们态度的内容，被我们以不同方式与之相联系的外在对象和性质——我们看到的事物，我们记住的事物，我们语言经常很大程度上借助其他人的语言活动所代表的事物——进行个体化处理。这些联系可能在实际世界中对于不同个体是不同的，无论它们的内在状态如何相似。在有限情况中，根据它们不同的环境，我们可能会有含有不同态度性质的“内在双胞胎”。这样的环境，对于同一个体，在实际情境和反事实情境之间可能是不同的。我的感知信念是关于吉克还是关于长相非常相似的杰克取决于我正在看谁，对你也是如此。当我都正在看吉克而你正在看杰克时，我们的内在状态可以在所有相关方面类似。虽然我们内在状态类似，但我正在看吉克并形成关于他的信念，而你正在看杰克并形成关于他的信念。并且虽然我实际上正在看吉克并形成关于他的信念，实际上我的内在状态可能与我看着杰克并形成关于他的信念时的内在状态完全相同，如果站在我面前的是杰克而非吉克。

许多相同的考虑可以应用于表示种类与性质的项和关于种类与性质的观点。涉及它们的情况在阐释外在主义时非常重要。在泰勒·伯奇（Burge，1979）的著名例子中，我用 I have arthritis（我有关节炎）所表达的信念是关于关节的一种炎症疾病，而不是一种包括肌肉在内的更宽泛的炎症，即使这是我对关节炎的看法。这是因为外在因素：由其他人特别是医生使用这个术语的方式所固定的我的语言社区惯例起作用的方式。在一个有不同惯例的世界中，因为医疗专家们写作和思考不同于他们做事，我的信念可能是关于一个不一样的情况，或许是一个更符合我自己关于关节炎的概念的情况。

另一个著名的例子来自普特南（Putnam，1975）。当我想到水，我想的是 H_2O 这种液体，即便我不知道水是否是 H_2O。普特南想象有一个非常遥远的世界，在那个世界中与地球上人类对应的生命体内心会有与我们关于水的想法类似的想法，但他们这些想法是关于一种不同于水的化学物质 XYZ 的（已知我们人体主要是由 H_2O 构成的，大多数情况下水并非纯 H_2O，与那些涉及不太重要液体的例子相比，这个例子有些复杂和棘手，但原则是清晰的）。即使我会像古人那样相信水是一种基本的不可分解的元素，我的想法还是关于复合物 H_2O 的。我们的信念和其他态度所涉及的对象和性质取决于我们所处的环境，无论这些环境是否在我们态度中得到准确反映。正如普特南所言："意义不在心中。"

对于态度可以解释行为这个观点，外在主义似乎是个问题。我们行为、我们身体及各部分的活动的直接原因一定存在于我们内部。因果解释需要原因类型和结果类型之间的合法关系。但如果我们的信念和愿望不仅依赖我们内在想法而且依赖我们与外在对象之间的联系，这又怎么可能？

在本书最后一章中，我把语言哲学搁置起来，而将注意力集中于心理哲学。我认为，我所提出的各种自返内容的工具使得我们能够提出批判指称主义的一个伴生理论，我称之为"批判外在主义"。批判指称主义接受指称主义的观点，但提出对 C- 指称和 N- 指称问题的处理。批判外在主义接受内容和内容性质在环境中（即外在）被个体化处理这个观点，但提出我所说的"足够狭窄内容"，即与内在状态一致，并可以为了解释目的合理地用来对内在状态进行类分的内容性质。

11.2　动机的两个方面

在 10.3 节，我讨论了"两面态度"。我们可以把一个人的态度性质看作证据来说明世界是什么样子（如果这个人是可靠的）或者不是什么样子（如果这个人是肯定不可靠的）。或者，我们可以把它们看作对这个人思想和行为的解释。在第一种情况中，我们感兴趣的是世界一定是什么样子，如果一个人的信念为真、愿望得到满足或者意图得以执行。在第二种情况中，我们感兴趣的是人们的内心所想，借助心中所想人们有这些态度性质。这两个用途，以我在第 10 章中所解释的方式，影响我们期待态度报告的内容语句表明主体心中观念的性质的程度。

现在我想继续推进对我们心理的解释，它是对态度和态度报告的解释的基础。虽然恐怕书中所用的对心理的简单粗略的解释依然简单粗略，但我希望它无论如何发展都有合理性。

最重要的观点是我所说的“动机的两个方面”。我认为意图、计划和行动通常由*动机*解释，动机是信念（或者类似信念的状态）和愿望（或者其他“命题态度”）的结构。我继续搁置感情，虽然它们是整个描述的重要部分，但我现在不想使事情复杂冗长，我只讨论我能够控制的事情。

因果角色

动机的两个方面是*因果角色*和*内容*。我区分态度性质和认知状态。认知状态是大脑或中心神经系统的状态。它们具有个体独特性，即一个人是否处于这样一个状态中是由她本人的心理或者更为普遍的说法是由她本人的中心神经系统所决定的。像消化、呼吸所涉及的状态一样，它们具有个体独特性。与呼吸状态一样，它们有外在原因和结果，它们的功能只能在它们进化的环境中才能被理解。但与任何物理系统的状态——比如汽车发动机或者计算机——一样，存在该系统根据其构成成分所具有的一组性质。这些成分的状态和它们之间的关系可以以常规方式展现，我们可以孤立地研究它们或者根据对它们外在原因和结果加以抽象来研究它们。现在大多数哲学家认为，认知状态和心理状态通常是中心神经系统的状态，虽然很多人相信感觉和通常那些有主观特征的状态、那些有非物理性质的状态。正如我在《知识、可能性与意识》（Perry，2001b）中所解释的，我认为用来支持这个性质二元论的论据并不能让人信服。我认为性质二元论者可以接受我这里的观点，只要他们不是副现象论者。

我应该指出“状态”这个词有歧义，但这个歧义通常是有用的，不会造成问题，而且我还要利用这个歧义。有时，一个状态是一个具体系统中的一个细项、事件或结构，它在某时间点生成并持续某大概确定的时间段。有时，一个状态是这样细项的性质，是该系统操作的理论中所使用的那类性质。如果我们把这样的性质称为*类型*，我们可以假定有来自语言哲学的类型 / 个例区分。在该区分的语境中，类型是个例的性质，这些性质与我们可以几乎自由生成各种可感知类型的可感知个例的能力相关，使得我们的谈话对象可以识别出它们属于这些类型。这与交际和语言的整个结构密切相关。但我们的认知行为并非为了能被谈话对象所识别而可听可视。它们与其他认知状态系统相互影响，从而可以储存信息、推理、推测、想象、计划和控制行动。一开始认知类型显然与语言类型类似，也许最后关于认知类型的似乎最合理的看法使它们与语言类型更类似，但我不太相信这一点，所以没有假定这一点。“类型 / 个例”这对术语可以循环替代“具体 / 普遍”或者“细项 / 性质”的区分，虽然我并不如此认为。

我们的认知状态似乎不可能成为基本细项。也许不存在基本细项。即便如此，我们的认知状态似乎不可能成为脑科学所关注的最基本细项；它们肯定不如神经元和其他细胞更基本。我认为它们是模式，即借助更基本细项的结构和这些结构之间关系而存在的细项。池塘中的涟漪是模式；当涟漪从一个振动源向外扩散到岸边，它涉及水分子的不同结构，它们将振动一层一层向外传递。我们的信息技术以模式为基础，沿电线或者通过空气或者沿神经传播的信号是模式。硬盘中的文件是模式；操作系统可以将一个文件从硬盘的一个部分移动到另一部分，使得硬盘第一部分所例示的结构可以被另一部分所例示，涉及不同分子。在其存在不依赖任何更基本东西这个经典意义上，大多数我们认为是*事物*的东西并非物质，而是模式。构成认知的观点和观念也是模式，我认为它们像涟漪，但更类似文件。

当思考汽车、计算机和其他复杂系统并与它们互动时，我们大多数人很大程度上依赖对它们内在状态的间接描述。借助它们的性质——通常包括它们由什么造成，经常还有我们如何可以控制它们、它们造成什么、我们可以如何使用它们，这些描述确定它们的状态。我们对它们在典型正常环境中的原因和结果感兴趣并可以触及它们。实际上我并不太懂汽车变速器，但我可以根据它们的性质将我的汽车变速器区分为五种状态：低速、驾驶、中速、倒车和停车。我的这个汽车变速器“理论”可以表述为类似拉姆齐语句那样的东西，对这些状态进行量化（并允许析取状态）并将状态与它们的原因和结果联系起来：有五种状态；第一种称为“停车”，人们可以通过将操作杆移到 P 处使变速器处于这种状态；在这种状态下变速器锁定方向盘，无论引擎是否启动；第二种状态称为“倒车”；当人们将变速器置于这种状态，汽车向后运动，如果启动是打开的；等等。我对这些状态的间接理解使我可以控制我的变速器以实现不同目的。我关于这些状态的概念的间接性并没有阻止我给出有用的解释：当我们推车时车没有动因为它处于停车状态；你在减速因为你的车正在爬一个陡坡。虽然我认为这些不是*科学*解释或者不是让工程师印象深刻的解释，但这样的解释很有用，它们是因果解释。①

① 参见 Hall（1993）。

它们有一些经验性内容，它们可能为假。汽车没有移动也许是因为后轮受到阻挡，或者也许是因为我忘了使其保持足够润滑，整个变速器已经磨损严重无法使用了。但如果这样的解释是正确的，当你驱车上山时，是变速器所处状态结合该情境的其他方面造成汽车减速。正是汽车传动系在停车时被锁定，再加上我们想当然的汽车的重量和其他因素，解释了为什么我们如何用力都不能推动汽车。

那些设计和制造变速器的人和变速器维修人员根据其零件的属性、它们之间的连接及它们的运行真正理解变速器原理。通过这个理解层面，他们可以解释为什么和什么时候开动变速器。我的理论，虽然是初步和间接的，但一样好用。

对于这后者的努力，我的变速器理论所涉及的外在分类应该与设计师更为直接、详细、精细的理论相一致。我所识别状态——停车、倒车、中速、驾驶和低速——的定义性质应该*增补性影响*变速器的内在状态。例如，应该存在内在状态的有限数量结合，使得如果变速器以适当方法安装在一个功能性汽车上，且它处于其中一个状态，那么它将处于满足我的驾驶定义的一种状态中。假设以一种新的方法安装这个变速器，它与变速操作杆、传动轴和轮胎的连接不同于当初设计和现在车中状况，那么根据我的理论对于驾驶状态起作用的内在状态可能起不同作用（我们是否应该说它在驾驶中或不在驾驶中——但缺少驾驶在这些反事实环境中的定义性质——是一个语言哲学问题，所以这里我忽略这个问题）。但如果这个变速器以标准方式安装在一辆合适车辆上，关于其内在状态的*其他*事实将决定它有我理论中所使用的哪一个状态性质。如果事情不是这样，那么我的分类系统使我控制并预测我的变速器和汽车将做什么将会是个奇迹。

工程师和设计师所使用的理论是根据自然法则从金属和润滑剂表现方式的基本原则中衍生出的。如果详细解释，这个理论会对变速器的内在状态和可能的合适初始输入状态进行量化，通常情况下是因为发动机机轴的转动、输出状态、转动正常传送给传动轴、差动器和轮胎（假定根据我开A型福特汽车的经验我对汽车的解释基本正确）。

我们认为我们关于人类——包括我们自己和其他人——的理论是一个“本源理论”（刘易斯的说法），我们的这种看法来自戴维·刘易斯（Lewis，1966，1972）和戴维·阿姆斯特朗（Armstrong，1968），这是我们大多数人用来处理汽车变速器或者计算机的理论的一种复杂说法。这个理论在人类历史过程中得以发展。我们都有关于我们自己和其他人内在状态的一种理论，它将基本内在状态类型与它们的典型原因和结果联系起来。简练或粗略地说，感觉状态对外在世界对我们感觉器官的影响较为敏感，并影响感知状态。感知状态受感觉状态和信念影响，一定程度上也受愿望和兴趣影响。信念和愿望引发各种形式的心理活动——推理、想象、思考，而这些心理活动又引发其他信念和愿望。信念和愿望引发意志活动（关于现在要去做什么的决定）、意图活动（关于在某合适时间或在某条件下要做什么的决定）和计划（意志活动和意图活动的结构）。意志活动、意图活动和计划引发身体活动。

刘易斯和阿姆斯特朗认为我们*所有*心理状态概念都大致形如“这类事情的典型性原因和那类事情的典型性结果”（阿姆斯特朗更重视结果）。这个方法似乎使我们关于我们自己心理状态的知识变得极为间接；有人会反驳道：“我直接知道疼痛或者想要吸烟或者担心死亡是什么样子。”我认为可以对他们的方法稍加调整从而考虑对内在状态的“是什么样子”方面的某种直接了解和对自我知识与自我控制的一个充分的现象学解释。如果说疼痛是人的一种状态，通常由伤害或者过多的压力造成并引发畏缩和哭喊，这种说法有一定道理。但当一个人感到疼痛时我们说“这就是疼痛的样子”或者拧掐他人时我们说“这就是疼痛的样子”，这种说法也有一定道理。但这些“是什么样子”性质——“可感受的特质”或者“主观特征”或者“直感”或者“现象状态”——超出了当前这个粗略理论所讨论的范围。①

只要这个理论大概正确——足以在描述、控制、预测和解释我们自己心理和其他人心理时起作用，它一定是基于关于神经元、轴突和脑科学的其他对象，以及它们与感觉器官和肌肉之间联系的原则。应该有这样的理论似乎有点令人惊奇。工程师设计、制造变速器的意图是创造出普通人以相对简单的方法概念解释并控制的东西。就我所知，我们的心理是在没有人进行幕后工作的情况下得以进化从而保证我们能够得到对它们的一个概念性处理。虽然脑科学已取得令人印象深刻的进展，但对大脑的细致理解，类似设计师对变速器的理解，仍然要寄希望于未来。脑科学正在发展，这种理解在很多方面依赖我们的本源理论，即使最后表明该理论存在各种不准确的地方。

我们的本源理论是一个重大智力成就。虽然我们无法预测人们将做什么是一个自明之理，但这个自明之理并不完全正确。我们的生活完全依赖我们对其他人的预测和我们自己的计划，这样的预测和计划都用我们心理的本源理论的语言来表述，依赖该理论的原则，无论它们可能在多大程度上缺少科学准确度（实际

① 我在 Perry（2001b）中对它们有所讨论。

上，某些科学，如心理学和经济学，很大程度上都是以本源理论的概念为基础，出于数学和实验的可处理性，有时对这些概念提炼改进，有时对它们粗略处理）。当我冒险在一辆汽车前穿过一个交叉路口，或者参加一个讲座，或者劝说某人相信什么事情，或者根据我在不同情境中想要得到什么、将做什么、能够做什么来计划我的时间，我依赖我对于这些方面的知识：人们（包括我自己）如何做事情，我们可能需要和相信什么，这些需要和信念如何可能影响我们在不同环境中所做的事情。也就是说，我依赖常识心理学的概念和原则。如果认为这个理论可以使我们有能力控制、解释和预测如人的大脑那样复杂的东西的运行时，它就的确太好了。

内容性质

我们的本源理论包括性质或内容性质的完整范畴，当我们使用这个理论时，大多数工作是由内容性质范畴完成的。这些是我们描述我们自己和其他人的认知状态的主要方法。也许，乍一看，内容性质似乎并不是与典型原因和结果紧密相连。对于信念尤其如此。卡森市在洛杉矶西边这个信念的典型原因是什么，或者，这个信念的典型结果是什么？一个人可以以无穷多的方法来持有这个信念，并且想象一个典型结果并不容易，因为对于大多数人来说这个信念可能根本就没有可辨认的结果。这种情况对于更加接近认知的输入和输出的状态似乎更为清晰。感知通常是由与它们相符合的外在情境引起的。至少一些愿望通常引发可能满足它们的某行为。

我们所使用的基本描述机制不是直接通过原因和结果，而是通过我所说的“成功条件”。当我想要描述你的具体感知活动和信念，我说为了使它们真实或为真世界必须满足什么条件。当我想要描述你的愿望时，我说为了使它们得到满足世界必须满足什么条件。当我想要描述你的意志活动、意图活动和计划时，我说为了实现它们你需要做什么。我们的本源理论为每一种内在认知状态指派一种成功条件，为这种认知状态的每个具体认知状态指派一组成功条件，即其内容。内容表明为了使这个具体状态满足其成功条件——使感知真实，使信念为真，使愿望得以实现，使意志、意图和计划得以执行——还需要满足什么条件。

然而，如果状态的因果性质和它们的内容性质不*吻合*，无论如何这整个理论没有什么意义。为了解释这一点，我会举例说明如果它们不吻合生活会是什么样子。假设我们的心理除了一点例外其他一切正常。当一个人看到他面前有一个啤酒杯并因此相信在他面前有一杯啤酒，并想要喝他面前的这杯啤酒，那么如我们所期待，他决定拿起面前的啤酒杯喝下里面的啤酒。然而，如果这个决定的结果是完成导致他脱光衣服、跳到最近桌子上并高唱《哦！加拿大》（*O Canada*）的相关身体活动，这就违反了吻合条件。根据其内容，这个决定的这个因果角色是没有意义的，因为如果这个信念为真，这个行为不会有助于促成这个愿望的实现。整个想法似乎非常荒谬，因为这违反了吻合条件。

来看一个具体的愿望、信念和行为。如果这个行为是来满足这个愿望的，那么必须得到一些条件；把它们称为“这个行为相对于这个愿望的成功条件”。它们不同于引发这个行为的意图或意志的实现条件。如果以某种方式活动我的胳膊和手是来满足我喝下杯中啤酒的愿望，那么那个杯子一定是位于这些活动可以影响到的地方：它一定在我前面一定方向和距离内。如果通过在传真机上拨了一个号码并点击“发送”，我满足我要把这个传真发送给系秘书的愿望，那么我拨的这个传真号码一定是系秘书的传真机的号码。与这个愿望一起引发这个行为的信念的作用是保证相对于这个愿望引发这个行为的成功条件。或者，更谨慎的说法是，这个动机的这个信念成分的真值（除了我们通常情况下会引用的信念外，还可能包括短暂感知行为、专门知识技能和其他这样的信念状态及背景情况中各种信念）应该保证满足这个行为的满足条件相对于该动机的命题态度成分得到满足，或者使之有可能（或者，至少要比它们为假更有可能）。

如果我们认知状态的本源理论是有用的，那么一定存在一些归纳，它们不是会必然被视为科学或者甚至认知科学的归纳，而是我们可以在其他条件相同的情况下在范式情况中放心使用的大致经验规则，这些规则使我们在知道动机时能够预测行为，在我们观察行为时能够推断动机，这些都以大脑工作的方式为基础。显然存在这样的归纳。假设我知道你想喝杯啤酒，并且你相信面前的杯子里有啤酒。我认为你相信啤酒没有毒或者不属于其他人。我认为你对啤酒不会过敏。我肯定你知道如何拿到你面前的这个杯子。根据这些，我可以放心推测如果这些态度激发了你，你会伸手拿到杯子并喝下杯中啤酒。我还可以相当自信地推测如果受到这些态度所激发，你不会脱光衣服站在附近一张桌子上高唱《哦！加拿大》。

当然，在一个特殊情境中你那样做也许是一件合理的事情。也许啤酒处于某人控制下，他想让你裸体唱《哦！加拿大》，如果你这样做他会让你喝啤酒，并且你自己的偏好结构使得你认为这样喝到啤酒代价较小。但是这种情况下关于那个人的信念将一定是促使你那样做的复杂心理的一部分。无论这个方法还是那个方法，我们期待吻合原则总是得到满足。

一种解释可以使用环境态度性质并且仍满足至此所陈述的吻合条件。假设我面前的桌子上有一个酒杯，我们称之为埃塞尔。通过眼看，我相信埃塞尔盛有啤酒。如果桌子上的是另一个类似的酒杯，我们称之为弗雷德，我内心所想与前一种情况相同，但相信弗雷德盛有啤酒。但实际上我的信念是关于埃塞尔的。我想喝点啤酒。于是我拿起埃塞尔喝酒。这个解释满足吻合原则，但有不少想象的成分。对于其他人，比如一个有着相同信念和愿望、站在房间另一边的家伙，我拿起埃塞尔的方式——伸手拿起它——不会起作用。

我们说一个信念和一个愿望*建议*一种行为方式——身体活动的一个具体序列，如果已知这个信念为真且这种行为方式是满足这个愿望的一种方式。埃塞尔盛有啤酒这个信念和想喝点啤酒这个愿望并没有建议任何具体行为方式。如果我们加强这个信念，包括埃塞尔在面前桌子上这一点，那么这个信念就有希望建议一种行为方式。它所建议的行为方式是伸手拿到埃塞尔。但这对于一个虽看到埃塞尔且想喝啤酒却站在房间另一边的人不会起作用。这个人加强的信念和愿望所建议的行为方式会是走过房间，弯腰拿起杯子。对于一个在电视上看到埃塞尔且相信它盛有啤酒又想喝啤酒的人，他的信念和愿望不会建议任何行为方式；如果他距离埃塞尔和我有几英里（责任编辑注：1 英里 =1609.344 米）远，不存在合理的方式使他来拿起埃塞尔，虽然它仍然盛有啤酒。

实施和实现

在处理信念和愿望及它们不同方面如想法和观念等时，能够直接观察到的东西太少。但我们可以非常接近观察这些认知状态的一些直接结果：行为。通过活动身体及身体不同部分，我们对外在世界施加影响。我们可以看到其他人如何行动，我们通过本体感受（proprioception）和通过视觉意识到我们自己的行为。

我们可以把我们的行为大致分为行为方式或者*活动的实施*和*实现*。[①] 实施是基本行为，是我们通常情况下可以通过不同方式活动我们的身体和四肢“任意”做出的行为。实现是我们通过在具体环境中实施不同活动产生的结果。如果事情顺利，通过以正常方式活动我的胳膊、手和嘴唇，我会有喝到啤酒这个结果。如果事情不顺利，我可能碰翻酒杯把酒溅洒一桌子——在这个技术意义上，这仍然

① 参见 Perry（1986a）、Israel 等（1993）、Perry 和 Israel（1991）。

是一个完成。

我们通常用实现来描述我们的行为，实现经常被对所涉及活动的部分描述所加强。如果我说“我去了那家商店”，我完全聚焦于这个实现。我所实现的是我去了那家商店。我没有说我是如何去的：我是走着去，还是开车去，或者骑车去，还是其他方式？如果我说“我走着去了那家商店”，我告诉你我实现了什么和我实现的方式。但仍有很多事情没有确定。我是先迈右腿还是先迈左腿？我快走还是慢走？我们大多数人没有对身体活动的足够丰富描述，无法做到对身体活动的任何细节进行解剖学层面上的描述。我们观察活动，但根据活动的动机、造成活动的信念、愿望和意图的内容、所造成行为的结果和意图结果来解释活动。

另外，当做出身体活动时，我们通常使它们依照一定程度的精确度符合我们想要实现的结果。我伸手去够面前的啤酒杯，拿起来，放在唇边。我做的这些动作对于酒杯的准确位置通常会是合适的。如果我的手伸过了一两英尺（责任编辑注：1 英尺 = 0.3048 米）或者伸到杯子右边或左边，我会做出稍微不同的动作。在伸手拿啤酒杯的情况中，当我看着我的手伸向杯子一侧我的活动会做出调整，然后触摸到杯子。但在其他情况中，我似乎能够在没有太多反馈的情况下准确调整动作，如当我脱下帽子时。棒球投手可以相当成功地调整他们投球的方式从而控制球穿过本垒板时的位置，大约 60 英尺远。他们知道如何投球可以使球在不同地方穿过本垒板或者打不上本垒板。他们也许能够为我们展示他们投球的不同方式，虽然他们不能对他们所做事情给出一个精确解剖学描述。优秀的现场解说员和投球教练们能够察觉他人投球的细小变化，并能够解释什么是正确方式、什么是错误方式，即使他们也不能用解剖学方式描述他们注意到的任何细节。

自然，我们用来说明某人所实现结果的词汇系统较为丰富，但用来描述所涉及动作的词汇系统却较为贫乏。通常对我们重要的是动机和结果。当教授某人如何投球或者拿起啤酒杯的正确方式或者诊断他们的做法有什么错误，我们的描述只能做到这样，虽然这些情况中动作精确差别非常重要。熟能生巧；通过尝试、出错、练习，我们学会如何活动我们的身体和双手使得球这样投出而不是那样投出；一个人可以学会如何移动使得可以用不同方式将球投出（或者也许，像我们许多人一样，永远掌握不了），但除了描述希望完成的事情外他不知道如何描述这些不同投球方式之间的差别。即使如此，我们的信念、愿望、意图和意志可以直接产生的所有结果是肌肉的变化和某些身体动作的实施。我的信念和愿望使我伸出胳膊合上手指，如果顺利，拿到埃塞尔。房间对面的家伙的信念和愿望使他走过房间并弯腰伸手拿到埃塞尔。我们都拿到埃塞尔，但以不同方式，实施不同动作。看见电视中埃塞尔的那个家伙不会被诱使去做什么事情，因为没有身体动作可以实现拿到埃塞尔这个结果。这样，似乎我们不止要求单纯的吻合，而且要求与在身体动作层面上所描述的行为相吻合——“强吻合”。我们的信念和愿望应该使得如果信念为真，那么它们所造成的身体动作会有一个满足该愿望的结果。

强吻合

我们实现什么由我们实施的动作和我们实施动作的环境所决定。我们的信念或在更普遍意义上我们动机的信念成分负责处理环境。即，我们期望我们的认知态度的因果性质和内容性质应该至少大致如下对应，如果只聚焦于信念状态、命题态度和活动。如果你处于类型 B 的一个信念状态和类型 D 的一个命题态度状态中，并且这种状态结合使你实施类型 M 的动作，那么*如果*你的信念状态为真，实施动作 M 将造成使命题态度得到满足的条件（或者至少增加造成这些条件的可能性）。这就是*强*吻合原则。

满足强吻合原则（或者它的更高级形式）是对我们本源理论及其应用的一个制约。如果我通过说你受到这样那样的信念和愿望激发来解释你所做的事情，那么你所做的事情应该是一种满足这些愿望的方式如果这些信念为真，或者至少是有可能满足所希望的事情如果这些信念为真。我们内在状态之间的因果联系大概是通过进化过程得到发展，并且对身处地球环境中的人们有生存价值。我们本源理论中的内容系统是根据强吻合原则对这些进化的内在状态进行间接分类的一种方式。所以，我们认知状态的内容性质实际上是根据它们典型的原因和结果对它们进行分类的方式，并且符合刘易斯－阿姆斯特朗理论。

11.3 吻合解释

我们一般的解释通常是增补性解释。它们起作用因为它们隐含使用自返内容，或者至少在解释中清晰给出的那些内容有更少增补的内容。

说我们一般的解释是增补性解释，我意图表达的是我们填补完成解释所缺失的信息，已知很多被视为理所当然。我相信埃塞尔盛有啤酒的信念和我想要喝啤酒的愿望解释我的行为，只有当我看到埃塞尔在我面前的桌子上并且知道如何实施那种环境下得到拿到并端起埃塞尔将酒喝下这个结果的活动。有了所有这一切，这个解释给出了理解什么在发生所必需的最后一个成分——我相信埃塞尔盛有啤酒并且想喝啤酒。

然而，即使当我们处理充分解释时，为了得到可以被视为对大脑状态有增补性影响的大众间心理学原则和满足强吻合原则，我们需要考虑信念和愿望状态的自返和建构性内容。自返内容的这个观点只是我们对行为的解释向认知状态的扩展。我信念的充分指称内容是埃塞尔盛有啤酒。因为当感知埃塞尔中啤酒时我所处状态的性质和这个状态与其他认知状态之间的联系，它有这个内容。正是这类状态在这些环境中生成关于埃塞尔的一个信念，在其他情境中它会生成关于弗雷德——被放在我面前桌子上但不是埃塞尔的另一个酒杯——的一个信念。已知它与我的其他内在状态之间的联系，这类状态为真，如果存在一个酒杯，造成引发作为该信念一个构成成分并且那个杯子中盛有啤酒这个观念的感知。

当我们考虑与我想喝啤酒的愿望一起促使我活动我的胳膊的整个信念状态时，我们得到这些自返真值条件：该状态使得存在一个与之相连的感知，即存在这样一个酒杯，它引发这个感知、位于持有该状态的人面前一定距离和方向内（使得在那个距离和方向的那个酒杯通常会使一个正常人有这类感知）且盛有啤酒。相对于想喝啤酒这个愿望，我的活动的成功条件是在该活动主体面前一定距离和方向内（使得这样的一次活动通常会有拿到那个杯子的结果）放有这样一个酒杯且盛有啤酒。生成关于埃塞尔的信念的环境和使我完成去拿起埃塞尔这个动作的环境之间存在一个细微差别。在正常条件下，已知我四肢的长度，前者环境保证后者。我适应我的胳膊有那么长这个事实和前者环境保证后者这个事实。激发我的整个信念状态涉及我对酒杯的感知、我关于被如此感知的这支酒杯的信念——它盛有啤酒，以及我对关于我自己和世界运行方式普遍事实的不同适应状态。

因此，当我们考虑整个激发状态及其自返和建构性内容时，我们满足强吻合条件。如果我的信念状态有这些自返内容，并且为真，那么这个活动与想喝啤酒这个愿望一起使我去实施，其结果会是我拿到一杯啤酒。这个隐含于大众心理学中的因果原则是可以以大脑实际起作用的方式为基础的原则。

11.4　结　　论

外在主义反映我们用来描述认知状态的词汇和实践用于增补性解释这个事

实。我们把很多关于一个人状态尤其是其信念状态的普遍事实和具体事实视为理所当然，并添加了对于理解其动机所必需的最后一个成分。

本书中我以不同方式使用“增补性”这个词，但我认为对于这个概念存在一个统一解释。哲学家 J. L. 麦凯（Mackie，1988）将原因分析成 INUS 条件，即非必然但却充分条件的非充分但却非冗余部分（Insufficient but Non-redundant parts of Unnecessary but Sufficient Conditions）。其观点是当我们识别一个原因时，我们是相对于一个已给事实背景。火车在拐弯时脱轨。假设火车满载，但以合理速度行驶，是什么可能造成其在拐弯时脱轨呢？某个车厢的一个车轮脱落。这是一个完成性因素，即除了已知因素外，完成足以造成脱轨的条件的因素。它不是一个必要条件；可能另一个车轮也脱落了，也可能是铁轨松动了，或者其他一些原因。它也不是一个充分条件；一个没有满载或者慢速行驶的火车可能就不会脱轨。但*假设*这辆火车满载且快速行驶，一个车轮脱落这个额外情况给了我们一个充分条件，但是如果那个车轮没有脱落且没有其他意外事情发生，这辆火车就不会发生脱轨：一个 INUS 条件。这个 INUS 条件是增补性条件，是额外条件，是除了我们所视为理所当然情况外使这辆火车脱轨的其他条件。

我们普通的因果解释反映了这个原因的概念。我们将许多背景条件信息视为理所当然并添加了理解某事为什么发生所需的关键增补性信息。我们经常对一个不正常、可以或者应该被阻止的 INUS 条件感兴趣。火车满载这个事实同样也是一个 INUS 条件，如果我们把那个车轮会脱落视为确定因素。但只要火车是以一种正常方式负载，我们就不会把它视为原因。

当我们形成实现目标的计划，我们寻找 INUS 条件或者也许更好的 MINUS（missing parts of INUS conditions）条件：实现该目标的潜在充分条件的缺失部分。我们*可以*实现我们的目标，如果我们能够完成活动——在该情境中引发完成这些条件所必需的变化的活动。我们力争增补或增加该已知情境来提供得到我们所希望结果所需要的其他条件。

所以我断言我们需要根据我们处理事物的增补性方法来理解指称主义和外在主义的观点和局限。皮埃尔相信伦敦非常丑陋这个事实本身并没有对皮埃尔的内在状态施加很多限制。如克里普克的例子所表明，皮埃尔可以根据对其想法和行为有不同影响的认知状态使用截然不同的方式形成关于伦敦的信念。他相信伦敦非常丑陋这个事实本身不能支持我们期待如果有机会他会离开，或者甚至期待他会说 London is ugly（伦敦非常丑陋）。只有当我们认为这些细节理所当然，我们才能有那些期待，才会得到牵引：它是以皮埃尔生活在伦敦期间的观察为基础的一个信念；是与皮埃尔为了描述他所居住地方对 London 这个名称的使用有联系的一个信念。另外，他相信伦敦是一个漂亮地方这个信念将使我们假设他不会那样说或者希望离开，只有当我们不知道这个信念是在很久以前在一个遥远地方形成的并且与他对 London 这个名称的使用没有联系。

一个人的信念和其他态度的指称内容会为我们提供解释性牵引，仅相对于关于以下两种联系已知事实的一个背景：他脑中构成他信念所实际发生的事情和他脑中所发生的其他事情之间的联系，以及它们与他感知和行为之间的联系。这些联系很大程度上在指称层面上是不可见的。

但是，有了这一切，当有人告诉我们皮埃尔相信伦敦非常丑陋时，我们可以对皮埃尔为什么说 London is ugly（伦敦非常丑陋）并一有机会就会搬走给以解释。这是一个 INUS 解释。它告诉我们关于他的认知状态——适合他当前生活及使用英语状况的认知状态——的额外事实，这个事实是理解他是否会说或否认伦敦非常丑陋或者如有机会他会留下或离开的关键。对于当我们被告知我相信埃塞尔盛有啤酒时我为什么伸手去拿埃塞尔，我们得到一个 INUS-MINUS 解释。如果我看到面前的埃塞尔，知道如何拿到我附近的东西，并且我想喝啤酒，有那个信念是完成我伸手去拿酒杯的一个充分条件所必需的最后一个条件。我伸手拿到酒杯完成了使我满足我喝酒愿望的条件，如果埃塞尔在我面前并且盛有啤酒。

我们用来描述心理的内容越具增补性，我们越需要将得到任何解释牵引视为理所当然。指称主义和外在主义反映对以下这个事实的理解：我们通常可以且的确把很多事情看作理所当然，并因此，在指称内容层面上，对于什么使人们说出并相信他们所做的事情和他们说出并相信这些事情或许使我们期待从它们那里得到其他什么，有很多信息。我们谈论、描述语言活动和认知态度的基本方法都是为这些情境而构建的，在这样的情境中，在已知所有被视为理所应当的事情的情况下，如果给出一个信念或一个陈述的增补内容，即其额外真值条件，我们就会获知一些重要的和解释性的事情。

11.5　足够狭窄的内容

如果我们忽视理解我们对语言活动和认知态度的报告所必需的背景，它们所提供的解释不会有什么意义。如果这些背景事实以错误的方式提供正确的指称内容，则这些解释也不正确。对指称主义的反对意见和关于外在主义的疑惑依赖这一点。

假设我知道埃塞尔中有啤酒因为之前是我把酒倒进去的，并且我想再喝杯啤酒。所以我拿起埃塞尔喝下杯中啤酒。我们可能通过说出以下话语来解释这个事情："He saw a mug in front of him. He poured beer into it, so he knew it had beer in it. He wanted a beer, so he picked up that mug and drank from it."（他看到面前有一个酒杯。他在酒杯中倒了啤酒，所以他知道酒杯里有啤酒。他想喝杯啤酒，所以他拿起那个酒杯喝了杯中啤酒。）

但假设我没有认出埃塞尔是我的那只巨人牌杯子。我决定我应该用那个酒杯来喝啤酒。所以我没理睬埃塞尔，而在啤酒花园四处寻找我那个杯子，最后回到同一张桌子这里，但没有认出我已来过这里。从一个新的视角，我看到埃塞尔上面的巨人牌标识，看到它里面有啤酒，于是伸手拿起酒杯一饮而下。如果我们说"He saw a mug in front of him. He poured beer into it, so he knew it had beer in it. He wanted a beer, so he picked up that mug and drank from it."（他看到面前有一个酒杯。他在酒杯中倒了啤酒，所以他知道酒杯里有啤酒。他想喝杯啤酒，所以他拿起那个酒杯喝了杯中啤酒），我们的解释是不正确的。有一个酒杯我相信其中盛有酒这是真的，因为是我将酒倒进杯中的。因为我想喝酒我拿起那个酒杯喝了杯中啤酒这也是真的。但当我把酒倒入杯中时我得到的信念——看到啤酒从酒桶流进那个杯子时我的信念状态——不是对我从埃塞尔喝到啤酒的解释的一部分。激发这个行为所涉及的是另一个信念，一个碰巧有相同指称内容但并非由看到啤酒流进埃塞尔所产生的信念。

初始解释起作用，因为我们正确地假定：与我的动因性内在状态一起使得我相信埃塞尔中盛有啤酒的环境与使得我的活动为拿起埃塞尔的环境大致相同。它们不是*严格*相同的环境。埃塞尔是我对之持有一个信念的那个酒杯，因为它位于我眼前某个位置，造成引发作为我信念一个构成成分的缓冲的感觉，而且它是一个关于埃塞尔的观念。埃塞尔是我拿起的那个酒杯，因为它位于我双手前某一位置，因此是我的活动所影响的那个酒杯。但在正常情况中，前者环境保证后者环境。我适应关于我感知行为的原因和我四肢活动的结果的这个事实。当我们听到这个解释，我们假定吻合条件得到满足并且决定这个信念和愿望内容的环境与决定所实施活动结果的环境将这些角色正确地联系在一起。据此，这个信念和愿望所涉及的状态可以以一种有意义的方式被视为能够合理引发这些活动的状态。

在这两种情况中，一个酒杯在我的生活中有两个角色：我在其中倒入啤酒并因此相信盛有啤酒的那个酒杯和我拿起并喝了其中啤酒的那个酒杯。在第一种情况中，我适应保证这个*角色联系*的事实。世界运行方式和我的架构保证我在其中倒入啤酒的那个酒杯是我拿起的那个酒杯。在第二种情况中，这两个角色被偶然联系在一起；我的信念、我所适应的事实都不保证同一个酒杯有两个角色。

皮埃尔例也是偶然性角色联系的一个例子。同一座城市既有作为他年轻时所听说并学会用 Londres 来指称的那座城市的角色，又有作为他现在居住并用 London 来指称的那座城市的角色。但皮埃尔清晰的信念或者他所适应的那些事实都不保证这个角色联系。

普通人觉得皮埃尔例有趣但并不十分令人迷惑；相对于这个例子本身，他们对于哲学家对这个例子的迷惑感到更加迷惑。这是因为我们的本源理论不仅包含态度性质和内容从句的词汇，还包括概念和一定数量的词汇来表达想法与信念之间的组合、我们用来表达它们的话语的组合，以及它们可以组合在一起的方式。关于大致自返内容、观点、观念、缓冲、网络、线索等的观点尝试将我们本源理论的这些部分编织组合成一个完整解释，我们更为熟悉的内容性质也是这个完整解释的一部分。

一个缺少经验的语言哲学学生可能会说对于皮埃尔没有什么难以理解。皮埃尔对于同一座城市有两个观点，并且在这两个观点中使用两个不同的名称。那么问题出在哪里？我已提出一个更加复杂的体系，它给出几乎相同观点：沿皮埃尔头脑中的伦敦网络有两条不同线索，他含有 Londres 的话语受到其中一个线索上的信念和愿望控制，而他含有 London 的话语则受到另一个线索上的信念和愿望控制。这个复杂体系所增加的是理解普通内容性质可以如何成为一个更普遍内容理论一部分的一种方式。

当我们在通常解释中增加对观点、观念和关于统一对象但基于不同环境的不同信念的讨论时，或者当我们谈论自返内容、网络内容等时，我们或明确地或隐含地提供比一开始*更为狭窄*的内容。[①] 也就是说，我们用一种不同方式对那些更少受环境影响的话语和认知状态进行分类，并因此缩小可以有这类内容的认知状态和话语的类型。

---

① 作为理解我们如何能够借助态度来解释事物以及这如何可能与一个内在状态理论相吻合的一个要求，对狭窄内容的找寻始自福德对指称主义和普特南外在主义的反应［如 Fodor（1981）］。我对“狭窄”一词的使用被认为符合福德寻找能够合理影响内在状态的内容状态的精神，但我没有涉及福德头脑中的所有观点。对于二者的比较，可参见 Perry 和 Israel（1991）、Perry（1998a）。

假设我说“I live in this city”（我住在这座城市），我真诚地表达我的信念。这样，我完成一个话语，其指称内容是约翰·佩里住在帕罗奥图市。基于许多不同种类的环境，用来表达许多不同类型信念的许多不同类型的话语可以有这个指称内容。说出这些话语的人们并不要求与我在认知状态层面上有很多共同点。他们都有关于我的一个观念，这个观念以某种方式与我相关——也许永远，也许通过这个网络或那个网络——并使它们能够指称我，以类似方式指称帕罗奥图。

生成在自返内容上与我的话语类似的话语——这些话语为真，如果它们的说话人住在他们所关注的这座城市——的这群人彼此不一样。其中包括许多从没听说过我或者帕罗奥图市的人。这些人的共同点是他们用I所指称的那个人住在他们所关注的这座城市。这个共同点可能在心理上是重要的，即可能增补性影响认知状态。

当我们根据其较少增补的内容对信念和话语进行分类时，我们缩小了可以有这些内容的状态和活动的类型，因为我们降低了不同状态和活动基于不同环境有相同内容的可能性。有很多方式来说约翰·佩里住在帕罗奥图市，但有非常少的方式来说其索引内容为该话语说话人住在他所关注的那座城市的话语。有很多方式相信约翰·佩里住在帕罗奥图市，但有非常少的方式持有一个其自返内容为进行思考的那个人住在他正在那里进行思考的那座城市的信念。这个信念需要以该自我观念作为一个构成成分，需要能够支配对一个指示词使用的某类感知性缓冲。

我们也许永远也触及不到完全狭窄的内容，但我们可以得到足够狭窄的内容，即足够狭窄从而可以处理任何已知实际忧虑或哲学忧虑的内容。来看一个肌肉发炎的人相信自己患有关节炎这个假信念和他在另一个不同世界——在这个世界中关节炎这个词表示关节的炎症或肌肉的炎症——中的对应体所持有的真信念。这两个信念的指称内容不会告诉我们它们有什么共同点，但如果我们考虑它们从对关节炎的指称中所抽象得到的内容，我们得到相同内容：存在一种该主体所患、“关节炎”这个词所代表的病症。我们可以找出足够狭窄的内容从而获知直觉上类似信念的共同之处，这解释了为什么在主体患有肌肉炎症并相信“关节炎”包括肌肉发炎——一种情况中为真，另一种情况中为假——的情境中，他们两人会说I have arthritis（我有关节炎）并且去看关节炎医生。

线索是态度报告的未言明构成成分这个断言的实际价值就是，做出并理解报告的人们，在某通常难以言明的层面上，意识到一个信念或者一个话语以之为依据有其内容的环境与该话语或信念的形式相互影响，对此我们不能忽视。

每当我们有一个起作用并满足强吻合条件的解释，动机的信念成分的真值会保证合适角色联系，即我们会有一个成功信息游戏的结构。当我们，通过说我相信一个杯子里面有啤酒并且我想喝啤酒，解释我拿起这个酒杯时，我们蕴涵我信念的信念成分的真值保证我的信念所涉及的那个酒杯是我的肢体活动把它放到唇边的那个酒杯。我使角色联系的机制更加清晰，如果我们说我有这样一类信念：它为真，如果一个人看到他面前的那个酒杯中盛有啤酒，且我活动肢体从而拿起我面前的这个酒杯。

有时，角色联系非常复杂。这些保证不是依赖关于人类环境和人类架构的普遍事实而是依赖人类惯例和发明的详细结构。语言事实、关于计算机结构的事实和在 CSLI 操作 DropBox 或者服务器的人们的可靠实践保证我在某一名称下保存的文件会是我之后用相同名称上传的文件。至少，我的实践适应这个制约条件，并且如果我的信心没有搞错对象的话，事情将以这个方式进行。

我们通常的话语和行动、我们对话语和行动的通常解释反映出，在给定一个丰富未言明环境背景的情况下，我们根据 INUS 和 MINUS 条件进行解释和计划、明确表达完成该解释所需要的增补因素、提供所需*其他*条件的实践。我们关于语言活动和心理的本源理论反映这个实践，并且使我们依赖指称内容。但是对于使这个理论如此强大的内容的概念，我们可以用使我们清晰表达背景条件及其与满足条件之间联系的方式对之增补，如果这是理解所发生事情在具体情况中之所需或者试图为一个更为普遍的理论给出框架时。

总而言之，促使我完成本书的观点是批判指称主义和批判外在主义。我认为这些观点有重要价值，需要一个更好的发言人为其发声；我在书中对这些观点的解释意在抛砖引玉，吸引优秀哲学家把它们继续向前推进。最后，感谢您阅读此书并有所思考。

术 语 表

准确与真（Accuracy and Truth）：根据本书中所用术语，如果一个人说“Sherlock Holmes lived on Baker Street”（夏洛克·福尔摩斯住在贝克尔大街），他说的这句话不为真，因为不存在福尔摩斯这个人。但这个人说出的这个陈述并非没有意义；它有真值条件，即某人是夏洛克·福尔摩斯网络的*源点*并且他住在贝克尔大街。这些条件没有得到满足，所以这个陈述为假。然而，这个话语被认为是*准确*的，因为我们可以沿夏洛克·福尔摩斯网络找到一个典范信息源，即柯南·道尔的著作，根据其中所述，福尔摩斯住在贝克尔大街。

态度（Attitudes）：态度是心理性质，如相信*奥马哈位于内布拉斯加州*，或者想要*拥有一辆保时捷*，希望*奥巴马在 2012 年再次当选*。我认为，一个人有这样的心理性质，如果他处于涉及不同种类想法的心理状态中并且使这些状态的成分以各种方式与世界中事物相联系。状态和性质之间的区分很重要。我们的心理状态由我们的想法所确定，而我们的态度性质也依赖与更广阔世界之间的联系。

因为两个原因我们对态度感兴趣。我们可能想要知道一个人的态度从而解释她做了什么或者预测她将会做什么。在这种情况下，最终重要的是局部内在状态，关键是区分相信涉及不同观念和联系同一事情的不同方式。但有时我们想要知道一个人的信念，因为她是权威，她的信念可能为真。在这种情况下，我们更多聚焦于她信念所涉及的事情和其真值对这些事情的要求，但对人们如何相信它则不太关注。

内容与表征（Contents and Representations）：哲学中可以以很多方式使用“内容”这个词。根据我的用法，内容是抽象对象，是集合或可以被视为或模型表示为集合的事物的种类。内容*不*是表征。表征是具体对象，是可以有原因和结果的事物种类。语言表征是我们通过说话或写作所生成的东西；它们被其他人感知，有各种直接和间接结果。心理表征是大脑中具体状态和事件，它们也有原因和结果。表征*有*内容，内容经常是表征*的*内容。在构建理论时，我们使用内容的语言表征。虽然如此，但内容不是表征。如果把这两者搞混，会有各种糟糕结果。

内容是对我们认为有意义事物的真值条件或者其他成功条件进行编码的抽象对象。我们可以说一幅油画［如《*华盛顿横渡特拉华河*》（*That Washington is Crossing the Declaware*）］描绘了什么，或者一个话语（如*世界将在 2011 年 10 月 21 日毁灭*）说了什么，或者一个人获取什么信念（如*圣克鲁斯在伯克利东边*）。我们的内容分类系统扎根于日常语言，当我们描述某人说了什么，或者当我们描述某人说如果这个陈述或信念为真这个世界会怎么样从而持有什么信念。哲学家们使用命题和其他抽象对象提出这个内容系统。

并非所有有内容的事情都有一个表征。如果我看到路边一块石头上有些特别的粪便，我可能说："that shows *that a fox has been by here recently.*"（这表明*有只狐狸最近来过这里*。）那只狐狸并没有像说出话语那样留下粪便。我们认为，与心理表征类似，粪便不是（在某种意义上）为了表征事物存在或可能存在的方式而进化出来的东西。所以把粪便称为一个表征较为奇怪，虽然我们可以说它对我来说有所表征了。

我力争解释所有有内容的事情的共同点，并用"还需要（满足）什么？"这个问题解释是什么使整个系统起作用。为了使这发生，这个世界还需要满足什么条件？为了使那为真，这个世界还需要满足什么条件？但这样的问题总预设一些"已知条件"。*已知*世界运行的方式、狐狸生活的方式、它们排泄粪便的种类、其他当地物种排泄粪便的种类，还有一系列其他情况，*那里有粪便并且粪便是那个样子*意味着（有内容：）*几小时前有一只狐狸来过这里*。*已知*英语句法规则和英语词语的意思、话语的时间和地点、说话人所用词语与她的想法相联系的方式、她的想法与世界中事物之间相联系的方式，她的话语"几小时前一只狐狸来过这里"的真值要求*一只狐狸今天早上 7 点后到过海滩小路*。

内容类型（Contents，Types of）：一个陈述的内容是包含使该陈述为真的条件的一个命题。本书的一个主要创新是区分不同种类的内容，它们对应在给定一些事实的情况下为了使这个陈述为真还需要满足的条件。这被意图视为对我们关于内容的普通观念的一个归纳，这个归纳很大程度上以我称之为*指称内容*的一类具体内容为基础。因此，虽然我认为作为一个话语的内容的一些东西通常并不如此称谓，但这并不是反对那样做。

—自返或者话语相关内容（Reflexive or Utterance-Bound Content）：内容是自返的或者话语相关的，如果它提供关于话语自身的条件。已知 Jabberwocks are here 是一个英语话语，它的自返内容是：存在 Jabberwock

在英语中所代表的一类对象，并且这个类型的一些对象在该话语发生时的那个位置。这个话语可以有这个自返内容，即使 Jabberwock 只是一个不代表任何事物的臆造词。

—增补内容（Incremental Content）：当我们已确定了关于一个话语的足够多事实，为了使该话语为真需要满足的其他条件不是关于该话语或其各部分的，而是关于那些事实将该话语及其各部分与之以不同方式相联系的其他事情。这样的内容是增补内容。

—索引内容或者内容$_M$（Indexical Content or Content$_M$）：这是一类自返内容，在其中语言、句法和表达的意义都是固定的，但用来确定索引词的指称的语境事实并不是固定的。例如，I am sitting 的话语 **u** 的索引内容是：**u** 的说话人在他说出 **u** 的那个时间正坐着。我称之为“索引内容”，因为在这个层面上索引词的意义仍然是相关的；它对应一个人对一个话语的理解，如果他知道索引词的意义，即使他不知道它们的指称。

—内容$_C$（Content$_C$）：对于内容$_C$，所有对于内容$_M$固定的事情都是固定的，除了确定索引词指称的语境事实外。根据本书第一部分中的解释，固定专名的意义固定的是它们的指称，内容$_C$为我们给出*指称*内容。但是，在第二部分中，内容$_C$只确定网络内容；为了得到指称内容，如果存在指称内容，我们需要关于网络源点的事实。

—指称内容（Referential Content）：指称内容把索引词和名称的指称看作是固定的，而限定摹状词的指定却不是固定的。在第一部分和第二部分中对指称内容有不同处理。在第一部分中，我认为专名的指称是固定的，是一个意义问题，即解决名称歧义性确定指称。如果它还固定用来确定索引词指称的语境事实，我们得到内容$_C$。然而，在第二部分，考虑到空名称，情况更加复杂。

—指定内容（Designational Content）：指定内容对应话语的真值条件，已知确定指称内容所需要的所有事情的事实和确定用来描述指定的项（即限定摹状词、所有格及类似结构）的指定所需事实。因此，She loves her husband 的一个话语的指称内容是关于某人 *X* 的一个命题，大致是：*存在这样一个人，他是 X 的丈夫并且 X 爱他*。如果 *Y* 是 *X* 的丈夫，这个话语的指定内容是：*X 爱 Y*。

—网络内容与内容$_C$（Network Content and Content$_C$）：在第二部分中，

解决名称歧义性并不必然为我们给出指称，因为考虑到有空名称现象。解决名称歧义性固定支持说话人使用专名的惯例的网络。所以，如果我固定意义和内容，我们就有网络内容：作为关于所涉及网络的条件的真值条件。这样，如 Sherlock Holmes solved cases in 1885（夏洛克·福尔摩斯在 1885 年破了案件）的网络内容是：夏洛克·福尔摩斯网络有一个源点，这个源点在 1885 年破了案件。这个内容不是话语相关的，但却是网络相关的。所以，在第二部分，我们有：

——**自返内容（Reflexive Content）**：对话语自身加以限制的话语真值条件。

——**索引内容（内容$_M$）[Indexical Content (Content$_M$)]**：在给定语言、意义和句法的情况下话语的自返真值条件。

——**内容$_C$（Content$_C$）**：另外，把确定索引词指称的语境因素视为已知的真值条件。

——**网络内容（Network Content）**：另外，把支持名称的使用的网络视为已知的真值条件。网络内容是增补内容，不是话语相关的。不同的话语可以有相同的网络内容。

——**指称内容（Referential Content）**：另外，把网络的源点视为固定的真值条件；因此，是对话语主题——话语中所指称的事物——的限制条件。

——**指定内容（Designational Content）**：另外，把限定摹状词、所有格和类似结构所描述的对象视为固定的真值条件。

—**相联自返内容（Connected Reflexive Content）**：当我们考虑与一个系统的某类型因果相联的一个表征系统时，我们可以考虑为了使一个表征为真除了给定这些联系外这个世界还要满足什么条件。这是*架构内容*。有一种架构内容尤其重要，即本书中*话语的相联自返内容*。这是话语的一个内容，是为了使该话语为真——在给定它与它所表达信念之间联系情况下——这个世界还要满足的条件。给定这个联系，该话语为真，当且仅当，该信念满足*其*自返真值条件。例如，假设我看到一个人，并形成关于他的缓冲，即与我的感知相联的一个观念。通过这个观念，我形成他非常邋遢这个信念。这样我会说："That man is unkempt."（那个人非常邋遢。）我话语的相联自返内容是：存在我的感知所涉及的一个人并且他非常邋遢。

—正式内容（Official Content）：我用“正式内容”这个词表示一类假设内容：①它在我们关于人们说什么和相信什么的日常谈话中根深蒂固；②它是在指称主义经典著作中被汤尼兰、克里普克和卡普兰强调和描述的内容类型。在很多情况中正式内容是指称内容，我认为这一点是清晰的。然而，在一些情况中，特别是存在陈述和非存在陈述中，我断言网络内容所起作用是作为可以被许多话语共享的增补内容，这是正式内容的一个关键作用。

语境（Context）：一个表征的语境是其背景，是关于其背景的基本事实和关于其环境成分的事实。我对语境进行了不同区分：

—语言和非语言（linguistic and non-linguistic）语境：一个话语的语言语境由其他话语形成：是语句的其他部分；相同说话人的伴随语句；该话语为其回答的问题话语；等等。

—窄（narrow）语境和宽（wide）语境：一个话语的窄语境是由所有话语或者至少所有正常话语都共有的事实构成：说话人、地点和时间。宽语境包括扮演说话人相关角色中各种重要的话语相关角色的其他对象：听话人、说话人关注的对象等。

—真实（real）语境和信念（doxastic）语境：一个话语的真实语境是由关于它的事实构成的，而它的信念语境是说话人或者听话人或者二者对这些事实的信念。如果埃尔伍德认为他是拿破仑，那么他的话语 I used to rule France（我过去统治过法国）的真实语境中说话人是他自己而不是拿破仑。这句话的信念语境则以拿破仑作为说话人。真实语境决定指称；在这个例子中，埃尔伍德指称他自己，说了错误话语。然而，其信念语境与对说话人动机的理解相关或者与听话人的理解或错误理解相关。

语境使用（Context，Uses of）：一个话语的语境可以以不同方式与我们对该话语的理解相关。当我们使用语境来查明说话人用的是哪种语言，或者识别她的用词，或者解决歧义，这种使用是*前语义*使用；当我们使用语境来确定索引词的指称，这种使用是语义使用；当我们理解所有的词语和短语，但需要某个其他对象即一个未言明构成成分为所言给出一个合适解释，这是对语境的*内容增补*使用。

C- 指称问题（Co-reference Problem）：根据指称主义的观点，如果我们可以使用不同方法指称相同事物，那么我们可以用不同方法表达相同命题。例如，

Cicero was a Roman orator（西塞罗是一位古罗马演说家）和 Tully was a Roman orator（图利是一位古罗马演说家）都表达关于一位罗马人的相同命题，即他是一位罗马演说家。这两个话语也许是由不同信念所激发，并使一个能够熟练使用语言的听话人生成不同信念，即它们也许有不同“认知意义”。这是对指称主义的一种反对意见，但并非一种致命反对意见。指称内容层面上没有认知意义的区别，这一点是真的；但我们应当认识在其他内容层面（如自返内容）上可以区分认知意义的不同。

C-C- 指称（Coco-reference）：“C-C- 指称”这个术语是对“条件性 C- 指称”的缩写。一个指称情况——对名称、索引词、指示词或指示词短语的一次正常使用——与之前的一次使用 C-C 指称，如果该说话人意图与该之前指称 C- 指称*如果*它用来指称。例如，假设你给我讲了一个关于你宣称是你的海勒姆叔叔的这样一个人的故事。我不很确定是否真的存在一个名叫海勒姆的人；或许我甚至确定根本不存在这样一个人。我可能会说“Hiram sounds like an interesting fellow”（海勒姆听起来像一个很有趣的家伙）或者“As you describe him, it’s hard to believe he is real”（虽如你所描述那样，但很难相信他真实存在）。这里我使用 Hiram、him 和 he，分别指称你的这个叔叔，如果他存在的话。这就是 C-C- 指称。如果实际上你没有海勒姆叔叔，那么你没有指称，我也没有指称。但我仍然 C-C- 指称。所以，C-C- 指称不是一种 C- 指称，虽然许多 C-C- 指称情况也是 C- 指称的情况。

导向性意图（Directing Intentions）：一个导向性意图是使用一个指称表达来指称一个对象的意图，在其中一个人（也许错误地）认为该对象在他的生活中扮演一个角色，该表达的意义使之适合指称这个对象。所以，我可以用 that man（那个人）指称你和我都可以看见的街道对面的那个人。that man（那个人）这个短语的意义使之适合用来指称在说话人生活中扮演（许多其他角色中的）那个角色的一个对象。我意图这样使用这个短语，指称扮演这个角色的那个人。这是我的导向性意图。我也许认为那个人是戴维 · 伊兹瑞尔，并因此*通过*指称扮演这个合适角色的那个人来意图指称戴维 · 伊兹瑞尔。如果我看到的不是戴维 · 伊兹瑞尔而是保罗 · 纽曼，那么，在我的导向性意图中，我成功指称扮演我看到并关注的那个对象这个角色的那个人，但*通过*这样做并没有成功地完成我意图要做的事情。

观点、观念和缓冲（Ideas, Notions, and Buffers）：如洛克所说，我们头脑

中充斥着观点。首先，观点代表事物：人、地点、数量、性质和关系。出于本书的目的，我进行如下区分：

- 关于性质和关系的观点，我简单地称之为观点；
- 关于具体对象的观点，我称之为观念；
- 与对对象（或者关于该对象的一个信息源，如一篇文章中的一幅图片）的一次感知相联的观念，我称之为缓冲；
- 分离观念，即现在并没有与对该对象或者关于它的信息源的任何感知相联的观念。

观念和其他观点结合形成各类认知行为：信念、希望、愿望等。这些是具体认知细项；它们的存在有开始，有结束，它们有原因，有结果。观念和观点都是关于事情和性质的；认知行为有内容，内容以这些对象和性质作为*构成成分*。

信息游戏（Information Game）：是这样一个情境：（i）在其中某人在一给定时间获取关于具体一个人、一件事或者一个地点的某信息；（ii）在其中，某人在某时使用这个信息指导一个行动。为了成功，信息获取所涉及的对象应该与其性质对于该行动的成功至关重要的对象是同一个对象。为了保证这一点，不同的信息游戏使主体或主体们承受不同的认知负担。

—直接（Straight-Through）：一个主体感知到一个对象，同一主体随即影响这个对象，使用信息指导该对象的行为。这种信息游戏使主体承受最小负担。

—追踪（Tracking）：一个主体感知一个对象，然后当该主体或该对象或者二者随着时间活动变化时追踪该对象，然后使用所积累的信息来行事。该主体需要能够追踪该对象但不必能够识别出该对象。

—分离与识别（Detach and Recognize）：主体感知获取关于对象的信息，然后脱离感知内容。之后，他识别出该对象，然后行动时在所获取信息和之前信息指导下行事。这个信息游戏要求主体有某种分离方式储存关于对象的信息；所储存的信息需要起到两个作用：使主体识别出对象和在已知对象的性质的情况下智慧行事。

—交际（Communication）：一个主体在某时间获取信息并把它告诉另一主体，他可以在另一个时间使用它。

名称歧义性（Nambiguity）：一个名称可以是多个对象的名称；美国总统中有两位乔治·布什、两位约翰·亚当斯；法国有巴黎，美国得克萨斯州有一座城市也以这个名称命名。这些名称有*名称歧义*。在第一部分，名称被视为涉及给予它们意义——对它们可以用来指称的事物的指派——的许可惯例。在第二部分，这样的惯例受网络支持，网络可能有一个使用该名称所指称的源点，或者可能被阻滞。名称歧义性不同于普通歧义，因为通常我们期待一个能够熟练使用语言的说话人只知道与一个给定名称相联系的惯例的少量信息，但期待他知道与语言基本词汇相联系的更常见意义的大量信息。

网络（Networks）：网络联系关于相同事物或至少可能关于相同事物的语言、认知行为和状态，如果存在它们所涉及的一个事物正确地位于该网络的起始。本书中提出的网络解释旨在发展吉齐、汤尼兰和克里普克等哲学家的观点和见解，这些哲学家在他们的名称解释中强调历史链或因果链，格雷斯·埃文斯也强调这些网络支持"卷宗"，我这里称为"文件"，信息和错误信息沿文件流动。我提出了几个相关网络类型。

—C-C- 网络（Coco-networks）：C-C- 网络是由 C-C- 指称话语对构成，使得每个指称都可以从任意另外一个到达，通过从一个指称到与其有 C-C- 指称关系的一个之后的指称（一个 C-C- 后代）或者从一个之前的与之有 C-C- 指称关系的指称（一个 C-C- 祖先）到它自身的步骤。我们认为 C-联系是一种等值关系。以对美国第二任总统约翰·亚当斯的一个指称为例。所有与它 C-C- 联系的指称也都应该是对约翰·亚当斯的指称。但是，为了实现这一点，需要做点调整，如下所示。

C-C- 网络提供了对一个名称的一次使用和这次使用所指称的那个人、地方或事物之间的联系，这是该网络的*源点*。

如汤尼兰所指出的，这样的链或者网络可能被*阻滞*。当我们沿 C-C-后代链从现在对"夏洛克·福尔摩斯"或者"雅各布·荷恩"（汤尼兰的例子）或者"亚特兰蒂斯"的一次使用向前追溯，我们将追溯不出与这个链条有正确关系从而可以作为该名称指称对象的一个地方或一个人或一个事物，相反我们追溯到一个创造行为（对于"夏洛克·福尔摩斯"和"雅各布·荷恩"）或者一个神话传说（对于"亚特兰蒂斯"——至少我认为如此）。

但是还存在另一类阻滞，我称之为"混乱"。来看一个假设的例子。萨拉·佩林在一次演讲中提到关于"约翰·亚当斯总统"的几件事情。结果发现她把约翰·亚当斯和他的儿子昆西·亚当斯搞混了。她意图使用"约翰·亚当斯”与她听说的或者读过的各种指称——一些指称第二任总统一些指称第六任总统——C- 指称。除非我们采取措施，否则萨拉·佩林一个人就可以毁掉 C-C- 联系作为一个等值关系的美好画面。我们需要另一类混乱。一个指称不可能是属于直到指称时还不同的两个网络的两个指称的 C-C- 后代，除非两个网络都可追溯至同一个指称对象。也就是说，与一个由混乱所激发的指称话语之间的 C-C- 联系不会使一个话语同时成为导致该混乱的两个网络的部分。

—交互主题文件 – 网络（Intersubjective File-networks）：为了对混乱进行解释，我们需要考虑网络中的话语与它们之间关系之间的认知节点：对象感知行为引发缓冲；缓冲和分离观念引发指称；指称引发对指称的感知；指称感知行为引发缓冲。观点与观念相联系从而形成信念和其他认知，它们激发关于那些指称部分的陈述。这样的网络将指称话语相互联系起来，将指称话语与该网络的源点联系起来，并且作为信息和错误信息的管道。阻滞和其他混乱可能发生，因为观念可以被自由地创造出来（在没有源点的网络中）并以不同方式合并在一起。当它们被错误地合并在一起，我们就有了一个混乱。

—线索（Threads）：线索是子网络。一个线索由导向主体头脑中一个具体观点的节点或者从主体头脑中一个具体观点导出的节点构成。如果一个主体在不知情情况下对同一对象有两个观点，将存在贯穿主体头脑的两个线索，每一个由其中一个观点所决定。在间接语篇和态度报告的理论中也使用线索，我认为我们相对于一个具体线索给出间接语篇和态度报告。

N- 指称问题（No-reference Problem）：根据指称主义，一个使用一个专名或索引表达的陈述表达关于该名称或索引词所指称的对象的一个单称命题。但有些名称什么也没指称，如 Sherlock Holmes（夏洛克·福尔摩斯）和 Jacob Horn（雅各布·荷恩）。然而，似乎这些名称还是有所表达。例如，我们可以争论雅各布·荷恩是否是美洲殖民时期一个重要人物。另外，如果有人说“Jacob Horn does not exist”（雅各布·荷恩不存在），他的话语似乎为真，但根据指称主义，它并没有表达命题。这是指称主义的 N- 指称问题。我认为这不是一个致命问题，因为我们可以通过使用网络内容解释这些断言或不同意见。

命题（Propositions）：命题是编码真值条件的抽象对象。它们是哲学家在内容理论中用来准确解释话语或认知的内容是什么及话语和认知什么情况下有相同内容的工具。这种使用不同于把命题看作心理语句或者心理语句的内在意义，或者把命题看作心理独立于外在事实外所捕获的某类“窄内容”。如果我们如此解释命题，那么关于以一个外在对象作为一个构成成分的“单称命题”的观点似乎非常奇怪。但是如果我们认为命题是为真值条件特别是一个话语或认知在某些环境被固定的情况下的增补真值条件进行编码，那么这个观点就没有什么奇怪的。如果我们对解释心理独立于它与外在对象之间具体关系之外如何起作用感兴趣，我们不会根据单称命题对心理进行分类。只要我们对理解信息如何从一个人流向另一个人、一个人的话语或认知的真值施加于我们所看到的世界上的条件感兴趣，我们会认为这些事实中的许多是固定的。那么我们发现单称命题是有用的。

我没有提出一个非常广泛的命题理论。我的观点与关于命题的其他不同观点——命题是可能世界的集合，是情境或事件状态的集合，是关系和对象的结构，等等——是相容的。当解释我谈论哪些命题时，我在结构解释和可能世界解释之间徘徊。我给出一些标记来帮助我们清晰识别我们在谈论哪些命题。我用粗体表示命题的构成成分：粗体表示这些构成成分是对象，斜体粗体表示它们是对象的识别性条件。所以命题

that **Lincoln** is in **Nebraska**

（**林肯市**位于**内布拉斯加州**）

是以林肯市和内布拉斯加州为构成成分的一个命题，它在任何在其中这座城市位于这个州的世界中为真，而命题

that **Lincoln** is in ***the sixteenth largest state in area***

（**林肯市**位于***面积上第十六大州***）

是以林肯市和是面积上第十六大州这个识别性条件作为构成成分的一个命题。它在任何在其中这座城市位于有这个性质的任何一个州的世界中为真。所以，如果在其中艾奥瓦面积扩大从而包括林肯市并成为面积上第十六大州的世界中，第一个命题为假而第二个命题为真。把一个识别性条件看作是一个命题的一个构成成分也许有点奇怪。并非识别性条件自身处于这个相关关系中。林肯市在物理上位于内布拉斯加州，而不是在物理上位于是面积上第十六大州这个识别性条件中。说这个识别性条件是第二个命题的一个构成成分相当于说该命题为林肯市物理上位于满足这个条件的一个州中这个真值条件进行编码。但是，说这个识别性条件是一个构成成分给出一个对我来说有帮助的标记。

一个识别性条件自己也可以有构成成分。来看 ***being the smallest house in***

Lincoln（林肯市*中最小的房子*）和 ***being the smallest house in the second largest city in*** **Nebraska**（内布拉斯加州*第二大城市中最小的房子*）这两个条件。第一个条件以林肯市作为一个构成成分。第二个条件是以另一个识别性条件作为一个构成成分，而这个识别性条件又以内布拉斯加作为一个构成成分。命题

that ***the smallest house in*** **Lincoln** is made of bricks

（**林肯市*最小的房子***是砖造的）

that ***the smallest house in the second largest city in Nebraska*** **is made of bricks**

（**内布拉斯加州*第二大城市中最小的房子*是砖造的**）

不是单称命题，它们都是我所说的“起伏”命题，即当一个人检查作为构成成分的条件时他遭遇具体事物。如果一个命题既不是单称命题也不是起伏命题，我称之为“质化”命题。

说话相同、说话相同*（Samesaying, Samesaying*）：说话相同是某人所言的一个间接语篇报告的内容语句与所报告的话语之间的关系。如果我说“S”，你说“约翰·佩里说了 S′”，你的报告为真，如果 S′ 和 S 有说话相同关系。戴维森认为这个报告实际上是两个语句的合取“约翰·佩里说了 . S′”。我对他的理论进行调整，丢弃这个句法，为说话相同关系给出一个解释。我认为它与一个网络或者网络序列相关，对应在这个内容语句中所使用的名称和其他指称表达。这个被报告的话语和这个报告的内容语句必须有相同网络所支持的指称表达，必须在那些网络被固定的情况下有相同网络内容。说话相同*将这个关系延伸至信念和其他认知，假定要求这些认知所涉及的那些观念是作为在这个内容语句中对名称的使用的相同网络的部分。

未言明构成成分（Unarticulated Constituents）：表征与内容之间的区分、命题和内容的分类概念引发一个话语或认知行为内容的未言明构成成分的可能性。这意味着为了为一个话语或者一个认知编码合适真值条件，我们可能需要引入不对应该话语中任何词语或者该认知中任何观点的对象。我们引入的这些对象，即未言明构成成分，将以某种方式与该认知行为或话语相联系，使得该认知行为或话语涉及它们并且它们是其合适真值条件的部分。

假设，我计划某天去打网球。那天早上给我住在帕罗奥图市的搭档打电话，我说：“It’s raining；we can’t play.”（下雨了，我们不能打网球了。）我并没有清晰地说出*哪里*下雨了，但显然我意图传递的信息是关于帕罗奥图市的。如果我们计划驱车去道奇岭滑雪，我说：“It’s raining. It won’t be much fun. Let’s not go.”（下

雨了，不会太好玩。我们别去了。）这里他自然会认为我是在谈论道奇岭。我说下雨的那个地方是由这个语境所确定，但不是由 here（这里）这样的一个索引词所确定的窄语境所确定。它是我意图传递信息所涉及的那个地方。

现在假设一个孩子看着她的手表说“It’s five o’clock”（五点了），与此同时在另一个州的另一个孩子看着她的手表说“It’s eight o’clock”（八点了）。为了解释这两句话都是正确的，我们可能说第一个孩子的陈述是关于她所在的太平洋海岸的时间，而第二个孩子的陈述是关于她所在的大西洋海岸的时间。我们可能通过指出每个孩子是根据她们家中的钟表为她们的手表对时的，而她们家中的钟表又是根据当地时间来对时的，并且每个孩子通过使用她们的手表来调整她们在当地的活动来证明这一点。所以时区是为她们陈述的真值条件进行编码的命题未言明构成成分。

然而，假设，除了没有提及时区外，这两个孩子没有任何时区的概念。她们只学过如何看时间，如何根据时间调整她们的活动，但她们还没有学习时区的知识。所以她们不仅没提时区而且也不知道时区。在这种情况下，我说时区是她们陈述和认知行为的未言明构成成分。

如果我们把命题看作是窄内容或者心理语句或者心理语句的意义，那么认知行为的未言明构成成分的观点就没有什么意义。然而，给定一个命题的分类概念，它就非常有道理。

话语、陈述和个例（Utterances, Statements and Tokens）：话语是主体的意图性行为。它们是对语言的使用。话语不必说出；写作和签字行为也是话语。陈述是陈述语句的话语，但不一定是断言性陈述。陈述可以是更大话语的子话语，例如，陈述可以用作间接语篇和信念报告中的内容语句。

话语不同于个例。个例是纸张上的具体墨水模式或者空气中传播的声响。读者和听者感知个例，虽然他们可能经常感知不到生成个例的话语。话语通常涉及个例的生成，虽然一个人可能通过再次使用一个之前的个例完成一个话语。

因为话语是行为，话语有行为的性质和结构。激发一个话语的意图可能比较复杂；一个人可能想要生成某些声音，从而说出什么，并因此使某人相信某事情。话语与激发话语所涉及的认知行为——一个人想要表达的信念、想要满足的意图等——相联系。

附 英 语 例

(1) That man is a shabby pedagogue.

[1, 98, 192]

(2) I am a shabby pedagogue.

[1, 98, 192]

(3) Mach is a shabby pedagogue.

[1, 98]

(4) I am a computer scientist. (Said by David Israel.)

[6, 85]

(5) David Israel is a computer scientist.

[6, 10, 85]

(P^x4) That ***the speaker of*** ι is a computer scientist.

[8, 86, 91]

(P^x5) That ***the person referred to by "David Israel" in*** **(5)** is a computer scientist.

[10]

(P^x5') That ***the person the convention exploited by*** **(5)** ***permits one to designate with "David Israel"*** is a computer scientist.

[91, 92]

(P^r5) That **David Israel** is a computer scientist.

[86]

(6) You are a computer scientist.

[9]

(P^x6) That ***the addressee of the speaker of*** τ is a computer scientist.

[9]

(P^r6) That **David Israel** is a computer scientist.

[9]

（7）Jim was born in Lincoln.

[22，72]

（P7）That **the manager of Kinko's** was born in **the capital of Nebraska**.

[24]

（P′7）That **Jim** was born in **Lincoln**.

[23，71]

（8）The manager of Kinko's was born in the capital of Nebraska.

[23，26，27，73]

（P8）That ***the manager of Kinko's*** was born in ***the capital of Nebraska***.

[23，24，26]

（9）Jim was born in the capital of Nebraska.

[25，27]

（P9）That **Jim** was born in ***the capital of Nebraska***.

[25]

（10）The manager of Kinko's was born in Lincoln.

[25]

（P10）That ***the manager of Kinko's*** was born in **Lincoln**.

[25]

（C9）That x was born in ***the capital of Nebraska***.

[26]

（C10）That x was born in **Lincoln**.

[26]

（11）Ich!（said by several youngsters at camp in response to the question, "Who would like some sauerkraut"）.

[35]

（12）I forgot how good beer tastes.

[36]

（13）I saw her duck under the table.

[36]

（14）Harold went into the Navy. He didn't like it.

[37]

（15）Percy went into the Army. He didn't like it.

[37]

（16）Some woman wrote a very interesting dissertation at UCLA and she advocated subjective semantics in it.

[38]

（17a）Adele wrote a very interesting dissertation at UCLA. She advocated subjective semantics in it.

[38]

（17b）（Indicating a certain woman）She advocated subjective semantics in her UCLA dissertation.

[38]

（18a）It is raining.

[39]

（18b）It is raining here.

[39]

（19a）They are serving drinks at the local bar.

[39]

（19b）They are serving drinks at the bar in this neighborhood.

[39]

（20）I am David Lewis.

[48, 99]

（P^r20）That **David Lewis** is **David Lewis**.

[48, 100]

（21）$\phi(\tau_1, \cdots, \tau_n)$

[61]

（P21）$\langle Con(u_\phi), \langle Con(u_{\tau_1}), \cdots, Con(u_{\tau_n})\rangle\rangle$

[61]

（22）$st[(\iota x)((Ez)(sp(x,(22),z),(\iota z(Ex)(sp(x,(22),z)]$

[66]

（P^x22）That ***the speaker of*** **(22)** stands at ***the location of*** **(22)**（译者注：此类语句是为了与正文保持一致，它们只是从句，不是完整的句子，所以结尾未加

句点。）

[66]

（23）The house you live in.

[67]

（C^x23）being the house ***the addressee of*** **(23)** lives in.

[67]

（C^r23）being the house **Burks** lives in

[67]

（24）The house you live in is quite attractive.

[67]

（P24）That ***the house*** **Burks** ***lives in*** is quite attractive

[67]

（P^x24）That ***the house the addressee of*** **(24)** ***lives in*** is quite attractive.

[67]

（25）You were born in the capital of Nebraska.

[71，74]

（P^r25）That **Jim** was born in ***the capital of*** **Negraska**.

[71]

（P^x25）That ***the addressee of*** **(25)** was born in ***the capital of*** **Nebraska**.

[71，75]

（26）You were born in Lincoln.

[72]

（27）I was born in Lincoln.

[72]

（28）"This book is red" uttered by a speaker pointing at a certain book, located at coordinates *x*, *y*, *z*, *t*.

[73]

（29）"The book at coordinates *x*, *y*, *z*, *t* is red"

[73]

（30）That dog is that dog

[75]

（31）That dog is not that dog

[75]

（32）By “this = this” Smith expresses the proposition that **Dot** = **Dot**.

[79，195]

（33）By “that = that” Smith expresses the proposition that **Dot** = **Dot**.

[79，195]

（34）By “this = that” Smith expresses the proposition that **Dot** = **Dot**.

[79，195]

（35）this=this

[79]

（P^x35）That the object the speaker of **the first use of “this” in (35)** attends to as he speaks it = the object the speaker of **the second use of “this” in (35)** attends to as he speaks it.

[79]

（P^x35b）That **r** and **r** are of the same object;

[80]

（36）that=that

[79]

（P^x36）That the object the speaker of **the first use of “that” in (36)** attends to as he speaks it = the object the speaker of **the second use of “that” in (36)** attends to as he speaks it.

[79-80]

（P^x36b）That **l** and **l** are of the same object;

[80]

（37）this=that

[79]

（P^x37）That the object the speaker of **the use of “this” in (37)** attends to as he speaks it = the object the speaker of **the use of “that” in (37)** attends to as he speaks it.

[80]

（P^x37b）That **r** and **l** are of the same object.

[80]

（38）David uses LISP.

[89]

（P^x38）That ***the person the convention exploited by* g *permits one to designate with "David"*** uses LISP.

[89]

（39）David Israel works at SRI.

[90]

（P^r39）That **David Israel** works at **SRI**.

[90]

（P^x39）That ***the person the convention exploited by* h *permits one to designate with "David Israel"*** works at SRI.

[90]

（40）Paderewski is Paderewski.

[96]

（P^x40）That ***the person associated with "Paderewski" by the conventions exploited by the first use of that name in* (40)** is ***the person associated with "Paderewski" by the conventions exploited in the second use of the name in* (40)**.

[96]

（41）Bill Clinton likes hamburgers.

[100]

（42）Bill Clinton is taller than Hillary Clinton.

[100]

（43）Bill Clinton is Bill Blythe.

[100]

（44）I am hungry now.

[108]

（P^x44）That ***the person who wrote* (44)** was hungry at ***the time* (44) *was written***.

[109]

（45）That's a stapler.

[110]

（45b）$H(b)$

[110]

（P^x45）***The thing to which*** **the use of "that" in (45)** ***directs attention*** is a stapler.

[110]

（P^x45b）***The object of which*** **"b"** ***is a perceptual buffer*** is a stapler.

[110]

（46）I do not exist.

[117]

（47）He now lives in Princeton, New Jersey.

[117-118]

（P^x47）That ***the speaker of*** **(47)** lives in Princeton, New Jersey

[118]

（48）Jacob Horn does not exist.

[123，135，140]

（P^x48）That there is no person that is assigned to ***the convention being exploited by the use of "Jacob Horn" in*** **(48)**.

[124]

（P'^x48）There is a network *N* which governs the utterance of "Jacob Horn" in **(48)**, but there is no *x* such that x is the origin of *N*.

[135-136]

（$P^{Net}48$）That $\mathbf{N}_{JH}$ has no origin（=ends in a block）.

[139]

（48W）That there is an origin of $\mathbf{N}_{JH}$，and he does not exist.

[140-141]

（48N）That it is not the case that there is someone such that: he is the origin of $\mathbf{N}_{JH}$ and exists.

[141]

（49）Jacob Horn exists.

[123，135，140]

（P^x49）That there is a person that is assigned to ***the convention being exploited by the use of "Jacob Horn" in*** **(49)**.

[124-125]

（P′ ^{x}49）There is a network *N* which governs the utterance of “Jacob Horn” in **(49),** and there is an *x* such that *x* is the origin of *N*.

[136]

（P^{Net}49）That $\mathbf{N}_{JH}$ has an origin.

[139]

（50）Jacob Horn was an important person in Colonial America.

[123，135]

（50 ～）Jacob Horn was not an important person in Colonial America.

[123，140]

（P^x50）That there is a person that is assigned to ***the convention being exploited by the use of “Jacob Horn” in*** **(50)**, and he was an important Colonial American.

[125]

（P′ ^{x}50）There is a network *N* and a person *x* such that *N* governs the use of “Jacob Horn” in **(50)** and *x* is the origin of *N* and *x* was an important Colonial American.

[136]

（P^{Net}50）That $\mathbf{N}_{JH}$ has an origin, and he was an important person in Colonial America.

[139]

（50 ～ A）That it’s not the case that: $\mathbf{N}_{JH}$ has an origin, and he was an important person in Colonial America.

[140]

（50 ～ B）That $\mathbf{N}_{JH}$ has an origin, and he was not an important person in Colonial America.

[140]

（51）George W. Bush does not exist.

[143]

（52）I do exist.

[143]

（53）Donostia and San Sebastian are the same city.

[179]

（54）Ivan said that the bus was going to San Sebastian.

[179，185]

（55）Ivan did not say that the bus was not going to San Sebastian.

[179，185]

（56）Ivan said that the bus was not going to Donostia.

[179，185]

（57）Ivan did not say that the bus was going to Donostia.

[179，185]

（58）Ivan believes that San Sebastian is beautiful.

[179]

（59）Ivan believes that Donostia is beautiful—I don't mean to imply he would say "Donostia is beautiful." He doesn't know San Sebastian is called "Donostia" .

[180]

（60）This bus is going to San Sebastian.

[182，185]

（61）Ivan believes the bus is going to Donostia.

[182]

（62）We both believe that you look a lot like Dick Cheney.

[191]

（63）Everyone on the bus believes I look exactly like Dick Cheney,

[191]

（64）Mach said that man is a shabby pedagogue

[192]

（65）Mach said that he* is a shabby pedagogue.

[192]

（66）I believe that this = this;

[196]

（67）I believe that that = that;

[196]

（68）I do not believe that this = that.

[196]

（A）It is possible that a believer believe a singular proposition with a contingent thing other than himself as a constituent.

[78，195]

（B）If（A）is true, then Smith believes the singular proposition he expresses by “this = this” and the singular proposition he expresses by “that = that”.

[78, 195]

（C）If Smith believes the singular proposition he expresses by “this = this” and the singular proposition he expresses by “that = that”, then he believes the singular proposition he expresses by “this = that”.

[79, 195]

（D）It is not the case that Smith believes the singular proposition he expresses by “this = that”.

[79, 196]

参 考 文 献

Almog, Joseph, 1984. Semantical anthropology. *Midwest Studies in Philosophy*, 9: 478-489.

Almog, Joseph, John Perry, and Howard Wettstein (eds.) , 1989. *Themes From Kaplan*. New York: Oxford University Press.

Armstrong, David M., 1968. *A Materialist Theory of the Mind*. London: Routledge.

Austin, David F., 1990. *What's the Meaning of 'This'?* Ithaca, NY: Cornell University Press.

Austin, John L., 1962. *How to Do Things with Words*. Oxford: Clarendon Press.

Barwise, Jon, 1989. *The Situation in Logic*. CSLI Lecture Notes. Stanford, CA: CSLI Publications.

Barwise, Jon and John Perry, 1983. *Situations and Attitudes*. Cambridge: MIT-Bradford. Reprinted The Hume Series, Stanford, CA: CSLI Publications, 1999.

Burge, Tyler, 1979. Individualism and the mental. *Midwest Studies in Philosophy*, 4: 73-121.

Burks, Arthur, 1949. Icon, index and symbol. *Philosophical and Phenomenological Research*, IX: 673-689.

Cappelen, Herman and Ernest Lepore, 2005. *Insensitive Semantics: A Defence of Semantic Minimalism and Speech Act Pluralism*. Oxford: Blackwell.

Cappelen, Herman and Ernest Lepore, 2008. The myth of unarticulated constituents. In O'Rourke and Washington (2008) , pages 199-214.

Carnap, Rudolf, 1956. *Meaning and Necessity*. Chicago: University of Chicago Press. 2nd edition.

Carston, Robyn, 2002. *Thoughts and Utterances: The Pragmatics of Explicit Communication*. Oxford: Blackwell.

Castaneda, Hector-Neri, 1966. "He" : A study in the logic of self-consciousness. *Ratio*, 8: 130-57.

Castaneda, Hector-Neri, 1967. Indicators and quasi-indicators. *American Philosophical Quarterly*, 4: 85-100.

Chastain, Charles, 1975. Reference and context. In Keith Gunderson (ed.) , *Language Mind and Knowledge: Minnesota Studies in the Philosophy of Science*, volume Ⅶ , pages 194-269. Minneapolis: University of Minnesota Press.

Church, Alonzo, 1956. *An Introduction to Mathematical Logic*. Princeton: Princeton University Press.

Cole, Peter and Jerry L. Morgan (eds.), 1975. *Syntax and Semantics 3: Speech Acts*. New York: Academic Press.

Condoravdi, Cleo and Mar Gawron, 1996. The context dependency of implicit arguments. In Makoto Kanazawa, Christopher Pinon, and Henriette de Swart (eds.), *Quantifiers, Deduction, and Context*, CSLI Lecture Notes, pages 1-32. Stanford, CA: CSLI Publications.

Corazza, Eros, 1995. *Reference, Contexte et Attitudes*. Paris-Montreal: Vrin-Bellarmin.

Crimmins, Mark, 1989. Having ideas and having the concept. *Mind and Language*, 4: 280-294.

Crimmins, Mark, 1992a. I falsely believe that p. *Analysis*, 52: 191.

Crimmins, Mark, 1992b. *Talk About Beliefs*. Cambridge, Mass: Bradford/MIT.

Crimmins, Mark, 1993. So-labeled neo-Fregeanism. *Philosophical Studies*, 69: 265-279.

Crimmins, Mark, 1998. Hesperus and Phosphorus: Sense, pretense, and reference. *The Philosophical Review*, 107: 1-47.

Crimmins, Mark, 2002. Thing talk moonlighting. *Philosophical Studies*, 108: 83-98.

Crimmins, Mark and John Perry, 1989. The prince and the phone booth: Reporting puzzling beliefs. *Journal of Philosophy*, 86: 685-711. Reprinted in Perry (2001b), Chapter 12.

Davidson, Donald, 1968. On saying that. *Synthese*, 19: 130-146.

Donnellan, Keith, 1966. Reference and definite descriptions. *Philosophical Review*, LXXV: 281-304.

Donnellan, Keith, 1970. Proper names and identifying descriptions. *Synthese*, 21: 335-358.

Donnellan, Keith, 1974. Speaking of nothing. *Philosophical Review*, LXXXIII: 3-31.

Dretske, Fred, 1981. *Knowledge and the Flow of Information*. Cambridge: Bradford/MIT. Reprinted The Hume Series, Stanford, CA: CSLI Publications 2000.

Durant, Will, 1926. *The Story of Philosophy*. New York: Simon and Schuster.

Encyclopedia Americana, 1987. Santa Claus. In *Encyclopedia Americana*, volume 24, page 238. Danbury Connecticut: Grolier.

Evans, Gareth, 1973. The cause theory of names. *Supplementary Proceedings of the Aristotelian Society*, 47: 187-208.

Evans, Gareth, 1981. Understanding demonstratives. In Herman Parret and Jacques Bouveresse (eds.), *Meaning and Understanding*, pages 280-303. Berlin and New York: Walter de Gruyter.

Feigl, Herbert and Wilfrid Sellars, 1949. *Readings in Philosophical Analysis*. New York: Appleton-Century-Crofts.

Fodor, Jerry A., 1981. *Representations: Philosophical Essays on the Foundations of Cognitive Science*. Cambridge: Bradford/MIT.

Fodor, Jerry A., 1995. *The Elm and the Expert: Mentalese and Its Semantics*. Cambridge: MIT Press.

Forguson, L. W., 1973. Locutionary and illocutionary acts. In Isaiah Berlin et al.（ed.）, *Essays on J. L. Austin*, pages 160-185. Oxford: Oxford University Press.

Frege, Gottlob, 1879. *Begriffsschrift eine der arithmetischen nachgebildete Formelsprache des reinen Denkens*. Halle.

Frege, Gottlob, 1892. Über sinn und bedeutung. *Zeitschrift fü Philosophische Kritik*, NF 100: 25-30. Reprinted in Frege（1962）: 40-65.

Frege, Gottlob, 1949. On sense and nomination. In Feigl and Sellars（1949）, pages 85-102. Translation of Frege（1892）by Herbert Feigl.

Frege, Gottlob, 1960a. On sense and reference. In Frege（1960b）, pages 56-78. Translation of Frege（1892）by Max Black.

Frege, Gottlob, 1960b. *Translations From the Philosophical Writings of Gottlob Frege*. Oxford: Basil Blackwell. Edited and translated by Peter Geach and Max Blacka.

Frege, Gottlob, 1962. *Funktion Begriff Bedeutung: Fünf Logische Studien*. Göttingen: Candenhoeck & Ruprecht. Collected and edited by Günther Patzig.

Frege, Gottlob, 1967a. Begriffsschrift a fornula language modeled upon that of arithmetic for pure thought. In Heijenoort（1967）, pages 1-82. Transaltion of（1879）by Stefan Bauer-Mengelberg.

Frege, Gottlob, 1967b. The thought: A logical inquiry. In P. F. Strawson（ed.）, *Philosophical Logic*, pages 17-38. Oxford: Oxford University Press. This translation by A. M. And Marcelle Quinton originally appeared in *Mind* 65（1956）: 289-311 The original *Der Gedanke Eine logische Untersuchung* appeared in *Beiträge zur Philosophie des deutshen Idealismus* Ⅰ（1918）: 58-77.

French, Peter A., Jr. Theodore E. Uehuling, and Howard K. Wettstein（eds.）, 1979. *Contemporary Perspectives in the Philosophy of Language*. Minneapolis: University of Minnesota Press.

Geach, Peter, 1967. Intentional identity. *Journal of Philosophy*, 64: 627-632.

Geach, Peter, 1969. The perils of Pauline. *Revue of Metaphysics*, 23: 287-300.

Ginzberg, Jonathan and Ivan Sag, 2000. *Interrogative Investigations*. Stanford, CA: CSLI Publications.

Grice, H. Paul, 1967. Logic and conversation. In D Davison and G. Harman（eds.）, *The Logic of Grammar*, pages 64-75. Encino, CA: Dickenson. Also published in Cole and Morgan（1975）and

Reprinted in Grice（1989）, 22-40.

Grice, H. Paul, 1989. *Studies in the Way of Words*. Cambridge, Mass: Harvard University.

Hall, Lisa, 1993. *Individualism Mental Content and Cognitive Science*. Ph.D. thesis, Stanford University. Philosophy Department.

Heijenoort, Jean Van, 1967. *From Frege to Gödel: A Source Book in Mathematical Logic 1879-1931*. Cambridge: Harvard University Press.

Heim, Irene and Angelika Kratzer, 1998. *Semantics in Generative Grammar*. Oxford: Blackwell Publishers.

Hintikka, Jaakko, 1969. One the logic of perception. In Norman S. Care and Robert M. Grimm（eds.）, *Perception and Personal Identity*, pages 140-173, Press of Case Western University. [CHECK YEAR] reprinted in Hintikka's *Models for Modalities* Dordrecht: Reidel 1969: 151-183.

Hintikka Jaakko, 1998. *Models for Modalities*. Dordrecht: D. Reidel.

Horn, William（ed.）, 1945. *The Horn Papers: Early Western Movement on the Monongahela and Upper Ohio*. Scottsdale: the Herald Press.

Hume, David, 1948. *An Enquiry concerning Human Understanding*. none.

Israel, David and John Perry, 1990. What is information? In Philip Hanson（ed.）, *Information Language and Cognition*, pages 1-19. Vancouver: University of British Columbia Press.

Israel, David and John Perry, 1991. Information and architecture. In Jon Barwise, Jean Mark Gawron, Gordon Plotkin, and Syun Tutiya（eds.）, *Situation Theory and Its Applications*, volume 2, pages 147-160, Stanford University: Center for the Study of Language and Information.

Israel, David, John Perry, and Syun Tutiya, 1993. Executions, motivations and accomplishments. *The Philosophical Review*, pages 515-540.

Kaplan, David, 1969. Quantifying in. In Donald Davidson and Jaakko Hintikka（eds.）, *Words and Objections*, pages 206-42. Dordrecht: Reidel Publishing Company.

Kaplan, David, 1979a. Dthat. In Frech et al.（1979）, pages 383-400. Reprinted in Yourgrau（1990）: 11-33.

Kaplan, David, 1979b. On the logic of demonstratives. *The Journal of Philosophical Logic*, 8: 81-98. Reprinted in French et al.（1979）: 401-412.

Kaplan, David, 1989a. Afterthoughts. In Almog et al.（1989）, pages 565-614.

Kaplan, David, 1989b. Demonstratives. In Almog et al.（1989）, pages 481-563.

Kaplan, David, 1990. Words. *Proceedings of the Aristotelian Society Supplementary Volumes*, 64: 93-119.

Korta, Kepa, and John Perry, 2006a. Pragmatics. In *The Stanford Encyclopedia of Philosophy*, Stanford University. (http://plato.stanford.edu/) .

Korta, Kepa, and John Perry, 2006b. Three demonstrations and a funeral. *Mind and Language*, 21: 166-186.

Korta, Kepa, and John Perry, 2006c. Varieties of minimalist semantics. *Philosophy and Phenomenological Research*, LXXIII (2) : 451-459.

Korta, Kepa, and John Perry, 2007a. How to say things with words. In Savas L, Tsohatzidis (ed.) , *John Searle's Philosophy of Language: Force, Meaning, and Thought*, pages 169-189. Cambridge: Cambridge University Press.

Korta, Kepa, and John Perry, 2007b. Radical minimalism, moderate contextualism. In Gerhard Preyer and George Peter (eds.) , *Context-sensitivity and Semantic Minimalism: New Essays on Semantics and Pragmatics*, pages 94-111. Oxford: Oxford University Press.

Korta, Kepa, and John Perry, 2008. The pragmatic circle. *Synthese*, 165 (3) : 347-357.

Korta, Kepa, and John Perry, 2011. *Critical Pragmatics*. Cambridge: Cambridge University Press.

Kripke, Saul, 1963. Semantical considerations on modal logic. *Acta Philosophical Fennica*, Fasc XVI : 83-94.

Kripke, Saul, 1977. Speaker's reference and semantic reference. In P. French et al. (ed.) , *Contemporary Perspectives in the Philosophy of Language*, pages 6-27. Minneapolis: University of Minnesola Press.

Kripke, Saul, 1979. A puzzle about belief. In A. Margalit (ed.) , *Meaning and Use*, pages 239-283, Dordrecht: Reidel.

Kripke, Saul, 1980. *Naming and Necessity*. Cambridge, Mass: Harvard University Press.

Levinson, Stephen, 2000. *Presumptive Meanings*. Cambridge, Mass: MIT Press/Bradford Books.

Levy, David and Ken Olson, 1992. Types, tokens and templates. Technical Report Report CSLI-92-169, CSLI Stanford, CA.

Lewis, David, 1966. An argument for the identity theory. *Journal of Philosophy*, 63: 17-25.

Lewis, David, 1972. Psychophysical and theoretical identifications. *Australasian Journal of Philosophy*, 50: 249-258.

Mach, Ernst, 1914. *The Analysis of Sensations*. Chicago & London: Open Court. Translated by C. M. Williams and Sydney Waterlow.

Mackie, John L., 1988. *The Cement of the Universe: A Study in Causation*. Oxford: Oxford University Press.

Marcus, Ruth Barcan, 1946. A functional calculus of the first order based on strict implication. *Journal of Symbolic Logic*, 11: 1-16.

Marcus, Ruth Barcan, 1961. Modalities and intensional languages. *Synthese*, 13（4）: 303-322.

Marti, Genoveva, 1995. The essence of genuine reference. *Journal of Philosophical Logic*, 24: 275-289.

Nunberg, Geoffrey, 1992. Two kinds of indexicality. In Chris Barker and David Dowty（eds.）, *Proceedings of the Second Conference on Semantics and Linguistic Theory*, pages 283-301. Columbus: Ohio State University.

Nunberg, Geoffrey, 1993. Indexicality and deixis. *Linguistics and Philosophy*, 16: 1-43.

O'Rourke, Michael and C. Washington（eds.）, 2008. *Situating Semantics: Essays on the Philosophy of John Perry*. Cambridge, Mass: MIT Press/Bradford Books.

Partee, Barbara, 1989. Binding implicit variables in quantified contexts. *Papers of the Chicago Linguistic Society*, 25: 342-365.

Perry, John, 1970. The same *f*. *The Philosophical Review*, LXXIX（2）: 181-200.

Perry, John, 1977. Frege on demonstratives. *Philosophical Review*, 86（4）: 474-97. Reprinted in Perry（2000）, Chapter 1.

Perry, John, 1979. The problem of the essential indexical. *Nous*, 13（1）: 3-12. Reprinted in Perry（2000）, Chapter 2.

Perry, John, 1980. A problem about continued belief. *Pacific Philosophical Quarterly*, 61（4）: 317-322. Reprinted in Perry（2000）, Chapter 4.

Perry, John, 1986a. Circumstantial attitudes and benevolent cognition. In Jeremy Butterfield（ed.）, *Language, Mind and Logic*, pages 123-134. Cambridge: Cambridge University Press. Reprinted in Perry（2000）, Chapter 19.

Perry, John, 1986b. From worlds to situations. *Journal of Philosophical Logic*, 15: 83-107. Reprinted in Perry（2000）, Chapter 7.

Perry, John, 1986c. Thought without representation. *Supplementary Proceedings of the Aristotelian Society*, 60: 263-283. Reprinted in Perry（2000）, Chapter 10.

Perry, John, 1988. Cognitive significance and new theories of reference. *Nous*, 22: 1-18. Also Report No. CSLI-88-109. Reprinted in Perry（2000）, Chapter 11.

Perry, John, 1990a. Individuals in informational and intentional content. In Enrique Villaneueva

(ed.) , *Information Semantics and Epistemology*, pages 172-189. Cambridge: Basil Blackwell. Reprinted in Perry (2000) , Chapter 13.

Perry, John, 1990b. Self-notions. *Logos*, 11: 17-31.

Perry, John, 1994. Davidson's sentences and Wittgenstein's builders. *Proceedings and Addresses of the American Philosophical Association*, 68: 23-37. Presidential Address. Reprinted in Perry (2000) , Chapter 15.

Perry, John, 1997a. Indexicals and demonstratives. In Robert Hale and Crispin Wright (eds.) , *Companion to the Philosophy of Language*. Oxford: Basil Blackwell.

Perry, John, 1997b. Reflexivity, indexicality and names. In Wofgang Künne, Martin Anduschus, and Albert Newen (eds.) , *Direct Reference, Indexicality, and Proposition Attitudes*, CSLI Lecture Notes. Stanford, CA: CSLI Publications. Reprinted in Perry (2000) , Chapter 20.

Perry, John, 1997c. Rip van Winkle and other characters. *The European Review of Philosophy*, 2: 13-40. Reprinted in Perry (2000) , Chapter 21.

Perry, John, 1998a. Broadening the mind: Review of Jerry Fodor *the elm and the expert. Philosophy and Phenomenological Research*. LVIII: 223-232. Reprinted in Perry (2000) , Chapter 17.

Perry, John, 1998b. Contexts and unarticulated constituents. In *Proceedings of the 1995 CSLI-Amsterdam Logic, Language, and Computation Conference*. Stanford, CA: CSLI Publications.

Perry, John, 1998c. Myself and I. In Marcelo Stamm (ed.) , *Philosophie in Synthetisher Absiche*, pages 83-103. Stuttgart: Klett-Cotta. (A festschrift for Dieter Heinrich) . Reprinted in Perry (2000) , Chapter 19.

Perry, John, 2000. *The Problem of the Essential Indexical and Other Essays, Expanded Edition*. Stanford, CA: CSLI Publications.

Perry, John, 2001a. Frege on identity, cognitive value, and subject matter. In A. Newen Nortmann and R. Stuhlmann-Laeisz (eds.) , *Building on Frege: New Essays about Sense, Content and Concept*. Stanford, CA: CSLI Publications.

Perry, John, 2001b. *Knowledge, Possibility and Consciousness*. Cambridge: MIT.

Perry, John, 2002. *Identity, Personal identity and the Self*. Indianapolis: Hackett Publishing.

Perry, John, 2008. Response. In O'Rourke and Washington (2008) .

Perry, John, 2009. Directing intentions. In Joseph Almog and Paula Leonardi (eds.) , *The Philosophy of David Kaplan*, pages 187-202. Oxford University Press.

Perry, John, forthcoming. Meaning and the self. To appear.

Perry, John and David Israel, 1991. Fodor and psychological explanation. In Barry Loewer and Georges Rey（eds.）, *Meaning and Mind*, pages 165-180. Oxford: Basil Blackwell. Reprinted in Perry（2000）, Chapter 14.

Putnam, Hilary, 1975. The meaning of 'meaning'. *Minnesota Studies in the Philosophy of Science*, 7: 131-193.

Recanati, Francois, 2002. Unarticulated constituents. *Linguistics and Philosophy*, 25: 299-345.

Recanati, Francois, 2004. *Literal Meaning*. Cambridge: Cambridge University Press.

Recanati, Francois, 2007. It is raining（somewhere）. *Linguistics and Philosophy*, 30: 123-146.

Recanati, Francois, 1993. *Direct Reference: From Language to Thought*. Oxford: Blackwells.

Reichenbach, Hans, 1947. *Elements of Symbolic Logic*. New York: The Free Press.

Russell, Bertrand, 1997. *The Problems of Philosophy*. Oxford: Oxford University Press. First printed in 1912.

Salmon, Nathan, 1986. *Frege's Puzzle*. Cambridge, Mass: MIT Press.

Smith, Quenton, 1989. The multiple uses of indexicals. *Synthese*, 78:167-191.

Soames, Scott, 1989. Direct reference and propositional attitudes. In Almog et al.（1989）, pages 393-419.

Stalnaker, Robert, 1981. Indexical belief. *Synthese*, 49: 129-151.

Stalnaker, Robert, 1984. *Inquiry*. Cambridge: MIT/Bradford.

Stanley, Jason, 2000. Context and logical form. *Linguistics and Philosophy*, 23: 391-434.

Taylor, Kenneth, 2008. Misplaced subjects and the illusions of opacity. In O'Rourke and Washington（2008）, pages XXX-YYY.

Taylor, Kenneth A., 1993. On the pragmatics of model of reference selection. *Communication and Cognition*, 26: 97-126.

Taylor, Kenneth A., 1995. Meaning, reference and cognitive significance. *Mind and Language*, 10: 129-180.

Vallee, Richard, 1996. Who are we? *Canadian Journal of Philosophy*, 26: 211-230.

Walton, Kendall, 1978. Fearing fictions. *Journal of Philosophy*, 75: 5-27.

Walton, Kendall, 1990. *Mimesis as Make-Believe on the Foundations of the Representational Arts*. Cambridge, Mass: Harvard University Press.

Weitzman, Leora, 1989. *Propositional Identity and Structure in Frege*. Ph. D. thesis, Stanford University. Philosophy Department.

Wettstein, Howard, 1986. Has semantics rested on a mistake? *The Journal of Philosophy*, LXXXIII （4）: 185-209. Reprinted in Wettstein（1991）, Chapter 9.

Wettstein, Howard, 1991. *Has Semantics Rested on a Mistake?* Stanford: Stanford University Press.

Wouk, Herman, 1951. *The Caine Mutiny*. New York: Little, Brown and Company.

Yourgrau, Palle（ed.）, 1990. *Demonstratives*. Oxford: Oxford University Press.

索　　引

致　谢

我与《指称与自返》这本书之间的缘分可追溯至 2005 年我在学术探索的道路上真正迈出第一步时。一路走来，我经历过艰辛，也体验过快乐。这个过程中我幸运地得到许多人的支持和帮助。没有他们陪伴，我将懵懂如初。

2005 年，在我与南开大学哲学院的李娜教授联系考博事宜时，李老师针对我的学习背景建议我关注情境语义学理论。攻读博士期间，在李老师指导下，我开始系统深入地研究该理论。感谢李老师引领我走上情境语义学研究的道路并在之后岁月中一直给予我指导与支持。

国内从事情境语义学理论及其发展的学者并不多，中国社会科学院哲学研究所的邹崇理研究员是其中最为突出的一位。邹老师是最早将情境语义学理论引入国内的学者之一，并最早关注情境语义学拓展理论——信息流理论，其相关论著是国内情境语义学理论及其发展研究的最重要文献参考。邹老师亲和待人，乐于扶持后辈学人。博士毕业后，我有幸跟邹老师做博士后研究，在他指导下继续从事情境语义学及其拓展理论特别是信息流理论的相关研究。谢谢邹老师给我的指导、支持和帮助！谢谢邹老师百忙中为本书写了序言！

阅读情境语义学文献时，凭借自己之前英语专业的优势，我开始主动邮件联系国外专家学者，向他们请教问题，咨询研究领域的新发展，获取相关文献。2006 年 11 月我就情境语义学与相关语用学理论之间关系给作为情境语义学创始人之一的约翰·佩里教授发送了第一封电子邮件，提出四个问题。几天后我收到回复，约翰对我的问题一一做了解答。约翰的回答包含丰富的学术信息与学术价值，体现出他的耐心和对一个异国学生的支持。自此，我走上了情境语义学研究的艰难道路。2015 年，我幸运地获得了山东省高等学校优秀中青年骨干教师国际合作培养项目资助的出国访学机会，我将访学单位确定为情境语义学的发源地和大本营——美国斯坦福大学语言与信息研究中心（CSLI），将约翰确定为我的访学导师。收到我的申请请求，约翰爽快答应。之后我们频繁地邮件联系，约翰为我进行多方沟通，最终使我的申请获得成功。访学期间，约翰在生活和研究方面给予给我尽可能多的帮助。我可以自由出入他的办公室，随意借阅其中的藏书。无论是在斯坦福校园小道上，在他的 CSLI 的办公室中，在 CSLI 的教授们时而谈古论今时而讨论学术的桌子旁，还是在斯坦福大学的学术报告厅，我都可以放松地与他讨论各种问题。在该书的翻译过程中，我们多次讨论具体语句的理解与转换，约翰会一边认真地为我耐心解释，一边用铅笔在书页空白处写出。当我偶尔发现并指出原书的少数错误时，约翰会孩子般地表示歉意。谢谢约翰！

CSLI 出版社的主编迪克伦 · 卡拉古尤因（Dikran Karagueuzian）是约翰的挚友，工作严谨，待人和善。感谢迪克伦在我访学期间和本书翻译过程中对我的支持和帮助！

感谢 CSLI 的米切尔（Michelle Christine Lodwick）、科利欧教授（Cleo Condoravdi）等人在我访学期间为我所做的一切！

科学出版社的刘溪编辑和张翠霞编辑为本书的出版投入大量精力，不辞辛苦地一遍一遍校对稿件。他们细致、认真的工作态度令我敬佩。

青岛大学外语学院卞建华院长、李汝成教授等领导、同事一直关注我的研究进展并给予我极大的鼓励和支持。谢谢他们！

感谢我的家人一路相伴！

最后，感谢本书的读者！学术翻译费时费力，很难让所有读者满意。原因有二：其一，学术著作阅读理解难度系数较高，一般很难把握作者所传达的全部信息或意义；其二，做好翻译极难，有时一个简单的英语词（如“thing”）竟不知如何进行中文翻译，优秀的译者需要具备多方面的素质。我的翻译肯定有理解的偏差和转换的不足，如果能有一些读者接受，实属幸事！

娄永强

2017 年 7 月